青海省人民政府—北京师范大学高原科学与可持续发展研究院与北京师范大学跨文化研究院"丝路跨文化研究"重大项目资助出版

"跨文化研究"丛书 116

[法] 金丝燕　董晓萍◎主编

非常跨文化对谈

董晓萍　等◎著

中国社会科学出版社

图书在版编目（CIP）数据

非常跨文化对谈／董晓萍等著．—北京：中国社会科学出版社，2022.7
（跨文化研究丛书）
ISBN 978-7-5203-6814-8

Ⅰ.①非…　Ⅱ.①董…　Ⅲ.①疫情管理—影响—中外关系—文化交流—
研究　Ⅳ.①G125②R181.8

中国版本图书馆 CIP 数据核字（2022）第 115761 号

出 版 人　赵剑英
责任编辑　宫京蕾
责任校对　李　剑
责任印制　郝美娜

出　　　版　中国社会科学出版社
社　　　址　北京鼓楼西大街甲 158 号
邮　　　编　100720
网　　　址　http：//www.csspw.cn
发 行 部　010-84083685
门 市 部　010-84029450
经　　　销　新华书店及其他书店

印刷装订　北京君升印刷有限公司
版　　　次　2022 年 7 月第 1 版
印　　　次　2022 年 7 月第 1 次印刷

开　　　本　710×1000　1/16
印　　　张　21.5
插　　　页　2
字　　　数　364 千字
定　　　价　95.00 元

跨文化学战"疫"微信对谈研究生师生团队

研究生导师：

    董晓萍　李正荣　史玲玲　赖彦斌

研究生辅导员：

    史玲玲

研究生远程网络课程技术支持：

    吕红峰

参加本书撰写的全体作者：

    董晓萍　刘修远　谢开来　罗　珊
    徐令缘　高　磊　吕红峰　李亚妮
    李华芳　司　悦　石鸿雁　李　岩

参与本书微信文件阅读的研究生：

    何　津　许　旺　张　伟　黄桂林
    曹雪茹　蔡　莹　卫　冕　李　琪

目　　录

序言：涵养多元文化型中国学人

王一川

回想刚过去的新冠疫情期间，我跟所有中国高校教师一样，亲历空前紧张和焦急的危急时刻：每日一边做自我和家庭防控，一边履行大学教师职责，投入云指导、云课堂等教学及研究生指导工作中。不一样的是，我还受金丝燕教授和董晓萍教授约稿及督促，要尽快完成一篇"跨文化学导论"方面的论文，交由《跨文化对话》期刊，作为专题论文之一刊用（再晚就拖后腿了），并随即写一本接下来就需完成的同题小书。当久盼的武汉和全国疫情"拐点"出现时，我的论文完成了、书也顺利进行着，便想到应该向已远在芬兰赫尔辛基大学做合作研究的她报告。但没想到，她的回答是根本就没走，而是一直在京、宅家，还拿出这样一部非常特殊的著作——她和11位弟子在疫情期间每天用手机微信进行跨文化对话的新成果！原来她在大疫情期间忙这个去了！

这场大疫情对每个学者都是严峻考验，对年轻学子更是如此。在特殊疫情期间如何认识和思考世界、人生、学问等，是一次特别有意义的育人机遇。就这样，近段时间一直忙于跨文化学研究和写作任务的她，本来已经十分繁忙、时间十分金贵了，居然还选择每天花大量时间与学子们一道阅读、思考和交谈，形成共同的疫情期间的跨文化反思之旅，从长达60余万字的初稿中，精编成这本30万字的《非常跨文化对谈》，这确实令我分外感动和敬佩！

一边翻阅这本书稿电子版，一边不禁回放出历历在目的往事。我跟董晓萍是相识三十多年的老朋友了。我于1984年秋从北京大学硕士研究生毕业后，进入北京师范大学中文系文艺理论教研室任教，进校的次年跟随黄药眠先生和童庆炳先生在职攻读博士学位，她则晚半年考入钟敬文先生门下攻读民俗学博士学位。我们是在1986年秋冬时节的一次博士生会上认识的，而且一见如故。对我这样已经有过川大和北大阅历的人来说，能将政治高度、学术宽厚度和民间灵活度结合得如此之妥帖之人，尚未见过。这以后她留校工作，又成了不同学科点的同事。此后至今，她都是我人生道路上少有的挚友之一，凡是学术、生活乃至家里要事，我们总会在一起谈谈。她跟随钟老研究民俗学，善于把上层文化传统、中层文化制度和下层文化礼仪贯通起来，让中国文化与外来文化、古代文化与现代文化、主流文化与边缘文化等结合起来，成为民俗学中国学派第二代的杰出代表。如今又在我国跨文化学开拓者乐黛云先生的引领下、汉字学大家王宁先生的指导下、文化学者陈越光先生的支持下，会同长期旅居法国的金丝燕教授一道，创立跨文化研究院，力求开辟一条在多元文化交汇中建设中国跨文化学学科的新道路。由她来与弟子们一道在特殊疫情期间，以生命的激情和理智的态度，去反思人生与跨文化之间的关联，并编撰此书，可谓非她莫属。

确实，这场百年未有之全球大疫情，与人们近来时常谈及的百年未有之全球大变局交结在一起，形成了异常的巨变时刻，令人的危机感成倍叠加。身处如此新一轮巨变时刻的中国学者，应当怎样生活才有意义？作为身处如此巨变时刻的中国高校教师，应当培育什么样的中国学人才算真正履行自己的使命？想必人们都在思考、探索，而董晓萍教授显然自觉地走在了这支庞大队伍的前列。对于这部特别的书中有关法学门类下的民俗学、社会学、人类学、民族学等专业内容，我不敢置一词，而只能从其外部的普通视点，谈谈粗浅的阅读感受。

首先，吸引我的是危机时刻大育人理念。这次大疫情或大瘟疫，一场全球大灾难，赶上百年未有之巨变，堪称学术界常说的"危机时刻"。大凡人类历史之"危机时刻"，往往特别能激发仁人志士的异常的和伟大的创造力，育人也应如此：在危机时刻培育具有未来伟大创造力的伟大人物。这让我难免想到德国哲学家费希特（Johann Gottlieb Fichte，1762—1814）在19世纪初所作《对德意志民族的演讲》的14次演讲汇集，里面有着一整套富于远见卓识、令人荡气回肠的德意志民族危机时刻的"新教育"变革构想。为了化解德意志民族遭遇的危机，他提出的"解救之道就在于培养一种全新的自我，这种自我至今也许作为例外在个别人中存在过，但从来没有作为普遍的、民族的自我存在过；就在于教育那个业已丧失往日生活的光辉，而变成一种外来生活的陪衬的民族，去过一种全新的生活"。而为了培育德意志民族的"全新的自我"，他把教育视为

"维护德意志民族生存的唯一手段"，主张"完全改变迄今的教育制度"。① 他随之提出的"新教育"及民族主义公民教育观等理念，在德国和世界上产生了深远的影响。他还认定"在大学学习是一种天职"，而"大学及其全部设置之所以存在，只是为了保障这种天职的履行"。② 董晓萍教授特意放弃赴欧访问机会而选择疫情期间与学子们每日跨文化对谈，显然就应当是在实施她自己选定的大疫大育人理念，以此为年轻人在非常态时期继续履行其"天职"提供异常珍贵的帮助和指导。这一点可从她为该书写的《导言》中读道："研究生在到达高级人才阶段之后，每人都可能成为成功者，因此每人都需要伟人做榜样。……高等教育不能没有伟人教育，伟人是地球文化孕育的最高精华。疫情总会过去，伟人指引前方。"她要在这场大疫中实施"伟人教育"，以"伟人"的高规格模式，去涵养走向未来的跨文化型中国学人，真是理念高远，师心可嘉，雄心可感！

其次，是跨文化育人方法。跨文化及跨文化学，是近几年来董晓萍教授的几乎全部研究的一个中心点，同时也应当是她个人长期的学术涵养和人生涵养的核心点之所在。这场大疫情的突出特点，就在于并非一国一家之事，而是全球之事，牵扯起一连串的跨文化问题，乃至尖锐激烈的争论。这些争论既有国与国之间的，更有国内群与群之间、个人与个人之间的，甚至搅动起多年来未有的意识形态大撕裂，让人联想到爆发于半个多世纪前各种斗争风暴，只不过现在是网络化的。董晓萍教授带领学子们跨越非此即彼、不白即黑的简单化论争，坚持以中国本文化为主位，冷峻处理中国文化与世界文化之间、正文化与异文化之间、高雅文化与大众文化和民间文化等之间的诸多关系，提出他们有关大疫情下人生、学术、中外关系等问题的独立思考。这等于是在理论上和在实践上同时履行她自己提出的跨文化学构想。此书可谓一次生动而深刻的跨文化学学科探索之旅。

再次，就是"从游"式育人传统的当代实践。这本书的独特特色之一在于，跟随疫情进展而每日以手机微信对谈的方式展开，属于疫情情境下的师生问答，体现出孔子"从游"式育人传统的当代转化形态。当然，

---

① ［德］费希特（Johann Gottlieb Fichte）：《对德意志民族的演讲》，梁志学编译《费希特文集》第 5 卷，商务印书馆 2014 年版，第 262—263 页。

② ［德］费希特（Johann Gottlieb Fichte）：《关于对学府自由唯一可能的干扰》，梁志学编译《费希特文集》第 5 卷，商务印书馆 2014 年版，第 520 页。

与孔子带领弟子们在周游列国旅途中根据不同情境下的问答而展开育人不同，这次是跟踪疫情持续情境中生发的新问题而在手机微信中展开对谈，是在物理隔离状态下的纯粹精神漫游、心灵对话，在网络时空中引领学子们思考与疫情情境相关的人生与学术问题，堪称古老的"从游"育人传统在互联网时代的光大形态。

最后，如上这样做的育人目标在哪里？我想到了有关"单文化人""双文化人""多元文化人"等不同说法。从书稿中我强烈地感受到董晓萍教授的从单一文化人到多元文化型中国人培育的自觉筹划和实践。跨文化交际学科开拓者之一的迈克尔·H. 普罗瑟（Michael H. Prosser）曾在其《文化对话——跨文化传播导论》中论及"多元文化人"（multicultural person）问题。他把"多元文化人"视为一种"能相当轻松地在多种文化里出入的人"，他们"常常处在一种旧文化和新文化的边界上"，并且"能在相当实质性的意义上出入不同的文化，而不是在肤浅层次上出入了"。不过他同时又担忧这种新型人不得不时常遭遇一种烦恼："多种价值观在他们身上的张力常常是如影随形。"① 董晓萍教授显然有备而来，一方面有意识地追求这种"多元文化人"式人才结构的涵养，以便让学子们能够顺应当前世界的多元文化间对立而又对话的大趋势；另一方面又力求跨越这种来自多种价值观的张力的缠绕，形塑中国主体性或中国意识，凸显巨变时刻中国价值自觉，从而自觉地培育一种具备多元文化型素养而又富于中国意识的学人，不妨简称为"多元文化型中国学人"。这种学人拥有基于跨文化学眼光的多元文化素养，更有坚定的中国主体意识，善于从中国主体立场开放地容纳和批判地吸收世界多元文化资源，旨在形成世界多元文化中的中国品格。如果这种理解有一定合理性，那么，我生出了这样一种想法：这部书本身就是巨变时刻多元文化型中国学人涵养上的一次教科书般的生动实验！从某种意义上说，这样的多元文化型中国学人培育实验，在指向未来的中国学人培育体系改革中应具有一种示范性意义。

我不知道上面的理解是否合理，但我知道的是，当今中国太需要这样有高度自觉的跨文化学育人理念而又勇于率先垂范的高校教授了。我相信并期待，董晓萍教授的这次率先垂范，不仅对参与对谈的 11 位年轻学人

---

① ［美］迈克尔·H. 普罗瑟（Michael H. Prosser）：《文化对话——跨文化传播导论》，何道宽译，北京大学出版社 2013 年版，第 230 页。

的未来成长，而且对更多年轻学人的未来成长，还有，特别是对包括我在内的高校教师的育人实践，都会产生有力的启迪和"春风风人""夏雨雨人"般的感召作用。

2020 年 5 月 3 日于北京

一 导 言

2020 年春天发生了人类历史上无法预料的重大疫情，这是一场考验各国政府和医生的大战，一次以公共医疗卫生领域为主战场的全球抗灾斗争。对于思想发育、知识孵化和人格发展中的高校学生来说，通过疫情，解读当今的中外世界，应该是一次不期而至的世纪相遇。在武汉封城后，我国高校在寒假度假中的师生，开始了居家隔离的生活。按照教育部关于疫情期间延缓开学和实施远程教育的指示，我所在的北京师范大学及时下达了"延期开学不停课"的部署和相应文件。然而，我们所从事的是人文社会科学，现在参与这场抗击病毒的战"疫"，我们能做什么？这是必须思考的问题。

宅家不是目的，平安打卡不会成为专业，高校课外学习的效果必然下降，这也将成为中国付出巨大代价的一部分。但如果高校教师每人尽一分力，用疫情战役的活态资料，密集布置最真实、也最跨文化的学习活动，让我们的教育工作在非常态时期也能激活，那么这个代价就值得付出，而且会变得很有价值。

按照这个想法，我和我指导的在读研究生，也有平时联系较多的海外留学生，以及毕业不久仍与我往来较多的往届研究生，组建了一个微信群，共 12 人，分布在国内的北京、天津、山东、山西、吉林、广东和欧洲的比利时各地，大家在专业学习的同时，传递中外战"疫"信息，并放在手机微信中讨论，把孤独寂寞的隔离时光，变成心路相连的集体时刻。这个微信群的群名就叫"延期开学不停课"。事实证明，它考验了我们对国家战时防疫部署的执行力，见证了我们勉力做到战"疫"与教育两不误的收获。

自 2020 年 2 月 10 日起，在北京师范大学跨文化研究院和中国民间文化研究所同人的支持下，我每天编发《跨文化中外资源选编"战疫"手机版》阅读资料，通过手机，发给群内研究生，邀请他们与我群聊，师生再把发言内容写在手机上对话和讨论。与此同步，我也继续指导研究生写学位论文，批改课程作业，每日不断。至 4 月 8 日武汉解封，已发 333

期。以后继续，至 5 月 2 日，又发到 549 期。

　　具体程序是这样的：我每天把阅读资料编选文件发到本院和本所的教师群中，后面再发给我的研究生群。疫情发生三个月来，我没想到这些平时看似自我、懒散、低头享受的独生子女们，表现得独立而活跃，富有中国意识形态的特征，而且忧国忧民地要跨文化。他们手也快，能争论，不妥协，也不掩饰，彬彬有礼，还知道得不少。我原来习惯于高高在上地杏坛布道，这次与他们摸爬滚打，第一次看到他们的能力和潜质。

　　这次多部手机在多地互动，配合其他形式的远程互联网教育，采取高校师生可能采取的各种方式，让这种高校教育融入一场前所未有的人类命运共同体构建的实战之中。研究生们由此增加了中国文化自信，认识到从事跨文化研究的必要性，强化了中国文化自信，增加了为中国崛起和人类福祉而努力学习的动力。而在我国高校中（我们不过是其中的微型群体）将关爱生命与知识学习相结合，已成为本次中国政府和中国人民创造的"中国经验"的一部分，现在已为各国教育部和高校都在效仿。

　　疫情可以隔离，思考从不缺席。我们这场讨论的目标是什么？要点有四。

　　第一，在经历重大疫情的同时了解身边中外世界变化。疫情事件知识是公共卫生事业和所关联的政治、经济、外交、法律、哲学、自然科学与人文社会科学知识的海洋，各具体专业知识只是沧海一粟。限于高校专业分科，我们的讨论以专业视角为主，并对其他相关专业知识抱有热情，虽不能做扎实的评论，但也要一般了解。了解才能促进全面思考，让我们珍惜地球资源和人类有益创新活动的精彩。

　　第二，梳理跨国连通问题。疫情期间，我们前所未有地接收来自东方西方、铺天盖地、众说纷纭的资料，我们要从中去找我们要的东西，即跨国连通的共性问题，包括国际组织，各国政府、首脑讲话，视频会议、合作抗"疫"、石油价格，医疗卫生系统、医院、医护人员、医疗器械、防护用品、边境海关、道路交通（海陆空），运输工具，社区、群体、个体与流动哨，开放的建筑群，阳台、公园、邮局、药店、超市、食品店、金融、银行、股市、福利、停产、带薪放假、工资、补贴、教育、学校、关门、停课、远程上课、商品、必需品、防护服、捐赠物资，民俗、饮食、婚丧、生育、歌曲、传统节日，等等。我每天梳理各种微信资源，提取"主题词"，冠以"导读语"，发送给研究生，提供阅读参考。

第三，防疫问题与次生社会问题。这两个问题相互关联。但次生社会问题与防疫问题相比，有时更复杂，甚至需要付出双倍的乃至多倍的努力去解决，包括 WHO 的全球防控指挥、中国经验的战略阐释与推广、各国文化差异、政要讲话与人道主义对话。我与研究生们戴上专业的"眼镜"，在疫情变化、政治较量与世界格局重组的每日动态中，寻找贯通其中的概念词语，然后观察和思考这些词语怎样被国家化、地方化和国际化，怎样实现文化转场，哪些概念经过文化转场后能被较为普遍地接受，哪些概念无法通过文化转场实现共享。我们师生不搞防灾减灾，不做新闻发言人，但是要听听，要想想。在这样多元多样，瞬息万变的信息中，独白和复调都正常。我跟研究生们说，不能企图在单一化世界中生存，不能当鸵鸟；要在多元文化碰撞中成长，积极发言，在文化上和政治上走向成熟。

第四，伟人教育。研究生在到达高级人才阶段之后，每人都可能成为成功者，因此每人都需要伟人做榜样。我为此也遴选了一批与疫情相关的中外著名学者的资料定期发给大家。高等教育不能没有伟人教育，伟人是地球文化孕育的最高精华。疫情总会过去，伟人指引前方。

应该说，在已经经历，而且还在继续经历的 2020 年新冠疫情之中，在轰轰烈烈的全球战"疫"期间，这本小书的存在意义似乎是微乎其微的。它只是 12 名高校师生在写论文之余，面对突如其来的病毒大战和信息大战，所思所想的每日记录。它不是宏大叙事，也不是生活日记。它来自宅家居室，追求泰山崩于前而面不改色的学术活动，当然事实上也做到了。不仅这一个专业团队做到了，我认为事实上无数个中国高校团队都做到了。在中国政府整个战"疫"的部署中，全国高校最早被安排延期开学和线上上课，也被最后安排开学，这一安排，正体现了我国政府对高校管理能力和学习能力的信心。那么，在政府出台严密部署的背后，高校师生又是怎样做到的？这个问题也需要回答，这正是出版这本书的价值。当然，高校团队无数，未必都要写书，就此点而言，我也要为中国社会科学出版社决定出版此书的提前预判而点赞。

董晓萍

2020 年 5 月 2 日

二　手机版索引

　　本部分《手机版索引》，是本书对谈所依据的资料系统，在这里，我们按每日发送时间的实际和文件序号对应编目，每日分组，一字不动，原文印发。它的操作过程是，在师生手机微信群中，在每日每人"接龙"报到之后，会收到当日阅读《索引》目录，以及按照索引编号编发的压缩微信文件，然后师生在论文写作或工作之余，以自愿为原则，撰写对话文字，发到"群"中进行讨论。陆陆续续，结文成集，内容详见本书《三 对谈录》。

三　对谈录

　　本部分内容名为"对谈录"，一个很渺小的题目。因为我们是何等之渺小，竟被比我们渺小亿兆倍的病毒打得天翻地覆、封城封疆、禁足隔离、时光倒流。然而这也是一个很严肃的题目，疫情期间我与研究生围绕它每天谈话。在人类进入依存密度空前增强和多元利益擦火的时代，在公共卫生健康的概念下，所暴发的这场全球疫情大流行讨论，又是一个极其严肃的问题。

　　2020年早春，战"疫"之初，我与同事商量，编发一套跨文化手机版中外资源战"疫"手机版资料，提供所内师生阅读和讨论，不出所料马上得到支持。我们绝对心齐，因为我们是中国人，我们有中国人的家国情怀，我们必须秉承中国高校教师的社会使命与学问责任。从大处说，我等不能扛枪炮，没有柳叶刀，不会种蔬菜，不能送快递，唯以学术参战，以文化激励，与国同心、与众同袍。从小处说，我们师生应该自励自勉，"宅"而不孤。我们要以我们的方式，与中国政府和中国人民一道，投入抗疫保卫战的洪流中去。

　　本章的文字，是从我们在近3个月来编发的549期资料中，在围绕这些资料进行手机谈话的每日记录中，选取出来的部分文字。在体例上，以我们实际编发阅读资料的日期为序，按年、月、日排列，分"主题词""导读语""专题聚焦"和"跨文化每日谈"呈现。师生讨论的具体文本见于"专题聚焦"和"跨文化每日谈"两栏。其中，"专题聚焦"的文章稍长，用中外故事说理，讨论中外疫情与高校教学科研的细微关联。"跨文化每日谈"与之配套，以师生对话为主，文字较短，一事一议，点到为止，内容虽不展开也各有特点。

　　由于出版时内容有删减，本章按日期的序列排版，会出现空档期，我们便将完整的资料和话题编成《手机版索引》提供给读者，它可以帮助读者对我们构建的焦点问题、研究视角和资料依据，进行对照和查询。

　　我们避免做新闻和写纪实，这不是我们的专长。我们发挥我们的特长，主要从跨文化学的专业出发，把我们经历这场伟大战"疫"的感动与被感动、联想与被联想写下来。在表述风格上，我们尽量说轻松的话，说有知识点的话，说有个人经历的话，说共享中国优秀文化的话，说有国际思维的话。我们以最大的决心和最诚恳的努力，融入这场震撼百年的全球公共医疗卫生共同体的建设中去。

2020 年 2 月 15 日，星期六

主题词：回顾中世纪欧洲疫情

导读语：（5）这名法国医生拒绝撤离武汉

　　　　　（6）美国外科史，用柳叶刀写文化

　　　　　（7）英国牛顿，物理学家与疫情

专题聚焦

1. 约翰斯·霍普金斯医院的故事

董晓萍

　　2020 年的春天笃定是个不平凡的春天，必将在历史上留下印痕。习近平主席今天在北京宣布，打响中国人民抗击新冠疫情的总体战、阻击战和人民战争。灾难面前，党和政府无比坚定。我们的教师与研究生团队在寒假中，服从教育部和北京师范大学的安排，隔离在家，通过远程网络系统开展教学科研工作，同时与祖国人民一道，投入这场刚刚开始的抗击新冠病毒的特殊战争。

　　我们没有经历过鸦片战争、巴黎和谈、第一次世界大战与第二次世界大战、海湾战争、联合国维和行动……但现在正在经历一场震惊中外的生命保卫战。在这场战役中，我们师生要抱有坚定的爱国情怀，关注天下，团结互助。我们要发给大家阅读和讨论的，是在疫情中社会舆情下产生的文化文本。它们的基础问题是医学问题，它们的切入点是社会文化。它们在"医"与"文"的中间地带结集和传播，引发了比医学本身范围更大和反响更强烈的全球社会反应。

　　20 世纪初鲁迅弃医从文，是因为当时的医学不能改变世界。百年后新冠

疫情发生，铺天盖地的主流媒体和新媒体以文问医，是因为现代公共卫生健康科学已居于人类命运共同体的核心部分，而且正在改变世界。世卫组织将这次出现的新冠病毒命名为COVID-19，就是指出它的医学与文化的双重意义。它告诉我们，人类在抗击流行病的同时，还要治疗心病，高度重视伴随生物疾病灾难所产生的次生社会灾害，坚决反对因流行疾病出现的区域歧视和种族歧视。中国政府与世卫组织一道，呼吁联合全球各国政府和人民，团结在家，合作战"疫"。很明显，这是跨文化的医学战斗，它以前所未有的速度，因疫之名，让世界秩序发生改变，高校师生将在一个已知和未知的过程中经历、学习、锻炼和战斗，以正能量的学术思考和积极的文化姿态，观察、参与和实干，爱我祖国，贡献人类。

今天我发给大家3份阅读资料，与前几日一样，按日期编法，按序号排列，分别是：《（5）这名法国医生拒绝撤离武汉》《（6）美国外科史，用柳叶刀写文化》和《（7）英国牛顿，物理学家与疫情》。我先谈谈《（6）美国外科史，用柳叶刀写文化》，一个美国约翰斯·霍普金斯医院的故事。

这是一个美国朋友寄来的微信文件。照例我是不怎么看微信的，看也是一目十行，不看到底，怕浪费时间，但这个微信是如此得不同，很长的篇幅直击人心，我一字一句不漏地看到底，生怕丢掉任何信息。此文中的主角是20世纪40至60年代美国约翰斯·霍普金斯医院的一对外科医生。约翰斯·霍普金斯医院是一家世界知名的学术型医院，隶属于约翰斯·霍普金斯大学。那里有世界领先的医学教学、科研和临床体系，有一支庞大而卓越的医学科研团队。这所大学的公共健康与卫生学院也很有名，是世界上历史最悠久的公共医疗卫生专业高等学府，在美国政府和世界卫生组织都拥有举足轻重的地位。后面将要谈到的这次美国疫情的数据，主要由这所大学发布的。本文中的两位医生搭档，一位白人教授Alfred Blalock教授，一位黑人助手Vivien Thomas名誉博士（20世纪70年代授予），正是在这样一所大学医院里工作。他们冲破当时的种族歧视和世俗偏见，彼此高度信任，密切合作34年，双方都把天才发挥到极致，共同改写了人类心脏外科的历史。

大家要知道，在20世纪60年代，美国黑人的社会地位还处于至暗时刻。黑人别说是上大学和进医院工作，连上公交车都受歧视，上车也不允许坐前排。在这种背景下，这位白人教授与黑人助手能互相尊重和携手共事，真是难得一见的特例。白人教授对黑人助手的信任，到了把整个实验室都交给这个助手的程度，他还与黑人助手共同培养了多位医学人才。换了别人，大概十有八九都办不成。黑人助手也是稀有人才，他把白人教授的医学理论和杰出发现透彻理解，再用最简单的方式加以实现，在临床手术中实施。黑人助手的准备工作如果不是简单有效，白人医生上了手术台，就无法在病人生命存续的有限时间内完成手术操作，病人就完了。

这个故事让我想起 20 世纪 60 年代上演的一部轰动一时的美国电影《杀死一只知更鸟》，美国好莱坞影星格利高里·派克出演男一号，他就是与奥黛丽·赫本合作主演《罗马假日》的那位男星。据电影描写，20 世纪上半叶和中叶，美国还存在严重的黑人歧视问题，格利高里·派克扮演白人律师，给一位无辜的黑人青年辩护。白人律师竭尽所能，找到了雄辩的证据，证明黑人青年完全无罪，但白人律师还是失败了。格利高里·派克把这种失败演得极为无奈、极为痛苦，他让所有人都知道，在当时的美国社会要跨越黑白种族隔离是没有希望的。但在我们今天发给大家的约翰斯·霍普金斯医院的故事中，特例却出现了。

黑人助手 Vivien 与我们熟悉的季羡林先生同岁。白人教授 Blalock 与他的合作的时间，开始于 20 世纪 40 年代，这比格利高里·派克痛苦扮演的美国社会还要早 20 年，白人教授 Blalock 要跨越种族隔离和肤色歧视之难，比登天还难。不幸之中的万幸是他们遇见了彼此。一个在今人看来令人期待的结果是，在白人教授 Blalock 逝世的十余年后，黑人助手 Vivien 以卓越的医学成就获得了约翰斯·霍普金斯大学的承认，并被授予名誉博士的学位。Vivien 的医学付出也绝不是廉价的，而是高尚的和高水平的。他有冲破世俗偏见的天大勇气，有经过数百次动物实验的超人努力，有顶尖水平的实验成果，因此他能击败各种怀疑和偏见，把与白人教授 Blalock 的合作坚持到底。

环境、勤奋、天才、信任与耐心等多元因素，成就了两人的梦想，让他们在那个年代赢得了罕见的跨文化成功。

2. 用柳叶刀写文化

董晓萍

今天我还选择《（7）英国牛顿，物理学家与疫情》发给大家，这也是一个跨文化交流史的个案，个中原因补充几点。人人都知道牛顿和苹果的故事，却很少有人谈及牛顿研究鼠疫的行动。人人都知道居里夫人两次获得诺贝尔奖的荣誉，却很少谈及她冒着炮火亲自驾驶 X 光车驶进战场，用她发明的放射学仪器，拯救了上百万名法国士兵的生命。作为物理学家、数学家和化学家，他们用科技能力书写文化丹青。作为战"疫"的英勇战士，他们用生命的担当载入医学史册。英国的牛津大学和剑桥大学，法国的索邦大学和巴黎六大，美国的约翰斯·霍普金斯大学等，培养了牛顿、居里夫妇和 Alfred Blalock 等科学巨匠。这些著名大学给了他们一流的大学理念、大学知识、大学训练和大学人品，他们才能为战胜人类疾病做出重大的贡献，留下如此美好的故事，在世界医学史和文化史上代代相传。

有人带我去看过牛顿的三一学院，看了康河上的牛顿桥，听了牛顿的发明传说。当时我还问过自己，怎么必须到了盈尺之近，才知牛顿的故事？后来我才想明白，科学、社会与民俗有着不同的尺寸。民俗距离人文地点最近，名人故事就藏在名人的建筑和名人的文物里。科学发现的具体过程和计算数据也走不远，就留在实验室里和图书馆里。只有产生人类文化影响的科学发明和社会贡献传播的距离才最远。牛顿和居里夫人所经历的战疫情和反战之举属于人类趋同文化，必将存之永恒。牛顿投身抗击瘟疫的发明，与居里夫人以诺奖发明应用于战场救治，都是造福于人类社会的重大事件，经过他们的努力，科学与人文相遇，启发了世界上更多的人，后来者继续努力，就能产生超实验室和超本土的持续影响。他们的事迹还告诉我们，人类各自拥有差异性文化，如民俗，但民俗也包括局部的和共享的两种，那种可供全人类共享的价值民俗，像美丽的故事、雄壮的史诗和欢乐的节日，也能万世久长。

跨文化每日谈

刘修远

科学本身没有种族、肤色和国界之分，而有真伪、对错和成败之分。在疫情蔓延的时候，很多国际科学家不惧危险，毅然逆行，前往战疫一线，为武汉人民、为中国人民造福，也秉承了科学的求真求实之心。在武汉疫情暴发之初，中国医学科学工作者就与世卫组织无私分享第一手数据，也以开放之心与国际学者携手研究，联合攻克病毒。无论是科学研究，还是文化交流，都需要人们打破隔阂，放下对性别、种族和国别的偏见，开放、自由、平等地交流知识，互相学习。正是因为各行各业都有资料里讲的黑人助手 Vivien 这样的优秀人才，才不断证明能力无关肤色，科技无关种族，各国各民族都有自己的权益，都应该获得平等待遇。相信随着跨文化交流的日益密切，越来越多的人会意识到中国文化对于世界文化的重要性，中外交流在各个层面都应该更加紧密。

牛顿在疫情蔓延的时候认真开展研究。他批判地继承前人成果，不盲从、不臆测。他用科学方法做实验、收集数据，有理有据与前人对话，研究自然科学中的关键问题，深刻影响了自然科学发展。牛顿的研究对象是自然科学，但他的经历对跨文化研究是"他山之石"，可资借鉴。首先，要熟练掌握原典，学习精密、严谨的理论。其次，掌握科学的研究方法，收集实证材料，并以科学的眼光加以甄别。有了以上两点，便有了与前人对话的可能。最后，敢于坐冷板凳，无论外界如何纷扰，要坚定内心。人文学者和自然科学又有所不同，处江湖之远也难免思庙堂之事，心忧天下，但还是应该坚定自己的研究，不能过于为外界所影响，因为这同样是在为抗疫做贡献。文化无大小，进步无先后，学术研究往往厚积薄发。

吕红峰

任何种族或民族都有优秀的人才，我们从他们身上也能学到很多以前不知道的东西。信任不易，信任是彼此的，但也不是善良就行，专业领域还要凭借自身的能力。牛顿是天才，但天才重要支撑是勤奋，能够利用零碎时间，变不利为有利，从危机中发现时机，这是普通人和巨人之间的区别。

罗　珊

新冠病毒是中国人民的敌人，也是全人类的敌人。在共同的难关面前，人类命运共同体的概念越发显得重要。无论是艺术的表达，还是医者的仁心，传递的都是跨越文化、跨越边界的国际主义精神。我们应该有耐心、有信心。期待疫情结束，我们迎来美好的世界。在今天的阅读资料中，美国白人医学家 Blalock 教授与黑人助手 Vivien 的合作就是不可忽略的个案。我们要时刻提醒自己以尊重、包容的态度，面对来自不同文化交流中的挑战。

在《（7）英国牛顿，物理学家与疫情》中，讲到牛顿。牛顿在伦敦发生鼠疫期间潜心研究。我们虽无法自比牛顿的成就，但专注于眼前应做之事，或许是普通学人对社会能做的基本工作。疫情当下，作为学生的我们，不仅要关注时事、关注疫情动态和家人健康、关注目前国人正经历的苦难，还应该学习牛顿，积极有效地利用这段时间，提高自我。

徐令缘

牛顿故事是一位思想巨人的跨文化故事。因为战争、瘟疫的打击，同时也因为社会文化偏见，人类历史上曾经有很多至暗时刻。但是，人类从未在黑暗中一蹶不振。思想与行动的巨人们，如同一颗颗明星，点亮黑夜，创造了"人类群星闪耀的时刻"，牛顿无疑是其中之一。无情的瘟疫或许可以夺去人们的生命，却不能抑制伟大思想的惊世而出。在牛顿的时代之前，人们对自然、对宇宙的认识还未进入现代阶段，牛顿将自然界的某些定律揭示在世人面前。在当今时代，人类对自然和疾病的认识已经相对丰富，但文化之间的偏见与隔阂仍然巨大，仍然需要人文文化建设，需要跨文化学科继续发展。

2020 年 2 月 16 日，星期日

主题词：疫情面面观

导读语：(8) 歌曲的力量，医者儒也

　　　　(9) 干净善良地活着，为官甲哥

　　　　(10) 中国 5G，傅莹发言

专题聚焦

3. 为官甲哥

董晓萍

　　今天发给大家的《(9) 干净善良地活着，为官甲哥》，是一个有分量的文件，我看了好几遍，很感动，也很激动。主人公陈行甲，清华毕业，美国深造。他以这个底气，去赴任当县长。他为官五年，不捞政绩不往上爬，相反抓了贪官一大把。他全心全意带领全国出名的贫困县人民脱贫致富，顶天立地干了一场，成绩显著。五年届满时，人民的拥戴声一片，他被评为全国百优县长，上级公示提拔。他却裸辞不就，挥手远去，转身进入了我国正在发展的社会公益事业。陈行甲之事不在疫情期间发生，但我们也有理由相信，中国已有千千万万的好官甲哥奋战在战"疫"最前线。

　　中国驻美使馆崔天凯大使今天在接到记者访谈时曾说，在重大战役中任用干部，谁能干好谁来干！我看就是这样。人生几何，要在自选。干什么都行，但要有真心、真货，真骨、真金，要能为祖国做奉献，要能为人类做贡献。让我们向全中国的甲哥致敬！这个微信文件的容量较大，我在群里只发了选段，有意看全片者，可查询本群配套的战"疫"公共邮箱和数据库。

4. 傅莹反驳佩洛西

董晓萍

《（10）中国5G，傅莹发言》讲的是中国外交官。外交官是一个从事跨文化实践的职业群体，傅莹是外交官群体中的女状元。她创造了好几个跨文化对话的精彩个案，都在国内脍炙人口。这次的微信文件，记录了她与美国特朗普政府的众议长佩洛西在慕安会上的直接对话。她批评佩洛西的霸凌言论，不愠不火，有理有节，引来现场很多外国政要的呼应。难得的是，她用英文发言，能让中国人鼓掌，也让西方人鼓掌，中西两边都鼓掌，都折服于她的说理，这就不是每个跨文化的人都能做到的了。

5. 为了谁？

董晓萍

《（8）歌曲的力量，医者儒也》讲的是流行歌曲《为了谁》，大家应该都会唱。在和平年代突然出现重大灾难，会产生诗歌、歌曲和戏剧。这种文艺作品都会有两个主题：文化惊异与人类大爱。文化惊异是"先天的"，人类大爱是"后天的"。在灾难降临的非常时期，尤其能培养人间大爱，造就非常之人，涌现非常之歌。我国1998年的特大洪灾，2003年的SARS袭击，2008年的汶川地震，2020年的新冠病毒，都是特大灾害时期，都出现了照见人心的大爱歌曲，《为了谁》就是这样一首代表作。

《为了谁》在这次世界疫情暴发再度自发地传唱，还给我们提出了新问题，就是作为国防形象的中国军人，在全球疫情流行中参战，会被赋予怎样的新的意义？与此同时，还有无数党员干部站出来，发挥先锋模范作用，那么共产党人的国际意义是什么？等等。这些都是对中国力量的当代考问，也都需要当代中国人站起来回答。我认为，光有一个拯救乡村贫困的甲哥还不够，还需要千千万万个甲哥树立中国精神，在国际事务中塑造中国形象。

在我指导过的研究生中，刘修远目前还在欧洲留学。他曾在北京师范大学完成的有关《大唐西域记》研究的本科毕业论文《后记》中写道："好像玄奘法师在冥冥中召唤着我和他一起踏上这段惊险、神奇、丰富的旅程。这条路上有艰难险阻，有异域风光，但更多的是对自我的修炼和考验。所谓'斜月三星洞，灵台方寸山'，一步一个脚印走下来，因为这一路，修炼的是一个'心'字。感谢永远不曾见面却又因这篇论文而在书中一次次对晤的玄奘法师。如果没有他不畏艰险，游历十几年，便没有《大唐西域记》这样一部旷世奇书，中国文化史的璀璨星空也将因一颗明亮的星的缺少而略显暗淡。"他是我的学生中少数有此悟性者。自从他去荷兰莱顿大学和比利时鲁汶大学留学，我就知道他从此踏上一条远路。在他的眼前，已经有唐玄奘万难不辞西天取经的榜样，今后也还会有大卫玄奘、保罗玄奘这样的优秀国际学者引路，他就不会停脚。他有这种的求学状态和目标，更容易理解歌曲《为了谁》。

本群中的谢开来已博士毕业，现在在广东省社会科学院从事研究工作。他的博士学位论文研究抗战至中华人民共和国成立初期的民间文艺思想。战争与全球流行病一样，都是人类共同的敌人，也都有反战、反疫的相应科技与文化。《为了谁》所歌唱的中国军队，自中国改革开放以来，在国家遭遇重大自然灾害的紧急关头，多次投入抗灾抢险斗争，挽救国家人民的生命财产损失，做出了重大贡献。但中国军队投入流行病防治并不多见。这次中国政府派出了多批次的中央防疫专家组和万余人组成的各省市地方医疗队，同时派出了中国军人。在战"疫"最艰难的时刻，军人的出现，以强大的纪律性、高科技的装备、完善的战地医学结构和灵活机动的调动水平，表现了极大战"疫"优势。歌曲《为了谁》的流行，雄中藏秀，体现了军旅文艺的精神力量。现在，中国军队参与国家防疫，已成为一种中国经验，为世界其他国家所借鉴。

歌曲也能产生跨文化的力量。记得我跟大家谈过李叔同的《送别》，《送别》就是跨文化创作的典型。填词者李叔同是西洋音乐高手。他利用美国同名歌曲加以简化和改造，使这首老歌"妙手回春"，还让这首歌从西方文化跨进了中国文化。军旅歌曲《为了谁》与《送别》风格不同，《送别》适合送故交，不适合送军人。还有雷振邦，也是跨文化创作的作曲家。他留学日本学音乐，后来改造中国西南民歌获得成功，令之"枯木逢春",或者令"千年的铁树开了花"。法国汉学家汪德迈先生说"艺术是超文化的",王一川教授也在做这个文章,他主张艺术要从心上过。

本群中的高磊在本来毕业后去了南开大学。他的论文研究是在我们的数字民俗学实验室的平台上开展的。我们的学科是传统人文学科,传统人文学科在现代化建设和国际化的探索中需要一个实验室,用来做交叉研究,做创新开拓。高磊正是在实验室中完成了中国历史典籍《淮南子》和中国民间故事集成电子本母题要点数据库的设计与研究。他和我对实验室的功能都有深刻认识。历数这次全球抗击新冠病毒战役新闻,每每出现在科学前沿报道中的,仍有"实验室"字样。要问《为了谁?》,高磊以在北京师范大学和南开大学两校的经历,谈起这首歌曲,也会有自己的体会。

跨文化每日谈

刘修远

今天的阅读材料有三种:有危急时刻加油打气的文艺作品,有基层干部的介绍,有国际会议上维护国家利益的对话,如果用一句话来概括,我想《为了谁》里的这句歌词很有概括力:"我不知道你是谁,我却知道你为了谁。"

正因为有陈行甲这样的好干部,直面腐败、不惧地方势力、勤恳工作,广大人民群众的切身利益才能得到保障。最难得的是他不计较名利,"事了拂衣去,深藏功与名"。他真正地实践了歌词所唱的,不是为了让群众记住他是谁,只是为了做实事,这是从小处说。从大处说,国际舞台上的贸易合作、技术比拼和外交关系,同样保障着人民群众的生活与利益。疫情是一个看不见硝烟的战场,是一方诸多英雄默默奉献的舞台。无数的工程师、科研人员在辛苦奉献,使我国科技不断进步,引起国际社会重视。对于民众而言,我们不知道成百上千科研人员的名字,却知道他们有一个共同的目标,就是实现中国梦,让中国富强。这些科研人员用自己的努力换得了我国在国际舞台上发声的机会,他们也是为了中国人民。

谢开来

我也谈谈《(8)歌曲的力量，医者儒也》，我的博士论文涉及抗战歌曲，前段时间又在写关于当代歌曲研究的课题，所以对这个话题一直关注。歌曲向来是对时局反应最快的体裁。疫情发生到现在1个多月，疫情歌曲已经颇有数量了。这次又看了重新录制的微信音频文件《为了谁》，感触颇深。我想到以下两个问题：第一，疫情歌曲和抗战歌曲是否有功能上的区别？疫情网络新闻媒体情况下，歌曲是否可以放开信息传递的功能，更加强调共情共感？我看《为了谁》这首歌意向具体、情感丰沛，比一些堆砌口号的"疫情"歌曲要好。第二，歌曲的深层含义可否在流传过程中叠加？《为了谁》创作于1998年抗洪时期，这次在抗疫时期重唱，将抗洪军人与战疫医务工作者的含义叠加在一起，别样动人。天下为公是中国文化的精神境界，让这首《为了谁》不断产生新的精神价值。

目前我们广东省社会科学院已经开工。我前天回院，与我们所领导讨论粤港澳大湾区文化建设规划方案，今天看到导师发来的《为了谁》微信音视频，让我感到"旧事也可入时事，小事也能进大局"。我们学人文学科，不能以医学抗疫，但抗疫战斗的人文建设也是我们的肩头重担。我还被导师的话激起许多想法，归纳为两点。第一，文化交流要有你有我，不兼通兼容就成了独角戏。有A文化，有B文化，有AB文化，才有创新的架子。第二，艺术的跨文化不能光靠艺术，也要靠文化，特别是要有本土历史文化的底蕴。我这个月帮我爸改一个革命历史题材的歌剧剧本。我发现，像他这样的艺术家，在舞台效果和现场呈现方面，吃得透、抓得深。到了我们这一代人，还要让艺术与历史事件、人文精神贯通起来，才能继续向前，这是艺术学科与人文学科的"刚需"，也是跨文化学的"刚需"。在这点上，我对王一川老师的观点深感赞同。

高 磊

今天原本是南开大学所有党政管理干部上班的时间，因为疫情，学校按照中央和教育部、天津市的精神，做出学生延期开学教职工延期返岗的决定。我每次看到群里董老师分享的内容和大家的发言，都会有新收获。我先谈谈《中国5G，傅莹发言》，傅莹女士被誉为"铁娘子外交官"，她以柔克刚的提问和发言，每次都能引起大家的关注和共鸣。陈行甲作为基层领导者，不忘初心，以民为本，坚守底线，坦荡为官。这些外交战线和公务人员的优秀个案，同样值得教育系统的师生们学习。学习他们坚持原则，坚守底线。对同学们而言，要坚守学术底线；对我而言，要坚守管理底线；对大家而言，要坚守为人底线。这是为人做学的基础。要在学习中坚持道路自信、理论自信、制度自信、文化自信。这里，文化自信又是最深层次的自信。有了自信，才能在对话中有底气，像傅莹。自信也是为了更好地对话交流，像学习跨文化学的大家。

罗　珊

从 1 月 20 日发布新冠病毒人传人至今，人们经历了各种各样的冲击，舆论生活被疫情的各种报道填满。我们看到湖北人民苦难，共情他们的痛苦；看到一线人员的奋战，感恩他们的付出。但世界运转仍在继续，不会因为人们被病毒关在家中就停滞不前。在社会弥漫紧张情绪的当下，艺术的表达具有抚慰人心、振奋人心的力量，被其他形式所难以替代。一时间，抗疫文艺创作盈于屏幕，其中有令人动容的诗作，有充满激情的书画，有"战疫"曲艺改编，还有直抵人心的歌曲。人类遭遇重大灾难的特殊历史时刻，往往也是文艺创作井喷之时，同时也是跨文化文艺跟进之时，这次大量外国歌曲和中外合作音乐表演发往武汉就是例子。正如老师所言，"不能跨文化，何来创造性"。疫情期间的文艺创作应该在人类命运共同体的普世价值下进行个体的对话。

2020 年 2 月 17 日，星期一

主题词：歌是人类认识世界的一种文化

导读语：（11）比利时音乐家，写给武汉的钢琴曲

　　　　　（12）红歌里的人民战争

专题聚焦

6. 西方国家的《茉莉花》

（1）比利时版的《茉莉花》

刘修远

　　在《（11）比利时音乐家，写给武汉的钢琴曲》中，比利时音乐家创作的歌曲感人至深，他将湖北编钟元素加入音乐，蕴含了中西命运与共的深意，体现了中国音乐元素超越时空的特性。这让我想起一件事，2017年开学时，我参加学校组织的参观鲁汶大学主图书馆钟楼的活动。在钟楼上，有工作人员演奏钟琴。他看到我，问我来自哪里？我答中国，他很快翻开曲谱，对我说，我下面要演奏的这只曲子，你一定听过。他演奏完第一句，我立刻知道了，是《茉莉花》。经典的《茉莉花》曲子自诞生起，便成为中西交流的重要见证，英使马戛尔尼的随从在访华时记录此歌，传到英国，意大利音乐家普契尼将此歌写入歌剧《图兰朵》。这次在鲁汶，我又听到了这首歌，那个时候切身体会了歌曲穿越时空的魅力。谁能想到《茉莉花》也会静静躺在鲁汶大学钟楼的乐谱里，等待着中国学子发现它，再分享给国际友人？同样地，古老的编钟穿越千年，与钢琴这个西方乐器紧密配合，在歌声中反映了国际友人对中国的关心。在危难时刻，歌曲是战斗的，它能唤起人的"醒觉意识"，歌曲也是安慰的，它给焦虑的

人们带去一些关怀和希望。最后，我想起毛主席欣闻江西血吸虫病防治成功时在《七律·送瘟神》（其二）中写道，"借问瘟君欲何往，纸船明烛照天烧"，希望疫情早日结束。

（2）美国版的《茉莉花》

董晓萍

我再讲一个美国版的茉莉花故事。1994 年，我到美国的第一天，美国导师为了表示欢迎，在共进晚餐时，打开了他最得意的豪华音响，播放了意大利歌剧《图兰朵》，曲中就有《茉莉花》。这是我第一次在国外听《茉莉花》。熟悉的旋律响起，我脱口而出"这是中国的"。美国导师没有精神准备，看着我有点愕然。我还告诉他，中国有一百多种茉莉花歌曲。他则说《图兰朵》的指挥真棒。他还告诉我，他在哈佛念书时，他的华裔同学李欧梵，向他推荐了《图兰朵》的 CD，带他去买回来，现在他给我放的就是这张 CD。今天回想，在当时那种谁也无法预先意想的语境的沟通中，我们双方的表情都一定很"跨文化"。后来他来到中国，我给他播放了中国原声的《茉莉花》，他听得很客气，但不久又转了话题。那时我就明白，意大利的普契尼真是万里挑一！他通过精心制作，让西方人在经历了千百年西方传统音乐的熏陶后，能接受纯东方的中国《茉莉花》。美国导师研究中国传统文化的功力相当深厚，对中国民间文化也相当重视，但谈到中国音乐，如果没有普契尼在中间经营，就把《茉莉花》原汁原味地推给美国导师，他还是很难接受。

中西艺术有两点很难沟通：一是诗歌同源，二是诗画同源。就诗歌同源来讲，在中国文化传统中，庙堂之歌与民歌民谣皆以"诗"定义，这件事在孔子编《诗经》时就定了。在西方，诗人与音乐家之间也是能"跨界"的，但想我谫陋，没听说过拜伦出唱片，贝多芬出过诗集，我的意思是说，中国人跟西方人说诗歌同源，绝不像中国人跟中国人说的时候，脑子和舌头都那么灵活。就诗画同源来讲，在中国，中国人绘画，画上题诗，以诗入画，能在诗意之上增加画意，两者互相融合。中国还能产生唐寅、启功是这种穿越书画两界大家，他们还能成为一个高级特殊文化阶层，这在西方是没有的现象。西方人做的是油画，说的表音文字，画与音之间不能融合，更不会产生专门一层文人。

7. 红歌里的人民战争

董晓萍

红歌《毛主席的话儿记心上》是抗日老电影《地道战》的插曲。在这次疫情期间，把被改造成了全民抗"疫"歌曲，通过手机微信文件传送，为这场全民抗疫战争鸣金三通，鼓舞三军。

这个微信视频颇有新创造的成分，主要是把村庄跟医院的语境置换了。例如，把抗战中关门开会的村委会，置换成现在疫情中封门的家户；在镜头中插入一个戴眼镜的吹笛人，好比武汉医生吹哨人李文亮；把原抗日歌词中"誓把害人的鬼子消灭光"，改为"誓把害人的病毒全灭光"，这样改造之后，就唱出了李文亮等医生驱除病毒的遗愿和广大中国人民的决心。而这些置换之处就是大众创造之处，能产生社会动员的隐喻，必定要被千千万万的中国人去实现。中国音乐人和中国网民真有聪明才智。

我们这一代人小时候都看过《地道战》，会唱这首《毛主席的话儿记心上》。等我们上大学后，歌风变了，老歌离我们渐行渐远。1989 年钟敬文先生带我去北京文联开会，会议讨论《中国民间故事集成·北京卷》，迎面走过来一个人，跟钟老打招呼，钟老告诉我，他就是《地道战》的作者李克，现任北京市文联主席。

1990 年我与美国学者到河北定县调查，骑车穿过田埂，进了村，村支书对我们说，这里就是电影《地道战》的地道村，电影也是在这里拍的。

在这次疫情中再次听到《地道战》的插曲，还能感受到手机视频传送的便捷。现在这首红歌的流传，已经不是在书本上，也不是在田野里，而是在手机微信中，仅此一点，就知道时代确实变了。现在经过音乐人和网民的创造，抗日时期头戴羊肚手巾投身中国社会主义革命的华北农民，变成了白帽白褂的白衣天使。民俗，厉害！

跨文化每日谈

谢开来

　　比利时钢琴家的演奏中，编钟声响起，给了人们很多想象。作曲家作为一个外国人，在歌词中用了那么多湖北和武汉的地方元素，这让我感到惊讶，也说明中国文化正在往外走。地方元素怎么使用，是我一直在考虑的一个问题。用好了，为歌曲增色；用不好，就陷入狭隘的地方主义。比利时钢琴家将"武汉"这个地名，作为地方性与国际性同时具备的大事件语境，产生了新的含义。他的音乐中的跨文化对话与武汉或湖北的地标语，地方风情和西洋乐器就都走到一起。中国漫长的历史与人类疫病事件何以相遇？这就像是金丝燕老师说的，长历史与短历史不能相互取代，但在某些节点上可以互通。艺术创作，民俗研究，都要找到这些节点，才能产生应有的社会价值。要具备这种触感，就要具备人文精神，要有一颗既能上天也能下地的心灵。

徐令缘

　　这两首歌都有传统文化符号跨越时间和空间，在新的艺术阐释中焕发新的生命力，表达了对人类命运的共同关怀；也有人民群众的热情与智慧，将红歌新唱，寄托了我们的家国情思与对国家人民的最美祝愿。引用一段巴金的《做一个战士》："在这个时代，战士是最需要的。但是这样的战士并不一定要持枪上战场。他的武器也不一定是枪弹。他的武器还可以是知识、信仰和坚强的意志。"让音乐、知识与信念化作我们的武器，为即将到来的美好春天而奋斗。

李华芳

　　比利时钢琴家的歌曲将中国编钟元素融入其中，用古老的编钟悠远的声音与深情的英文咏唱为我们呈现了一次东西方音乐的完美融合。歌曲中的中文独白真诚质朴，流露真情实感。疫情发生以来，中国不是孤立的，世界上很多国家都为身处困境的中国加油鼓劲，让我们感受到了人类命运共同体的强大的感召力。俄罗斯派专机去武汉捐赠物资然后默默离开，受到了国内民众的赞扬，俄罗斯人对此评价说："我们不喜欢对陌生人微笑，但我们也不需要朋友说'谢谢'。"战火纷飞的伊拉克，在自身物资不足的情况下，仍为中国捐赠了物资，尽一切努力为中国提供帮助。此次比利时民众隔空送来祝福，也同样让中国人民感动。人类命运是一体，世界各国互相联系互相依存，疫情以来，许多国家与中国同舟共济。

2020 年 2 月 19 日，星期三

主题词： 疾病不分国界民族
导读语：（15）跨文化医学博士；马海德医生
　　　　　（16）我来自新疆库尔勒

专题聚焦

8. 跨文化医学博士马海德

董晓萍

谈谈《（15）跨文化医学博士；马海德医生》。伟大的反法西斯战争集结了世界反战阵线，改变了人文社会科学的走势，也让中国人民记住了马海德、斯诺、史沫特莱等冒死前来跨文化的外国朋友。跨文化者是一批灵魂干净的人，一批用大智大勇拥抱人类和平的人。但做这件事不容易，不是逞匹夫之勇，还要有崇高的人主义精神，还要经过严格的学术训练。

马海德的塑像矗立在王府井大街南口，台基厂路西，中国人民对外友好协会的院内。钟敬文先生留日时期的老朋友林林曾在那里当主席。有一年，林林先生帮我打了招呼，我去查外国文化专家档案资料，找几位俄罗斯教育专家姓名的外文写法。我进门迎面就看见美国医生马海德的塑像。中国人民是有情有义的人民，对别人的好处不能忘怀。

还有一位外国汉学家艾伯华（Wolfram Ebehard），他境遇就与马海德不同，他反战一辈子，不肯回德国故土，但也没有得到中国人的高级礼遇。艾伯华不是医生，是人文学者，没有马海德在华从医拯救生命在中国产生的影响，能记住他的人不多。的确国际学界人文学者的影响是有限的。我曾找出我给商务印书馆写的关于艾伯华的书评，寄给本群中的博士

生徐令缘，里面就有艾伯华的照片，这能帮助中国的后学回忆他对中国民间文学和民俗学研究的贡献。我此文中还提到钟敬文先生和美国汉学家欧达伟（R. David Arkush），欧达伟是另一位认识艾伯华的西方学者，曾于20世纪60年代因反对美国发动越战去了台湾，在台湾正好碰见反战的艾伯华。两人一起拍过电影，他说艾伯华了不起。前些天我还找徐令缘翻译日本学者40年代在河北乡村收集的故事，用日文写的，收集者是钟老在日本早稻田大学读书时的同学泽田瑞穗。我也找了北京外国语大学日语系的一位日籍教师，是钟敬文先生指导过的博士生，她是一位纯学者，日文水平不用说，但回复说教学繁忙，要等一些时间再说。其实我没有多少时间等，但这时徐令缘就翻出来了，内容基本准确，我很高兴。要知道那是怎样炮火连天的战争年月，文章告诉我们，艾伯华竟然就在河北，在一个叫藁城的村庄收集中国农民故事。泽田瑞穗也好，艾伯华也好，都做了中国民俗学者没做的工作。他们在战争灾难时期留下了汉学成果，今天已为中、日、德民俗学者所共享。

9. 我来自新疆库尔勒

董晓萍

谈谈《（16）我来自新疆库尔勒》。在这份资料中，一位新疆援鄂女护士，在武汉的一家方舱医院中，她自豪地告诉记者"我来自新疆库尔勒"。在武汉抗疫前线，这支新疆医疗队与祖国其他省份及其他各民族医护人员一起编队，按照专业分工相互搭组，合力救治患者。看见这位新疆护士的视频，让我想起我指导过的新疆籍维吾尔族博士生大古丽和哈萨克族本科生小古丽。

内地人民受到王洛宾的影响，都会唱《达坂城的姑娘》，歌里唱（她们的）"辫子长，两个眼睛真漂亮"。新疆女生颜值高，吃苦耐劳、热爱本民族文化，也积极学习汉语文化。小古丽的论文写新疆哈萨克族的哈汉双语故事类型，编数据库。她写了151个类型，哈汉双语就是302个，转成数据条302条，她再自己用双语朗读出来，我们帮她制成软件，让她带回家乡。她的纸本论文近 5 万字。大古丽也一样，她的博士学位论文获得校级优秀论文。我与她们相处过，很理解王洛宾为什么为她们的民族创作和歌唱。

小古丽是新疆阿尔泰人，毕业后回乡当了中学教师，教低年级班，收入不高。过了两年，她回到母校北京师范大学读硕士，我继续当她的硕士生导师。我希望她写哈萨克史诗的一个片段，从突厥语传下来的，在维吾尔族和柯尔克孜族中都有流传。19 世纪时德、俄、荷、日学者在新疆的疆内和边境收集过，但与国内保存的本子不一样。她说她记得奶奶和爸爸怎么唱，我们就一起定了题目，拟好论文大纲。第一年上课是在暑期进行的，暑期班结束后，她临行前约我在主楼大厅见面，她的依恋的眼神让人难忘。我这才知道她的家庭生活很困难，家里不同意她继续念书。我说可以资助她，她坚决不要。不过这次分手之后我就再也没见过她，后来还是别人告诉我，她结婚了，丈夫家经济条件不错，她父母培养她上大学不容易，现在她能帮助家里了。

我还有两个西藏学生，一个叫次央、一个叫次仁，与在南开大学工作的高磊同届。两个姐妹花，来自藏南林芝地区，雪山草原、牦牛羊群，到处是世界屋脊的奇绝风光。她们的毕业论文写中印相似故事中的西藏故事，也都很好地完成了论文，还为西藏故事首次编制了汉藏双语数据库。次央返回西藏后，在拉萨四中教高三语文，由于工作表现突出，升任了年级组组长。两年后她又拉着次仁返回北京师范大学读硕士，我还是她们的导师，她硕士毕业时已是"军嫂"，儿子一岁，丈夫是武警战士。她跟我说，带高三班非常忙，一家三口，一个月见一次面。但她也更成熟了，做事坚定、追求质量，也有轻重缓急。她还把北京师范大学数字民俗学实验室的团队精神带到了自己的家庭中和中学的同事中，在周围世界建立了能合作的团队。就在来北京答辩的当晚，她还在旅馆的小房间里为拉萨学生上视频课程。西藏学生没有新疆学生会说话的大眼睛，但西藏同学是史诗英雄格萨尔的后人，有高山的性格，有"白白的月亮"一样纯洁的胸怀。次央来信告诉我，她的同学次仁的孩子也四岁了，孩子的父亲是她丈夫的战友，她介绍的。她自己又被"提拔"了，升任教务处的领导。她还给我寄来一本"相册"，里面是一条羊毛围巾，上面印有西藏人民信仰的宗喀巴绣像和白象，是她舅舅的手工作坊里的制品，她在她的硕士论文中提到过这种手工产品。我很想给她寄去东西表示谢意，但她连地址都没留。

新疆、西藏与内地绵长往来，中华文明的繁荣离不开中国多民族跨文化相处的历史经验，和谐就是一种幸福，我在内心里祝福她们，好姑娘。

跨文化每日谈

高　磊

在校读研究生期间，董老师指导的维吾尔族、哈萨克族、藏族等少数民族本科生给我留下了深刻印象。她们能歌善舞，为人纯朴，勤奋好学。在北京师范大学数字民俗学实验室，她们利用数字化文本查找资料，有时会工作到晚上 11 点多甚至更晚。她们用本民族的文字写故事，用本民族的语言讲故事，经过实验室进一步处理，形成了数字软件，留下她们在母校接受跨文化教育的数字化成果。我现在在工作中，也时常能接触到少数民族学生，我力所能及地帮他们解决问题，这些都是与在校期间的学习经历分不开的。我们要做跨文化教育的践行者，像石榴籽一样紧紧抱在一起。

刘修远

撰写本科毕业论文的时候，新疆同学小古丽给我留下深刻印象，她有一双美丽动人的大眼睛，在实验室学习工作认真。从师长那里我还听说了大古丽师姐的刻苦事迹。她们都让我心生敬佩。这些少数民族同学来到首都北京学习跨文化的方法，并将其应用到本民族文化研究。这是对跨文化方法最好的实践。他们的跨文化研究成果又会给跨文化发展提供不同的视角和思路。以前国家讲援疆援藏，现在随着新疆西藏等地的科教文卫事业不断发展，在某些方面他们也可以反哺内地，这种互动是双向甚至是多向的，不再像以前一样单向输出，这是跨文化事业发展的有力例证。当然说到小古丽没有读完研究生的现状不免有些伤感，她作为师范生回到基层，为边疆的学生们传播知识，带去从首都学到的方法，为国家做出了贡献。虽然我和她交情不深，但也是希望她幸福快乐的。正如老师说的，以我们微薄的力量无法改变她当时的生活环境，但可以默默关注并把她们记在心里、留在回忆里是唯一能做的事。鲁迅先生说，"无穷的远方，无数的人

们，都与我有关"，我在比利时也时常点开北京师范大学文学院和跨文化
研究院网站的网页，我觉得我的一部分留在北京师范大学，留在中国民间
文化研究所。同样地，以前有许多马海德医生这样的外国专家，在国家百
废待兴之时援建中国科教文卫事业。现在随着中国经济和文化发展，我们
也在逐渐拿出自己的方法与世界各国学者分享、探讨，不再只是用别人的
方法研究自己的文化。希望在不远的将来，各国学者合作研究时，只有方
法合适与否、融合与否之分，没有国籍地域之别。

吕红峰

《（16）我来自新疆库尔勒》让我想起我上学时的新疆同学大古丽，
她的家乡是西部荒漠地区，那时人民的生活还很艰苦。她在家时就学业优
秀，在北京师范大学完成博士学位论文，现在已是当地高校的重要人才。
我们专业还有很多这样可爱的少数民族同学，中华民族大家庭就是由一个
个的她们构成的。我也接触过很多来本专业工作的外国学者，都非常热情
友好，他们也是维系中外友谊的纽带，是跨文化的桥梁。

罗　珊

抗疫医护人员的伟大，在于始终奔赴最需要他们的地方，无论面对什
么样的风险，无论将面对多么巨大的困难，都在救死扶伤。他们脱下白色
"战袍"之后，也是和我们一样的普通人。他们点亮的人性光辉始终闪烁
在人类的星空。从他们的故事里我们能学到的，是人类情感的无国界和坚
持的伟大。就像茨威格在《人类群星闪耀时》中写道的，"要奋斗，要追
求，要发现，绝不认输。这世间从来没有轻而易举就能成功的人，即使有
也只是偶然。只有那些拥有远大抱负和花岗岩般坚强意志力的人才能激起
内心强烈的愿望，克服一切艰难险阻，最终成功地登上梦想之巅，这是一
个亘古不变的真理"。

2020 年 2 月 20 日，星期四

主题词：一首老歌

导读语：（17）莫斯科音乐学院：一条大河，喀秋莎，莫斯科郊外的晚上

（18）澳大利亚悉尼歌剧院：黄河，勇气，中国！

专题聚焦

10. 莫斯科音乐学院的三首歌

董晓萍

　　世界上没有人喜欢灾难，但世界上没有人不喜欢音乐。不久前莫斯科音乐学院为武汉发来问候一个视频，里面录有俄罗斯师生为武汉人民演唱的三首歌，令人激动。第一首是刘炽创作的中国爱国歌曲《一条大河》，刘炽是冼星海在延安鲁艺的学生。第二首是俄罗斯爱国歌曲《喀秋莎》，第二次世界大战期间，苏共与苏联红军，对中国正义力量多方支援，在江西苏维埃，在东北抗联，在西柏坡指挥三大战役中，都留下故事。第三首是俄罗斯歌曲《莫斯科郊外的晚上》，片音单曲，能唤起中国学界对莫斯科大学的深长回忆。

　　20 世纪 50 年代，中国派出数批留学生赴俄罗斯留学，莫斯科大学是接待单位之一，曾为中国的自然科学、军事科学和人文社会科学培养了优秀人才。毛主席在莫斯科大学的讲话"你们是早晨八九点钟的太阳"，曾感动了中俄两国的青年学子。莫斯科音乐学院是金牌艺术殿堂，曾为中国培养了歌唱家和舞蹈家。谢开来父亲的老师就受到俄罗斯舞蹈家的亲传。被钟敬文先生表扬的许直，收集内蒙古民歌，也曾师从莫斯科大学的教授

学习指挥。寄来此视频的莫斯科音乐学院，只有了解这段中俄交流史，才选得出来这三首歌。莫斯科音乐学院的师生为武汉而演奏它们，为疫情中的武汉高校师生和武汉人民助力，情满山河。

视频中有个莫斯科小女孩，承担了童声演唱和中文问候的工作，她非常可爱，我怀疑她就是担任这场演出的莫斯科国立柴可夫斯基乐团总指挥的女儿，两人的脸上似乎写着 DNA。

跨文化每日谈

谢开来

我父亲在北京舞蹈学院学习时，在首都吸收了俄罗斯艺术的滋养。他到现在也没有忘记过俄罗斯。他的单位已经实现了与俄罗斯艺术院校的联合培养，也得到了不少海外留学归来的硕、博人才。我在广、深两市都有许多朋友，他们也都喜欢艺术。但可惜的是，广州并没有很好的艺术氛围，让交响乐或舞蹈这些国际化的艺术体裁走向大众。总感觉这些文本还是高冷的，与内部文化信息不连着，与生活也不连着。文艺演出演了，完了，走了，留下什么？观众说不出来，文化无法再造。怎样解决这些问题，不仅是我自己在跨文化对话，还要让两地民众真正进入跨文化对话，正是我当下日日思考的。

徐令缘

我家还有一段故事。今天在家播放老师寄来的俄罗斯歌曲，我的父母听到，也一同哼唱起来。我便与他们聊起了他们所熟悉的俄罗斯歌曲，请他们为我讲讲俄罗斯歌曲背后的时代故事。我父亲出生在 20 世纪 50 年代，他最早对苏俄的印象来自"文化大革命"以前。那时，中国与苏联的关系非常密切友好，北京中学与苏联中学的学生互相通信。我父亲的邻居，一位在 101 中学上学的同学，曾与苏联同学互寄礼物，还收到了苏联寄来了基洛夫牌手表，在当时传为一则新闻。这是中苏交往在中学生当中的印证。至于大学生，50 年代上大学的所有学生都是学习俄语的，为了适应当时的教学需求，北京大学特设"俄文楼"，如今俄文楼已经划归对外汉语教育学院使用，但这一称呼仍然保存，这些都是时代的纪念与象征。至于俄罗斯歌曲，"文化大革命"前，苏联红军歌舞团曾来华演出，在国内引发了不小的轰动。

"文化大革命"中，一本《外国民歌 200 首》中也收录了几首令大家耳熟能详的俄国歌曲。如今我们最熟悉的《莫斯科郊外的晚上》，在当时还不是最流行的歌曲，最流行的是苏联革命歌曲。在那段特殊的时段里，《莫斯科郊外的晚上》一度曾被认为是"封资修"，但人民热爱这些歌曲，大家会偷偷地唱。"文化大革命"结束后，俄罗斯民歌就被大量传唱。唱俄罗斯歌曲反映了一种情绪，是一种对曾经的中俄关系与友谊的怀念，也是对那一段旧时光的怀念。后来，苏联的歌曲也逐渐变化和发展，但中国人最爱的俄罗斯歌曲还是那些经典歌曲，那些歌曲代表着一个时代。俄罗斯歌曲有一种独特的韵味和美，这种美受到当时中国年轻人的追捧。现在的年轻人或许不那么多地听俄罗斯歌曲了，因为现在的年轻人有着更加广阔的视野，但受到父辈的影响，他们也会对这些歌曲有所了解，这些歌曲成为一代中国人的重要的回忆。

我父母也同时谈到，人类的各民族之间有共享的情感和审美，这是全人类大团结的基础。视频中的俄罗斯的小女孩像是一种未来的象征，让我们看到未来的美好。我母亲回忆道，她曾经教过一位名叫代丽娜的俄罗斯女孩，她聪明、勤奋、美丽。女孩的妈妈是作家，她的人生目标就是成为艺术学学者。这个女孩在中国深造，后来又与一位中国男孩展开了美好的恋情，这也是未来，是新时代的中俄友谊故事。

董晓萍

中华人民共和国成立初期我国北方学校大都学俄语，市重点中学还有被分配与苏联中学生通信。俄文好的学生都可以报名，到俄语教研室去领对方寄来的俄文信，回来按照信封上的地址，自己写回信，自己从邮筒寄出去，寄往苏联。两国中学生的通信活动持续了好几年，很多中国青少年都产生了对苏联的梦想。那时没有托福、雅思，没有上常春藤大学的目的性。年轻人只有理想，认为共产主义就在苏联。

2020 年 2 月 21 日，星期五

主题词： 疾病不分国界民族
导读语：（19）跨文化的心跟宇宙一样宽广
　　　　　（20）凡人善举，伊朗咖啡师留在武汉

专题聚焦

11. 凡人善举

董晓萍

　　《（20）凡人善举，伊朗咖啡师留在武汉》讲了一个观点：人生活在社会中，要学会"为他人无偿奉献"。就在刚才，中央电视台国际频道 CCTV4《中国新闻》节目播放了这个微信文件的原型，武汉 Wakanda 咖啡屋。这条消息早已网红，几乎在 10 天前，本群技术负责吕红峰帮我把这条信息做了格式处理，但我一直没发，等到今天再发，是因为终于等到我们国家政府与社会各界一道表扬武汉战"疫"中的"凡人善举"这一刻。

　　武汉 Wakanda 咖啡屋的七八个员工都是普普通通的小青年，都不是本群中的在读的博士生或硕士生。但在大灾大难面前，他们毫不含糊、舍己助人。他们给武汉医院被防护服包裹严实，长达数小时无法进食进水的医护人员，自愿免费按时送去咖啡，奉献一腔热血，此举感动了数不清的白衣战士。在发给大家微信文件中，有个伊朗青年咖啡师叫希纳（Sina），也出现在今天的央视镜头中。他不是外国政要，不是外国医生，也不是武汉疫情暴发后送来问候音乐的外国钢琴家或大牌乐团指挥，都不是，他就是在这家武汉 Wakanda 咖啡屋工作了好几年的外国员工。但也就是普普

通通的他这次做出了惊人之举，在伊朗接侨飞机到达武汉之际，在伊朗外交系统通知他登机的时刻，他却拒绝了，他决定留在武汉，与 Wakanda 咖啡屋同在。他用中文和英语双语告诉电视机前的观众，他也很想家，他的父母和兄弟姐妹都打电话劝他回国，担心他处境危险，他却回答说："It's more important to help Wuhan people now more than missing a person（现在帮助武汉人民比想念一个人更重要）。"

说凡人，谁说 Wakanda 咖啡屋的中外小青年不是凡人？说善举，谁说这个咖啡屋员工的举动不是善举？现在大家都宅在家里，如果家里有电视能够回放，就请你们看看今晚的 CCTV4 节目；如果不能回放，就看看我寄去的这份阅读资料。

吕红峰有一次谈到，天人合一是中华文明的宝贵遗产，的确如此。这是在我们中国人人都能接受的道理。中国古有祖训，人与人之间，人与动植物之间，都要相互呵护，祝愿平安。平时如此，灾难来临也如此。或者说，哲学如此，民俗也如此。人与大自然一元共存而非二元对峙，这就是中国文化。这也是一种东方文化，尤以中印最为深信。在日常生活中，在神奇故事里，当这种信仰传递的时候，山水神圣，万物有灵。美丽小妹甘愿与蛇兄结缘，青蛙也能变成白马王子。当这种信仰被抛弃的时候，金钱、利益、贪欲、冷漠、谎言冒泡，浊水充斥清流，把天人关系变得凶狠冰冷，把温情脉脉的好东西无情摧毁。

有一首中文歌叫《爱的奉献》，曾在我国举办亚运会的晚会和春晚中演唱，感动无数中国人。不过音乐响起的时候也让人思考，从什么时候开始爱在缺失，需要呼唤才能奉献？就是因为全球化来了，中国人熟悉了几千年的一家一土一族一国之爱被保留，也被超越。原有文化中的亲密关系不是唯一，又增加了市场、经济要素构成的社会关系。悄然之间，社会关系还成为主流。中国农村的亲密关系发生解体，青壮年农民工进城务工，融入市场环境下的社会关系。也有大批外国人走出原生家庭的亲密关系，来到中国合资企业工作，与中外同事结成新的社会关系。刚才讲的晚会歌曲《爱的奉献》中的故事，就是在农村打工妹和城市家庭雇主之间结成的社会关系中发生的。武汉 Wakanda 咖啡屋的故事，也是一群中外从商者与武汉战"疫"医院之间的社会关系中发生的。这种社会关系的新模式中散发出来的友爱，不是亲密关系中的内部关爱，但它因稀缺而超级温暖。

再问一下，全球化缔结的社会关系模型能经得起生死大爱的考验吗？Wakanda 咖啡屋的伊朗青年希纳就经受了考验；还有上面没提到名字的法国医生留在武汉行医，法国驻武汉领事馆外交人员留在湖北抗疫，就经受了考验。我绝不是说，伊朗青年回伊朗，法国医生和法国外交官回法国就没有情谊，我是想说，他们自愿留下来承担风险之举，将"考验"二字格外凸显。

还要稍微思考的是，疫情时期报道凡人善举和这种消息成为网红的意义是什么？武汉 Wakanda 咖啡屋的员工，95％都是中国人，难道这种仁爱之心不是流淌在中华民族的血液中吗？为什么非要等到武汉疫情声声告急才来传扬？为什么要有外国青年参与才被被津津乐道？

我个人想做的回答要集中到"灾难"二字上来，因为灾难与大爱相连。人类历史上的灾难时期涌现了很多超越亲密关系的大爱和大爱英雄，这是中世纪之后人文主义精神运动的绝品果实。

在第二次世界大战时期，在人文主义精神的旗帜下，世界上结成广泛的反法西斯反战统一战线，很多学者、记者、医生们，穿越本国国境的边界，去往他国的战场，拯救生命于硝烟水火，想一想上面提到的美国人马海德和斯诺、加拿大人白求恩等冒死来到中国，正是他们用生命谱写了反战之歌。当然这次在中国和全球暴发的疫情灾难，与第二次世界大战背景相比，已经有所变化。

在全球化下，现代经济迅速发展，刺激了传统文化的变化。再回到歌唱社会关系的新歌《爱的奉献》，它的大为流行，能启发我们认识到一种不曾意识到的新道理，即关爱与大爱的区别。原生亲密关系的关爱，是自然朴素的人性之爱，可以在原生文化中自动传承。中国人血管里流淌的家国春秋之爱，是中国传统优秀文化潜移默化、培养千年的天下大爱，可以通过中国文化的传承继续传递。但是，全球化下的社会关系新模式产生的救助之爱，还需要超越以往心理的、社会的和民俗的认识，去做跨文化的理解，也需要通过跨文化的博爱教育去发扬光大。从这点出发，我特别赞成推举武汉 Wakanda 咖啡屋一类的凡人善举，中外员工们在这个意义上都是特别优秀的人。这种优秀与官阶大小、学位高低没关系，也不需要谁跟谁比较，也不需要谁靠谁去映照。他们在全球化下的经济环境中，在疫情灾难暴发的一刻，表现了各自携带的利他公益文化，做出了人道主义之举，展示了修为而成的样子。他们赢得了身边人的赞佩，也赢得了跨文化的尊重。

现代社会文化相遇的概率很大，在相遇的过程中，只要是自己的文化，便是发自内心的文化，发自内心的文化都是真诚的文化，但真诚不等于被对方接受。还有，民俗文化是热情的文化，但人有热情不等于变成对方。所以，我们需要跨文化，增进不同文化间的了解；理解彼此的热情，同时保留自我。要在他者十分真诚而自我不在意的地方，或者在自我十分热情而他者表现冷淡的地方，能够深入差异文化的差异面中去，发现自我不曾发现，而被他者敏感过的一些文化成分，再去解除怀疑和排除误解。跨文化者，需要夯实自我的学术训练，了解他者的文化期待，提升自我对外发言的能力，在这个前提下，才有可能把多元文化交流做到甘之如饴的程度。

跨文化每日谈

谢开来

我刚刚忙完工作、交出稿件，现在来写读后感。我自己的观点，在这里主要讲两个。第一，我想这个世界是要交换和循环的，救别人的同时也会救自己。咖啡店是都市白领女性的几大梦想之一，十个女白领里，至少有五六个会告诉你她想开咖啡店。但是咖啡店又是特别难经营、难管理、难营利，既有专业门槛，又有市场门槛。咖啡是美好的，而经营咖啡店是困难的。我们看咖啡店给医院送咖啡，觉得特别难能可贵，这是一方面。但这家咖啡店通过疫情期间不断出杯，保持自身运转，也让咖啡师们实现了自我，咖啡店也获得了社会认可，也会产生一种社会效益。当然，为医院供应咖啡需要很大的勇气和善意，但正是这个世界的运行，可以让善意循环起来，变成一个善意的雪球，人类才有与恶意对抗的力量。另一方面我还记得有个民间故事类型是西天问佛，说某甲去西天见佛祖而有所求。他在路上碰到乙、丙、丁，这三人各托他问佛祖一个问题。甲到了西天，佛祖说只回答三个问题。他把别人的问题问完了，把佛祖的回答都转达了，自己的问题留在心里。回到家发现，自己的问题已被乙、丙、丁解决了。

第二，人在跨文化的环境中，特别容易受到感染和感动。或许这个伊朗咖啡师也有这样的情况。我自己在欧洲留学时有过这样的经历，对于外方来说只是一些小事，但我会感到受到很大的帮助。我印象最深刻的是在爱沙尼亚一位叫 M 的印度同学。她总是把我拉出去做些社交活动。按理说，我这人是特别不愿意社交的，尤其是在留学期间论文和学习的压力下，更不愿意去社交。但她总能把我拽出去，认识这样那样的人。因为我的反抗，她似乎觉得我对她的意见颇大，于是有一天她跟我谈话，说把人们集合在一起是她的"nature"。我说我自己一个人待着，是我的"nature"，但我要特别感谢你的"nature"把我拽出来了。就这样我就得到了外国同学的善意、友谊和帮助。印度人不似中国人含蓄，尤其喜欢凑在一起。我与印度同学的相遇，反而激发了天性中的跨文化对话，促成了自我反思，那就是个体不要与社会相孤立，个体接受了许多善意，还要以善意回报善意。跨文化的对话与研究应该做成这种善意循环的集中与升华。

徐令缘

这些天我们共同阅读的跨文化战"疫"材料，共同诉说了一个重要理念，即跨文化学科所秉持的观点与视角，并非只存在于文化研究中，也蕴含于我们所经历的社会生活的方方面面。跨文化学在现实生活中的价值是巨大的，正如今日阅读资料所言，"一个人意识的觉醒，将改变他的命运。一个大国的共同意识觉醒，将改变这个地球的命运"。我们置身一个平凡而又伟大的时代，时代的洪流推动着我们去拥抱跨文化学。乐黛云教授说过，在过去世界中创造的所有"认识"和"意义"都在遭到巨大的冲击，对"经济增长万能论"和"个人绝对自由"的过度追捧，接踵而来的气候异常、自然灾害与瘟疫，都要求我们重新定义人类的生存意义与生存方式。对此，她提出将中西人文精神相结合，创造 21 世纪"新人文精神"，认识到在人与自然的关系中，人类并不优于其他物种，在人与人的相处中，合作与依赖才是永恒不变的主题，才是可持续发展的主题。我想乐黛云先生所说的道理，就是资料中讲的"跨文化的心要像宇宙一样宽广"。今天我们读到的武汉咖啡屋的咖啡师们，在疫情蔓延时刻，他们从自己力所能及的事情做起，用自己的行动，关心着素不相识医护人员。其中有一位伊朗小伙拒绝回国，坚持在岗位上奋战，他说，从中国人的身上，他学到了默默付出的坚韧力量。在疫情面前，我们看到了千千万万个"像宇宙一样宽广"的美好心灵，让人报以敬意。

李华芳

我因为单位网络技术培训及错峰试课，抱歉发言来晚了，感谢董老师的精彩点评和各位同门的观点分享，很受益！现谈一点我的浅见。有感于标题"凡人善举"，有感于那句"善意就像雪球，会越滚越大"。无论是东方还是西方，无论是为人还是做事，都教导人们向善。开办于法国巴黎塞纳河畔的莎士比亚书店，历史悠久，接待过很多西方著名作家。书店的座右铭是"不要对陌生人冷漠，他们也许是伪装的天使"（Be inhospitable to strangers, Lest they be angels in disguise），书店把报答过去所受的恩惠作为经营理念，因而无论是衣衫褴褛的流浪汉还是西装革履的名流，都可以在这里找到心灵的慰藉。善，不仅是为人之道，更是商贾之道。中国古代经商理念中的"童叟无欺"，是诚信，更是"善"。诚信是现象，而善是本源。伊朗咖啡师在危难时的坚守是善，法国书店不分高低贵贱的眼界和胸怀是善，中国医护工作者不分昼夜救死扶伤是善，世界倡导和平饮食不对动物肆意杀戮也是善……善，让心态平和，让眼界开阔，让胸怀宽广，它是每个人对待自己和世界的最好的方式。

董晓萍

这么晚还来光顾战"疫"沙龙，打个招呼，好。巴黎的莎士比亚书店名声在外，从店名上看就是一家跨文化书店，其实好书不多，真正买书的人也不多，但光顾者川流不息。这家书店位于圣米歇尔大街之侧，遥望巴黎圣母院，斜对法兰西学院，背后有不少法国和英国人开的老馆子，门脸不大，装饰一般，就那么几排座，就是有名。有的家庭几代人在这里吃饭，口碑了得。跨文化，如果不是跨得这么有滋有味，流连忘返，法国人也不会那么起劲。

回头说武汉 wakanda 咖啡屋，凡人善举，没有权力护卫，没有安全保障，没有输赢预设，远比宅在家里危险十倍。其实跨文化也远比安居于内部文化困难重重，所以我看跨文化的先驱都是爱国者，是大善知识者。他们热爱人类和平，因而无私无畏地勇敢前行。

2020 年 2 月 22 日，星期六

主题词：需要中国学者直接走向国际

导读语：（21）傅莹解释西方社会的复杂态度

（22）中国青年科考探险家温旭

专题聚焦

12. 需要中国学者直接走向国际

董晓萍

傅莹的文章是清华大学同事寄过来的，我想好了今天要发给大家，但与之组合的文章一直都没想好，换了好几次都定不下来。今早中国国际广播电台播报中国青年环保科学家和登山家温旭的消息，听后就让我下了决心，今天的配套资料就是温旭事迹。

温旭生于 1987 年，是我们这个微信群里的研究生同学的同龄人。或者说，他比本群中年龄最小的在读硕士生大不了几岁，比在读博士生也小不了几岁，但他已经是中国历史上最年轻的登顶人类科考探险事业的第一人。他的资料是在我听了广播之后，又从网上下载了几篇有关他的文章编辑在一起的，没时间细校，但基本符合中国国际台播报的内容，可以交给大家阅读。我相信疫情期间中国国际台广播的名人都是十筛九选，33 岁的温旭被选中，再看他的资料，确实当之无愧，我看疫情期间播报他还有一条重要原因，就是他成为维护地球与人类生命的环保事业的前哨尖兵。

我讲一段大家没有经历的事情。还记得去年轰动一时的瑞典环保女孩格蕾塔（Greta Thunberg）吗？初中生，不上学，专搞环保。一时间欧洲很多大中小学的青少年都模仿她的样子，不上课，躺在大街上，高呼环保

口号，兴奋得满脸通红。有人推荐格蕾塔去见俄、美、法、德政要，她用眼睛狠狠地瞪着西方政治大佬们，为全世界儿童大大地出了一口恶气。欧洲电台电视天天播送格蕾塔的消息，疯了一样。但她毕竟没本钱，不可持续。她对必要的专业知识，政治、经济、文化、法律和环保科学一无所知，所以被普京爷爷严肃地告知回去好好读书。我那时正在她的国度，看见绿波浪一样的土地、蓝宝石一样的天空。斯德哥尔摩大学里矗立着诺贝尔化学奖获奖者的塑像，塑像上的化学家凝望他创建的化学系，系里的师生们围桌在研讨，安静的读书气氛与格蕾塔的造反完全是两码事。

我到底想说什么？我想说，资深外交家傅莹也好，青年科考探险家温旭也好，都在告诉我们，中国社会与西方世界的文明互鉴可以从各个领域、各种角度进行，但都要千难万险攀登至顶，才能引起彼此对彼此声音的关注，没有人能随随便便获得成功，也没有人能随随便便教训别人。英国的"日不落帝国"时代、法国的拿破仑驰骋时代，都已风光不再。在现代社会，一个挑战风险的人，应该是一个谨慎的人，一个受过各种专门训练的人。因为这种优秀个体要忠诚于祖国，忠诚于人类美好的未来，就首先要忠实于自己的优劣现实，然后置"劣"于死地而后生"优"势。

还有一种情况也要在这里与大家交流。国际场合的表达，有些是非出国者未能道也；有些是眼见为实而后思辨的心路历程，非在场者不能为也。去年10月我在法国开会，中间应汪德迈先生的邀请，去了他早期开创法国中文学科的南方海港城市马赛。他的医生女儿家住在马赛，就成了临时接待我们休息的场所。那是一所临海豪宅，房子的等级放在巴黎就是天价。我们随汪老走进去，喝咖啡，品酒，看电视，礼节性地访问。电视里正在播France24频道的节目，话题是香港骚乱。一位法国学者介绍香港、英国和中国的关系，侃侃而谈，无所不知的样子。四五七八个听众围着他，倾听、提问，充满法国电视台很注意营造这类谈话节目的自由气氛。一人问，有的香港人要求跟随英国建制，不要隶属于中国，您怎么看这种诉求？他答，香港归属英国？香港归属中国？这要看香港人民自己的选择，政府不得干涉。汪德迈先生原来跟我们一样目不转睛地看着电视画面，这时他突然大声地说："我认识他，他是法兰西学院的院士。他不研究中国，他讲得不对。香港被英国殖民过，但是香港是中国的城市，属于中国领土的一部分。香港与中国和英国的关系，在任何情况下，都不存在国家与国家之间的关系。英国不是香港的国家，中国才是香港的国家。他完全不了解历史，他不应该这样讲，我回去要找他谈一谈。"浪漫的马赛之夜，战斗的汪老！今晚本该战斗的是我们中国人，现在却由汪老第一个站出来，响亮地替中国说话，这种力量太震撼了。

习近平主席提出建设人类命运共同体。在中国，"命运"二字是后起的现代词语，古汉语讲"命途"。"命运"包括历史与现实遭遇的贫富、生死、疾安、战和、顺逆等个人境遇，也包括社会变化的总趋势。格蕾塔焦虑的是人人境遇的安危，但我们肯定格蕾塔一定要回到学校去，长了本事，提升了储备的级别，再来抗争。傅莹和温旭之杰出，就在于方方面面储备足够，并从我做起，成为 21 世纪优秀人才的典型。汪德迈从人类社会变化总趋势去思考和实践，肯定中国社会文化的地位，受到中西世界的尊重。今天中国国际广播电台还同时播报了世卫组织总干事谭德塞，一位非洲勇士、英国博士，他现在快成了中国政府和中国人民心中的"马海德"，后面再说。

疫情发生以来，爱国主义与国际思维两者，已紧密地联系在了一起。现在全球有很多不确定性，但都在重新界定这两者，包括两者的内涵与关系。当我们说到人类命运共同体，当我们说到需要中国学者直接走向国际，也要在处理好两者关系的前提下开始。

跨文化每日谈

刘修远

傅莹讲的两点让我深有体会，一是中国话语在国际领域还不够多、声音还不够大，二是西方，尤其是欧洲，对中国崛起既认可又担忧的态度。去年 9—10 月，正值香港问题持续，鲁汶大学的部分支持港独的香港学生组织了一个公开讲座阐释错误思想，据说获得极大关注，礼堂里几乎坐满。这种错误的思想曲意迎合不明所以的欧洲学生，曲解自由民主等思想，获得许多人的"支持"。这对于外国师生正确了解香港问题是一个严重的干扰。我后来还为此询问过学联，因为如何正确发声，向西方世界传递事实，大到国际关系，小到学生交流，是每一个中国人尤其是我们海外学子所关心和关注的。

关于第二个问题，鲁汶大学的微电子研究在欧洲领先，我身边很多学长都从事相关研究，就职于 IMEC（欧洲最大微电子研究中心）或华为研究所。平时聊天，他们都表示过比利时对中国学生学者既警惕又合作的态度。一方面，中国学生学者认真严谨，科研能力和成果无可挑剔，屡获赞赏；另一方面，IMEC 对中国学者也有所保留。欧洲自己就有过教训：法国的阿尔斯通电力集团被美国巧取豪夺最终收购。这样的事情不仅没有使他们意识到团结合作的力量，反而加深地方保护主义思想。竞争与合作是当今世界的主流，但竞争应该是良性的，竞争的目的是共同发展，而不是你死我活、两败俱伤。未来中外在各个领域的合作只会更频繁，期待更多的中国学者在国际舞台上拿出过硬的科学成果展示中国，用巧妙的方式讲好中国故事。

高　磊

每次师生对话对我来说都是一场学习，很珍惜在这个"临时群"的每次对话，有交流，有对话，才能有进步。我谈几点初步的想法。

第一，"信任"。傅莹说，国际关系和人际关系都需要以一些基本的信任作为基础。上学时，老师把一些重要的工作，重要的文件，重要的数据交给我们时，就是信任。师生之间的这种信任是纯粹的，是没有任何利益的。老师信任你，也是锻炼你，也是培养你。当从一个校园走向另一个校园，从学生走上工作岗位之后，我越来越发现信任的重要性，它不是索取来的，也不是求来的，而是靠一点一滴积累出来的。

第二，"青年"。青年科考探险家温旭生于天津，毕业于全国重点中学天津南开中学。他展现了 80 后中国青年的坚定信念、无畏精神、坚守努力，展现了中国青年在应对气候变化这一国际问题时的责任与担当。温旭毕业的南开中学，培养了很多优秀人物。我所工作的南开大学和温旭的母校南开中学血脉同枝。温旭作为一名南开人，用实际行动践行了"公能日新"的南开精神。

第三，"对话"。傅莹的思考和温旭的行动，都证明了对话的重要性。在世界科研舞台上发出中国青年的声音，中国需要与西方对话，也需要与世界对话，西方和世界也期待着与中国对话。跨文化对话就给我们提供了这样一种理性看待问题、思考问题、解决问题的视角和方式。我最近看了一份教育部高等教育司的函件，推进"新文科"建设是 2020 年全国高教领域的工作主线之一。我相信，跨文化研究大有作为。青年人还是要提升自己的"内力"，锤炼品格，汲取知识，多沟通，多交流，多对话，不断提升小我，融入大我，融入世界。

李亚妮

傅莹的体会，如乐黛云先生一直强调的多元文化共生和对话，在如今纷繁复杂的国际关系和原有国际格局重新调整的形势下，尤为重要。中国在国际场合的出现会引起广泛关注，我曾有幸旁听过联合国关于妇女的会议和审议中国的相关报告，出场气氛及保安级别与他国明显不同，官方的声音被聆听，但确实有限，而且在不充分的表达中，也不乏误解与冲突，联合国官员和专家们期待来自中国的更多的数据，期待更多的活生生的表述和阐释，并能解答他们的疑惑与问题。对话中的问与答需要在同一帧频才有效。中国各界精英发出理性的声音，拿出让人折服的举动，是这个时代的需要，也是国际社会的期待。青年科考探险家温旭用自己的行动发声，令人钦佩。老师带领我们前行的跨文化之路，崎岖不平，但有趣有意。

徐令缘

傅莹女士本人言辞有力，风姿绰约，展露出中国女性在世界外交舞台上的卓越风采；她的文章令人深有感触，又深受鼓舞。正如傅莹女士与各位老师同学们在讨论中提到的那样，我们正处在这样一个时代，这个时代将目光汇聚于中国身上，却又对中国完全缺乏了解。这种缺乏了解是由多方社会历史文化因素共同造就的，也要运用跨文化的理念去解决，大家都谈得很深刻，我仅结合我的专业选一个浅层的方面简单谈一谈，就是语言的问题。

汪德迈先生说过，语言分为两种功能，分别是交流的语言和思维的语言。若要促成两种文化之间的真正理解，不进行思维的碰撞不能达到，不了解对方的历史与文化脉络不能达到，不对对方社会现实有深刻的理解剖析不能达到，而这一切都需要运用思维的语言。我们虽然是从小学习外语的一代，但这种学习多是停步于交流层面。在这里并非责备学生们的学业不精，这确实是因为若想达到运用外语表达思维的高度，需要超乎想象的努力与持之不懈的勤奋，也就是与老师在平时教导我们在学习当中要进行

"深度地学术科研训练与自我身体管理"是同样的道理，也就意味着，在学术与外语的双重角度上，要付出双倍的努力。这个问题不是陈词滥调，要真正在外语学术写作中崩溃过几次，才能真的对其深有感触。试问整个世界范围内，能够像汪先生、董老师和金老师这样，运用完全另外一个语言系统进行学术演讲与思维交流的学者又有多少？怎能不让人憧憬与敬仰？有的时候，伟大也可以很平静，很儒雅。

2020 年 2 月 23 日，星期日

主题词：全球的田园

导读语：（23）人之初

　　　　（24）马克龙说在爱丽舍宫搭个鸡窝

专题聚焦

13. 全球的田园

董晓萍

　　隔离时期，发给大家以雏鸡活动为主角的动漫《（23）人之初》，首先是因为我自己很喜欢。我开始要给这个动漫另起个名字"艺术与生命的对话"，又放弃了，看看创作者没这个意思。而创作者用了一个题目叫"早上好"，正是他要表达的意思。他要寻找一种"原初"，一个属于最初纯文本的文本。这也是当下的一个潮流，即展现掌握原初价值的能力。面对原初价值，没人在乎你认识谁，人们在乎你是谁。你能把三年的苦练、十年的苦读，化为你找到原初的本事，你就是牛人，所以我把这个动漫的名字改叫"人之初"。三个字是偏重结构，重点在"初"。难就难在另一个文本《（24）马克龙说在爱丽舍宫搭个鸡窝》，提供了一种摩挲书本的质感，而那又是多么重要的一种质感。马克龙、布老师、爱丽舍宫、法国农业史，把这些话题攒在一起，足够一座图书馆。图书馆里尽是以手摩挲爱不释手的好书。从"初"开混沌，到万卷书，中间的距离是多少？按现代人的理解怎么也得万万年，一万年、三五千年、20 世纪……所以，人类到了满腹诗书的阶段，冒出一批创作者，再回去找原初，真有大本事，怎么找啊？

少壮派的法国总统马克龙，"登基"后困难重重。巴黎的黄马甲游行、地铁罢工，在中国人看来都是要命的社会问题，但他的处理，至少在我看来不乏圣雄气质，配得上思想与艺术国度的法国。他稳重地谈话，耐心地寻找办法，了解法国人的心思，把法国的事办好，这就是法国总统要做的事。

说到今日话题中的"鸡"，法国普通人的人生目标是为自己过好日子，福利、度假不可缺少；不像中国人勤劳、刻苦、为家人过好日子，为人民服务。要知道，中法两国生活价值观的差距是很大的。但法国人对自己的想法和做法并不藏着掖着。也不妨说，他们的过度民主太讨厌，太误事，所谓的合理个人主义，经常破坏整体社会的运行，但他们的表达，坦白到"人之初"，也很可爱。马克龙跟他们的对话，也要找到"人之初"，从原初中找到法国人民要得到的阳光和水，这要展现他的政治才能和谈话智慧，因此大家看了《（24）马克龙说在爱丽舍宫搭个鸡窝》，会有很多不一样的体会。

法国的农业社会，是法国历史上的一个社会阶段；法国的农业科技，是法国农业发展的一种竞争本钱；法国的农业史，是法国跨文化研究的一份学术财富。老朋友劳格文（John Lagerway）对我说，法国农业社会研究，几大本，干了十几年，集中了很多优秀学者，写完了，出版了，不比剑桥中国史差。他还很用心地跟我说，你培养一个学生，去查法国农业社会史，再写中国社会，一定有用。我无语，我尽了很多努力，但目前还没有这种人，期待将来。再说这些书都是法文版，对大多数中国人来说如读天书，产生不了摩挲的质感。

再说"鸡蛋"。这几年我走了不少欧洲国家，包括法国，看见人家的鸡蛋分类清楚，封装严格，上面写明是生态的、农场的、柴鸡的、无转基因的各种区别，而且你根本就相信那些示例都是实话实说，绝不会满嘴跑火车。然而奇怪的是，在欧洲满世界看不见一只撒欢的鸡在旷野大地东奔西跑，我问开车的外国同行，你们的鸡在哪里？被告知说，遵守欧盟的规定，都在场房里科学喂养，不许散养和放养，那样达不到现代营养指标，还容易得传染病。群里的刘修远在荷兰念过书，他说他在荷兰也见过这种科技鸡场的图画。

现在说如何找思想文化上的"原初"。"鸡"的故事类型原型，是世界级文化遗产，大家应该都还记得 AT 类型中有"鸡与龙"。这也是一对文化符号，在中国、俄罗斯、芬兰、德国、法国的史诗故事里都有。你下次去莫斯科机场，一定去看看免税商店出售的俄罗斯毛绒公鸡，精良制作，价格昂贵，比迪士尼玩具都贵。在中国，"鸡鸣"很早就进入了《老子》的古代哲学，进入《史记》的编年史，进入了《千金方》和《本草纲目》等医书，还进入历史诗篇和现代政治领袖诗词，如毛泽东诗词"一唱雄鸡天下白"。试问，动漫中破壳而出的三两幼鸡，跳上绿草，跳入花篮，跳进万丈阳光，无忧无虑地享受生命，没有红尘滚滚，没有新冠病毒，那是多少人向往的朴素单纯的生活！它们知道日后要学天地物理化生吗？知道要迈进农业社会、工业社会、信息社会吗？不知道，一百个不知道，一千个不知道。

谁是发现这些原创文化的思想巨匠？阿尔奈、普罗普、钟敬文、巴赫金，列维-斯特劳斯……他们的长处不是绘画，而是研究诸如"天地初开，混沌如鸡子，盘古生其中"的远古文本，他们还发明了一套方法去解读它，并建立了严密的理论体系，创建了完备的学科系统。

绘画的创造者知道。可爱的雏鸡都是由创作者画出来的"原初"。高超的创作者应该知道这背后的人类世界。他应该见多识广，尽可能多地掌握人类的书面经典和口头传统记录的知识财富。然后呢，他转身创作，创作出原初人类文明的"清晨"和"绒毛未退的鸡子般的生命"。他让最原初、最原创、最纯正、最干净的生命灵物，向复杂晦涩、满身疲惫的人类，问一声"早上好"！

跨文化每日谈

刘修远

马克龙年轻有活力，也有魄力，他参加农展会、与大家互动，显得朴实可爱，也表现了他对农业的重视。课事农桑是国家命脉之一，关系到人民最基本的温饱问题。西北欧虽然不像国内那样沃野千里，但是这些国家将先进的科技应用到农业上，同样取得瞩目的成就，如荷兰就是世界第二大农产品出口国。我刚去荷兰时怎么也不相信他们会是"第二"，后来一个学电子的同学给我看了他调研过的一个养鸡场的项目照片，从外表根本看不出来是养鸡场，其厂房和普通高新园区的厂房别无二致。他告诉我说他参与养鸡场和其他一些农用机械的设计，用大数据方法处理，鸡饲料的搭配、投喂等都由电脑控制，十分精确。我国自古以农业著称，养活这么多人口实在不容易，现在的农业科技水平也在不断提高。我想，未来从民俗学、跨文化角度研究农学，也离不开对科技的关注。

罗　珊

今天的两则材料一则是美好的问候，是对"童心"、初心的观照，另一则是法国总统与民众的交流。看似关联不大的两则材料，却因鸡这个意象巧妙关联在了一起，是这个生机勃勃的意象将美好的问候带到大家身旁，同时，这个"接地气"的意象也拉进了总统与农民之间的距离，一定程度上打破了隔阂，增进了理解。在这篇报道中，能够看到沟通交流的力量，看到对话的重要性。对民众而言，许多时候对话态度所产生的作用，更甚于冰冷的规定下达。

吕红峰

农业是立国之本，中国自古以来天人合一的农耕文明本是可持续发展的范例，但进入工业社会后，随着人口的激增，我们片面追求经济速度，没有协调好经济发展和生态环境保护之间的关系，尝到了恶果。好在我国已经意识到了这个问题，"绿水青山就是金山银山"的理念逐步深入人心，我们时刻不应忘记，农民是养活我们的衣食父母，城市离不开乡村的"输血"，建设美丽乡村就是打造我们的美好家园。

2020 年 2 月 24 日，星期一

主题词：透明有力

导读语：（25）新华社：让人说真话天塌不下来

　　　　　（26）儿童与大人

专题聚焦

14. 儿童与大人

董晓萍

今天发给大家的一组儿童画与网络段子手的故事，与昨天发的"人之初"雏鸡朝阳图，在我这里就是一个儿童读物组合。好的儿童读物的作者，都是全人类思想与行动的极者，为什么这么称赞？因为我佩服他们把真话说成了艺术。

我手里有三种好的儿童读物，都不是网购的，而是从西天"飞"来的。

第一种，法国埃克苏佩里的《小王子奇遇记》，这是一位法国哲学教授当作民间文学礼物送给我的。当我告诉他，此书的真谛，在于告诉孩子："人的一生有很多困难，战胜困难才能去往美好的世界"时，他很高兴我明白他送我这套书的价值。

第二种，牛津大学数学老师，传教士卡罗尔写的《爱丽丝梦游仙境》。在我到达牛津大学的当晚，英国教授带我去看爱丽丝的校长父亲工作过的大楼，我在这里知道，我日后要去的牛津大学布莱恩图书馆，其中有些旧书，会从这座楼底部的一条传输带传过去。就在当晚，我还曾与陈平原、夏晓红夫妇跑到 Blackwell 书店去买书，陈平原干劲很大，要找到

卡罗尔著作的老版。我则要找卡罗尔的原著，老版、新版倒无所谓。我在国内已有赵元任的译本，但还没有卡罗尔的原本。我翻译过洪长泰的《到民间去》，书中提到《爱丽丝梦游仙境》在中国民间文学史上的作用，于是从那时起我就手痒。

第三种，在十二月的圣诞节，在英国的书店，我买的。这是英国人约翰和法国佩罗做的《鹅妈妈》，一大厚本，莎士比亚的家乡巴斯的出版社出版。圣诞节打折优惠，1 英镑 1 本。我的天哪，这不是天上飞来的宝贝是什么？儿童书为什么可爱？正如以上三位作者中的埃克苏佩里说的，社会把人都变得很现实，只有儿童身上才有可靠的纯真。纯真与"说真话"同源同义，讲假话就丢掉了纯真。当然"说真话"有时很难，大部分人需要获得"说真话"的能力。社会不容易，历史不容易，"说真话"可能会丢盔卸甲、名落孙山，但底线也在这里。钟敬文先生和季羡林先生都曾历经风霜雨雪的年代，但他们坚持"说真话"。有时不能"说真话"，但假话决不说，他们用纯真和铁骨守住了底线。

回头找找我们今天看过的五幅儿童画，到底还是简单。在一幅画中，胖胖的儿童躺在床上说"再睡几天（抗疫）就胜利了"，而我们知道这不可能。群中的谢开来有体会，他在广东省社会科学院工作，社科院归省委管。疫情期间，社科院要跟层层领导讨论舆情，再要把说服变成信服，再要变成政策，中间需要精神长征两万五千里。

下面再以战胜新冠为例，谈谈如何让儿童画这种体裁，产生全民的力量，讲好中国故事，发挥文化建设作用。简要谈五点。

第一，权威的力量。这幅儿童画中的儿童身体与头部的比例是 3：7，这是传统中国年画的儿童的比例，开封年画《年年有余》、天津杨柳青年画《放风筝》中绘制的儿童都是这个比例，这是民间艺人的权威比例，传统就是权威。中外历史上战胜重大疫情，曾发挥权威作用的，还有一种力量，来自宗教资源。在中国现代史上，丰子恺的《护生画集》就与宗教资源有关。此画集有佛教思想。再看看他画的儿童画《吾儿》，使用了雏鸡的形象，表达爱护生命的佛学理念。参考画是他的《瞻瞻的车》，画中也出现了儿童，但改变了比例。画中的大头小儿与小儿以蒲扇作车轮的艺术画面，堪与英法儿童杰作比肩。丰子恺《护生画集》传达的思想是，让人类放下私俗尘念，修炼巨大的精神力量，实现心灵的修复，建立佛学的思想权威，再与艺术造诣相结合，这让画中的儿童意义传诸久远。

第二，文化的力量。第二幅是《西游记》的绘画，画中的唐僧与孙悟空师徒四人都戴口罩，令人笑喷，不是文化的力量吗？

第三，民俗的力量。第三幅画上端，有一句民谣"二月二、龙抬头"。画面中不是小儿的头，而换成大人在剃头。今天正是农历节日二月二呀，二月二的节日活动就是理发民俗，疫情期间，需要少聚集，保持社交距离，在画面中，执行理发民俗的理发师与顾客，在两人之间，就又画出了保持距离和戴口罩的这个战"疫"行为。此画独有理发民俗，加上龙抬头的谣谚故事，再加上阴历春分的农事信仰，更给三分力。

第四，媒体的力量。第四幅画是一个市井小店"新冠饼屋"的照片。照片中只有汉字的一个"冠"字。因为店名为"新冠"，撞上了病毒名，"冠"字就惹了祸，又被媒体这么炒作了一下，就变成了大众谈资，再经手机微信一发，传遍五洲四海。

第五，执行的力量，见第五个微信文件，也是今天选发资料的最后一个。这是一个段子手的段子，中心思想是批评疫情时期某些不敢担当的"领导"的现世相，他们阿谀逢迎，尽说假话，被中央政府撤职查办。

文学意义上的儿童读物，转为生死攸关的举国抗"疫"资料，在两者的转变之间，中间隔着很多门槛。在转变的过程中，需要艺术的力量、权威的力量、文化的力量、传统的力量、媒体的力量和执行力的多方组合，才能让文学最终发挥影响。这种组合，有的是有序群体行动，姑且称为社会自觉；有的是自发的混合，就像今天我把这些零散出现的画作收集起来，再组合给你们看。但无论如何，这是当代民俗发生的大众文化的变化。对大众文化的学理分析，见福柯、鲍曼、巴赫金等法、美、英、俄学者的著作，他们都从不同角度讲过、预测过。福柯在前，就是他那本《知识考古学》，汪德迈都很佩服他，他们是法国索邦大学的老同学。

跨文化每日谈

谢开来

理解真话的层次很多。我记得导师教过我们，要区分几种真实：艺术真实、文化真实和社会真实。《儿童与大人》的几幅画可以作前两种理解。一是艺术真实，即其艺术手法有效，能够沁人人心。实际上，以大人身份作为讲述者过于严肃直接，在许多场合是不讨好的。但是儿童化以后，却让人感觉有趣而真诚，在很多场合可以为人所接受。说起儿童化，我更多地想到的是这几年网络微信上传的"零分作为"或者"小学生作文"，看内容其实都是大人写的，但发布者把情景改造成孩子写作文，观众的视角转换一下，看一看，笑一笑，也可以想一想，是为艺术真实。

二是文化真实。也就是说，世界上确实有这样的事情发生，甚至是频繁发生的，或者是大家频繁认为如此的。这样的舆论，一旦被宣扬出来，确实会得到很多赞成。然其中说的话，是否发生于此时此地，在此事件中，实际上需要具体事情具体分析，需要求证精神去摆事实讲逻辑。舆论是文化的，民众的理解是文化的，但是辟谣不能从纯文化的角度走。民间要思考，要发声，但民间的声音是极为驳杂的，因此才要更慎重地分辨。最后，儿童化的表述多以比喻。我记得梁启超说过，一旦用到比喻，十有八九就会比错。故严肃的学术讨论慎用。我想对于要求真实性的谣言与辟谣来说，比喻的方法不甚恰当。但民间比喻，却是值得文化学者研究的文化表达。

我在写博士学位论文期间，写了孩子剧团。前几天董老师也提到瑞典的环保女孩。这两则材料放到一起看，会觉得很有意思：儿童常常被成人认为是一种"他者"。在历史上，在故事中，这种以"儿童"作为他者的故事其实不少，大人与儿童之间的诘问，看起来也很多。比如，"两小儿辩日"，《世说新语》中的徐孺子问答，都是很好的例子。被董老师一提醒，总感觉这也是一个研究的点。大人与儿童的关系，实际上也要"跨文化对话"。

罗　珊

新冠疫情，官方有发声，民间有话说。官方有报道、有评论文章，民间有漫画、有段子、有微博互动。各种方式丰富了我们的舆论场域，擦出多角度的火花。前几天大家讨论过网络、微信信息真伪鉴别中的"真"，今天又一次提到了关于"真"的其他话题，主要是能否说真话，是否勇于说真话。孟子道："诚者，天之道也；诚之者，人之道也。"做人，诚实信用是道德品质，辨别是非是思考能力，直言吐真是社会责任。做学问，应守住底线，诚实对待，积极求真，绝不作伪；做公民，应履行责任义务，不信谣、不传谣，说真话、做真事。而另外层面，我们也在新闻中看到官方发布逐渐走向透明，真实的数据没有引起恐慌，反而消除未知带来的恐慌。富兰克林说"诚实是最好的政策"，面对复杂的疫情防控工作，每一个细节的变化都可能对局面产生至关重要的影响。实事求是，实话实说，是我们打赢这场人民保卫战不可缺少的武器。

司　悦

讲真话、做实事是做人的底线，也是学术的底线。敢讲真话需要有过硬的专业技能和敢于担当的责任与勇气。白岩松在《新闻1+1》中说："在没有特效药的情况下，信息公开就是最好的疫苗。而在最后的胜利没有到来的时候，真实的数字和真实的情况是最有力的推动力。"

2020 年 2 月 25 日，星期二

主题词：灾难中怎样问候？

导读语：（27）回望白衣将士

　　　　（28）灾难中来自国际各界的问候

　　　　之一，法国钢琴家

　　　　之二，莫斯科小学生

　　　　之三，德国专家

　　　　之四，秘鲁前驻华大使

　　　　之五，俄罗斯驻华大使

　　　　（29）发声港台同胞

专题聚焦

15. 灾难中怎样问候？

董晓萍

　　中国不是一个问候文化很发达的国家，这与中国的家庭文化基础有关。《现代汉语词典》把"问候"解释为"问好"，只此两字，别无他话。老一辈学者也都这么说。费孝通在《乡土中国》里说，中国传统夫妻表达简单，很少甜言蜜语，两情相通而已。季羡林先生在"季府"中一边接待外国学者，另一边给感冒流鼻涕的老伴递去毛巾，这位木讷的老人也有老人表达温厚问候的方式。钟老跟我夸奖日本电影《阿信》说，老一辈表达"心里头的好，不说的，但你看得出来"。现代中国年青的一代，受改革开放吹进国门的西风的影响，人情来往会说"谢谢"，然而致谢只是问候文化的一小部分，并非全部。即便如此，在中国这个问候文化

不发达的国度，说"谢谢"也只是一种回敬、一种文明范儿，而不是自己千年流淌的文化。现在我国的大学生和研究生还是不大习惯说"谢谢"，遑论问候。当然中国传统是有问候礼节的，主要指晚辈向长辈问候，但范围很窄。现代中国大学生和研究生给长辈问好也不大做了。我的研究生们，我要求他们尊长尊师，适当问候，包括年节问安，包括给尊者长者写信，这成了一种硬性教育。他们写电子邮件、写微信，开门见山，没有称呼，没有落款；就连写给父母的微信，也顶多"老爸""老妈"，或者干脆也省了。我很看不惯，但他们很习惯。我们双方要趋近，我就要硬性教育。但对方如自我无意识、人生不坚持，硬性教育就化成不了文化。什么是文化？文化生离不了，死别不了，观乎人文，化成天下。自从《孔子》编《易经》之后，为数不多的中国问候文化也上升为礼仪制度，庶民无须仿习，而上层阶级必须掌握，正所谓"文质彬彬，然后君子"（《论语·雍也》）。

西方是问候文化发达的国家，这是因为西方是社交文化国度。钟老带我见美国教授，向对方提供了学术资料，美国教授说："非常感谢！"谈话继续，美国教授还是隔三岔五地说"谢谢"。他下来问我对吗？我说中国人并不总说谢谢。中国人含蓄，大恩不言谢，把别人的好处记在心里，有恩必报，这就行了。他说知道了，以后不要总说谢，紧跟着又说了一句"谢谢"，说完大家都乐了。他说这很难改，自幼被父母教导说谢谢，习惯成自然了。这种自然就是我说的问候文化。此外，还有年节问候、友情问候、患难问候，社交问候、外交问候等，一脉相承地贯穿在西方社交文化中，这种问候文化就是他们的群体文化。西方个体对此也养成了人生习惯，其问候文化张口就来，即便是离开自己的国家，出国在外，也会"不思量，自难忘"，这不是文化又是什么呢？

今天我们讨论"在灾难中怎样问候"？无论大家给出什么样的回答，我认为都值得聊一聊，这是一个国内谈得不多的话题。但进入人类命运共同体时代，就应该关注问候方式。这次选编的6份资料，都与在灾难中如何问候有关。

下面，我谈谈个人看法，与同学们讨论。我选了两个外交官，一个艺术家，一个学者，一个学生，一组境外歌手，共六份资料，都来自国际层面。他们的问候在疫情期间发生，大概也能代表当前中外问候文化的主流面。

　　第一种，外交问候。由外交官执行，代表国家社会政治文化最高层。问候语的结构：所代表国家名称，在华任外交官时间，对中国亲密感，对中国社会文化的认可，对灾情时间地点的了解，表示道义支持，致敬医护人员，国家间团结的祈福句。

　　第二种，学术文化问候。由专家学者执行，代表某领域的专家。问候语的结构：学术文化人士的国籍与头衔，在华项目与时间，中国亲密感，对中国社会文化的认可，对灾情时间地点的了解，表示道义支持，致敬医护人员，个人祈福句。

　　第三种，学生问候。由外国学生执行。问候语的结构：外国学生的国籍与级别，在华读书的学校，中国亲密感，完成中文作业，参加中国文化传播项目，个人祈福句。

　　第四种，境外名流问候。代表境外同胞的支持。问候语的结构：境外人士的知名度，同胞认同感，中国社会文化认同感，灾情时间地点与医护人员战斗的画面感，表达参与式支持，个人祈福句。

　　灾难中表达问候的基本特点：问候者的身份的意义，灾种名称，灾情程度，灾害地点与灾害人群，问候的政治文化高度，问候的人文精神，问候的道义性，问候的时效性，问候的长远影响。

　　中国古语曰"患难见真情"，这是真心真意的中国文化传承。但中国的问候文化需要提升，并且应该成为全球化下的一种文化自觉。这次疫情在全球流行，它更能体现问候文化的价值。在日常生活中，问候是现代人的文化修养。在疫情到来时，问候是人间大爱的传递。灾难中的问候，是跨文化符号最集中的聚合。在人类命运相关的时刻，加强彼此问候和接受别人的问候，会让世界与中国靠得更近。

跨文化每日谈

高　磊

　　我接着董老师对论文发表的看法说几句。就在这几天，科技界接连发布两个重磅文件，一个是关于专利的，另一个是关于论文的。说论文的，教育部、科技部印发了《关于规范高等学校 SCI 论文相关指标使用树立正确评价导向的若干意见》，这份意见旨在正确理解、规范评价 SCI 论文及相关指标，突出科学精神、创新质量、服务贡献，推动高等学校回归学术初心，净化学术风气，优化学术生态。注水论文、注水期刊、注水作者将来可能都要列入"预警名单"或"黑名单"。守真底线时刻要坚守。

意见的颁布对医生来说是件好事，这将使他们摆脱"论文枷锁"。疫情期间，广大医务工作者冲锋在第一线，战斗在最前沿，构筑起坚固生命防线，有的人甚至献出了宝贵的生命。灾难面前，医生、护士都成了战士，致敬最美逆行者。

病毒是人类共同的敌人，在全国打响"湖北保卫战""武汉保卫战"的同时，我们看到韩国、日本、新加坡、意大利等国的疫情已有蔓延之势，老师发来国际各界对中国疫情的关切问候。此时，我们也应向一同抗争新冠病毒的其他国家说一句"加油"！疫情面前，我们更加深刻地领会人类命运共同体的意义。

刘修远

在祖国遭遇灾难时，我希望得到怎样的问候？首先，作为个体来说，如果听到身边的人对我远在祖国的家人朋友的问候关心，我会感到温暖，尽管有些外国友人不一定分得清中国地理。这种礼貌友善的背后，不仅是来源于人的本能，还体现了即便在全球化的今天，血缘关系依然会跟随个体走遍全世界。其次，我希望听到他们对中国受灾群体生活情况的了解，这表明了对一个陌生国度的问候关心，会落实到普通人的生活，而不仅仅是媒体上的报道或者数字，"伤人乎？不问马"。最后，我希望听到对国家救灾举措的问候，这也是我确实被问到的问题。这样的问候本身，就会促使我关注国家在救灾减灾中做了什么，哪些举措得当，哪些举措失宜，从而关注一些结构性、整体性的问题。

问候背后的文化内涵深厚。我记得以前翻过一本《文言尺牍入门》，是讲如何写书信的，依今天来看有点烦琐，且现代人也不怎么写信，交流都在网上，通信本身的即时传递性，也让语言在信息传递上省略了许多，诸如"台鉴""钧鉴""呈禀"等对平辈长辈晚辈的用语，现在似乎并不多见。然而这些用语又确实鲜活地存在于曾经的生活里。问候有时不是很直接，比赋起兴，睹物思人，"江南无所有，聊赠一枝春"，这种问候浪漫而含蓄。

我现在和朋友还保有一个习惯，就是写明信片，每到一个地方旅游，我们会买张由当地特色的明信片写好寄给对方。每次我在写明信片时，能明显感觉到不像在微信里聊天那么随便，明信片篇幅有限，容不得太多话，写上了也没法删除，又特别想把自己在此时此地的心情或经历告知对方，虽然不像古人写信那般敬语连连，却也是字斟句酌。而每次收到对方明信片的时候，我们都会感到喜悦。

董晓萍

现代人丢掉写信习惯很可惜。我认识一个美国记者，他的爷爷是美国西雅图报社的创办人，一家人四代都有写作的习惯，包括写信，四代保持，形成家风。美国人用电脑打字是很疯狂的，但这个家庭的人都有用纸写和电脑写的两套本事。美国记者朋友对我说，现在有"写"的传统的人不多了，他惋惜，我也惋惜。

吕红峰

在这场没有硝烟的战"疫"中，所有前线的医务人员和保障人员都是英雄，英雄也是有血有肉的人，他们流血流汗，我们不能让他们再流泪，一声问候、一首歌曲都能送去温暖，感谢文艺战线和国际友人！此时此刻不禁让我想起上甘岭上的那首《我的祖国》："在这片温暖的土地上，到处都有和平的阳光。"

罗　珊

今天的主题是问候，我们向最可爱的医护人员送去问候，我们收到世界各地的友人送来的问候。问候的方式有很多种，借助音乐、借助语音、借助图像、借助文字。运用这些不同的载体，传递的是满满的情感。一片正在承受灾难的土地，经历的伤痛要怎样才能抚平，是很值得思考的问题。在灾难还没过去的当下，把握时间、一鼓作气、齐心协力，是必须坚守的信念，此时无论在一线奋战的逆行者，还是在日常默默付出的普通人，所需要的问候是加油鼓劲，是爱心传递。而当灾难过去，开始重新梳理整个灾难发生的过程，我们需要的问候或许更多是理解、支持和同情心，是需要更多人表示我们都能记住这场全人类的悲伤，以铭记的方式与经历伤痛的人站在一起。

李　岩

新冠肺炎疫情暴发以来，湖北还有其他各地支援的医务工作者挺身而出，舍小家，为大家。每一天新闻播报的治愈数字背后，都是一个个的工作者，他们在奉献、在拼命。沧海横流，方显英雄本色。面对钱塘江的大潮，近代海宁人朱起凤写道："不是银塘万众修，岂能砥柱镇中流？"我相信，在中央的坚强领导下，在广大一线工作者的辛勤奋战下，在全国、全世界人民的支持下，中国人民一定能渡过这次难关。

2020 年 2 月 26 日，星期三

主题词：出国怎样爱国

导读语：（30）中媒外媒：出国怎样爱国

（31）纽约时报：武汉外卖小哥

（32）爱国体育：中国女篮直通奥运

专题聚焦

16. 出国怎样爱国

董晓萍

　　2020 年春季中国暴发重大疫情，全球为之神经绷紧。中国调动了国之重器全民战"疫"，集中了五千年集体文化和举国体制的优势，封疆治内、担当对外，把黑暗与曙光都握在了自己的手上，全力争胜。在这个艰苦的岁月里，世界舆论围绕中国，转了好几个 360 度，羡慕嫉妒恨、天地君亲师，白龙黑龙，草船借箭，中文外语，乒足篮排，微信慕课，全部上阵，无处不较量。疫情引发了各国对社会国体制度、意识形态、医疗体系、文化差异和应急救灾水平的思考，连历史都翻个底儿朝天。在疾病攻击人类的危情时刻，医护作用站位第一，引来国人尊重，国际致敬。政府作用、社会文化和经济生产依次排列，随时波动、忐忑不安。正是在这次撞击整体人类生命的巨大威胁中，中国创造了世界公共卫生事业的奇迹。不用说，这其中包括在中国非典是前车之鉴，也无他国他者可师的独特方法，也包括从中国本体、中外参与和中国与世界关系的格局中总结出来的中国经验。凡此种种，我们要注意到一个重要的变化是，出现了爱国主义与国际主义的双核心理念，中国人要在双核心理念下表达深沉的祖国之

爱，而且要对外成功地表达爱国。

中国是一个爱国主义国家，汉苏武、唐李靖、宋岳飞、清康熙与左宗棠，爱国主义精神长存。在"爱国"二字面前，"三十功名尘与土，八千里路云和月"。在爱国学者的培养上，"我劝天公重抖擞，不拘一格降人才"。但在中国改革开放前，爱国主义是天下日中理念的一部分，单核、单向、单边、不商量。当然，侵华列强都不是好东西。可是如果对方是友好文化交流呢？如果这种单核观是固执或偏执呢？也就让世外万邦没办法。康熙接纳西方传教士又轰走传教士的矛盾做法就是例子。蒋廷黻的清华讲义《中国近代史大纲》批评了这种单核主义，被美国哈佛大学列为中国历史的教材。我在这里要强调的是，大家要看到，习主席在中国战"疫"相当吃紧的时候，仍然号召中国帮助有危情的邻国和"一带一路"国家。法、俄、日把本国口罩运送到中国，后来他们自己也缺口罩，我们就要赶紧为他们运送口罩。双核是中国的，也是国际的。当代中国人的理念和行动都是双核的。出国怎样爱国？也是双核的。宅家怎样爱国？也是双核的。现在中国正在转向爱国主义与国际主义都要执行的双核理念。

前两天我谈到爱国主义与国际思维的关系，也属于这一层思考。

刘修远所在的比利时鲁汶大学病毒研究所，是世界领先医学科研机构，他们与世卫组织的合作，对中国的态度举足轻重。在中国国家留学基金委开列的世界百强高校排名中，鲁汶大学居于领先地位。我们希望修远带来更多的鲁汶前沿信息。谢开来留学期间曾赴立陶宛国立维尔纽斯大学参加国际会议，那是一个世界文化遗产国家。在那个古堡大学建筑群里，他讲过中国的白蛇传传说的英文报告，刮去了中国风，寂寞也惊奇。我知道我的其他学生也有人出过国，在这次群中发言的文字也不错，但我还是推动他们积累双核的学术经历。经历第二次世界大战、冷战、全球化，新冠疫情大流行，爱国主义已在突破狭义的政治与外交界限，向广义的领域展开，涉及人人。双核，要求在价值观、心理、道义、知识结构、语言交锋，媒体能力都有双向提升，长期封闭而只有40多年开放经历的中国，需要学习很多。

我最近看了各种资料，今天选出三类发给大家，我的观点是什么？在这个问题上，有一个前提和三种情况要区分。

一个前提，就是我说的"出国怎样爱国"，此指在离开母语文化环境之外执行任务和塑造爱国形象的能力，我称为"出国能力"（这个词还没想好，后面再斟酌）。

　　三种情况就是：（1）对抗的情况。在外交场合，坚持国家立场，这是需要对抗性的，对美国政要污名化、甩锅的行为，坚决反击、绝不手软。我国外交部新闻发言人华春莹、耿爽、赵立坚团队，昨天批评美国牛哄哄的蓬外长，痛快！国内还有一些文艺单位的出国宣传，缺乏双核知识，做得很纠结，不细说了。我在法国看过一个俄罗斯歌唱家音乐会，两小时，俄罗斯人独唱，一动不动，没有翻译、没有石库门、没有乌鸦与麻雀、没有战争与爱情，只是唱节目单上制定的俄罗斯经典歌曲。要知道，西欧和北欧人对俄罗斯是有偏见的，但终场时，死寂突然变成掌声爆炸，服了。（2）对话的情况。出国面对不同文化、不同宗教，最好是发展对话性能力。李安的《藏龙卧虎》《饮食男女》就很有对话性，他把中国元素与西方反应给对话化了，上演效果极佳，中国人看了过瘾，西方人看了也叫好。争论是有的，但这种制作的结果就是让人对话，而不会从对话变为对抗。如谢开来说的，他与印度同学有不同意见，讲到垃圾的浊污与佛浴恒河之清流，需要对话，然后双笑。（3）输出的情况。文艺体育都是输出型的体裁，罗珊写过这类文章。20世纪乒乓冠军庄则栋用小球打大球，就是输出型的作为，美国大片《阿甘正传》还用了这个情节呢。

　　中国在闭国时期，也有对策而不是单边的积累。例如，在对抗性上，有抗辩意识，有舆论较量力量，辅之以武装斗争能力。在法理上，有诸子思想争辩，有秦皇汉武对农业社会制度的改革与新建设。在中国历史文明中，创造了非对抗性、非暴力的儒家思想，还创造了非通用语的多民族多地区的治理经验，用以面对多元化的内部社会问题。善于学习的中国人，现在再把国际主义这套学好了，不得了。

跨文化每日谈

高　磊

　　"爱国主义是中华民族的民族心、民族魂"，这是习近平总书记视察南开大学时讲的。在抗日战争期间，南开大学因为传播爱国主义精神，组织爱国主义运动成为日军的眼中钉、肉中刺。日军用飞机、大炮轰炸南开校园，校园几乎被夷为平地，科学仪器、图书资料损失惨重，南开大学是第一所被日寇炸毁的中国大学。得知校园被炸毁，著名教育家、南开大学校长张伯苓讲道，"敌人此次轰炸南开，被毁者为南开之物质，而南开之精神，将因此挫折而愈奋励"，成为"南开南开，越难越开"精神的写照。习总书记说，"南开大学具有光荣的爱国主义传统，这是南开的魂"，高度肯定了南开的办学传统和爱国主义教育。要知道，当时的南开是私立大学，不比北大、清华这些国立大学，办学经费全靠募捐、"化缘"得来。爱国主义教育是咱们专业教育的传统，董老师讲出国怎样爱国、全球化怎样爱国、跨文化下怎样爱国，这既是继承了本专业的教学传统，也是在新时代下的思考。2019年，中共中央、国务院印发了《新时代爱国主义教育实施纲要》。近日，教育部印发通知开展"共抗疫情、爱国力行"主题宣传教育工作。我个人建议，在学的同学要做好记录和宣传。当然，咱们群里的爱国教育更是出于文化自觉，所以更值得了。

吕红峰

我们在灾难中感受到了女篮胜利的喜悦。打过比赛乃至上过体育课的人应该都能理解竞技赛事的艰苦，我记得中国某位男球员去 NBA 打球时说过，对方的肌肉就像钢铁一样坚硬，和国内比赛根本不可同日而语，女篮姑娘并非一帆风顺，她们承受的艰苦可想而知。贾樟柯的故事和《纽约时报》的报道也引人深思，有些人面对事实时首先质问人的动机，根本上说是犯了主观主义的错误。看待西方媒体也是同理，他们时常抹黑我国，但也有客观报道的时候，只有回到实事求是这个基本点上，才能拨开迷雾、去伪存真。

罗　珊

所有动人的故事，最终的落脚点还是在构成故事的人身上。看到武汉外卖小哥的例子，他的坚持、他的付出让人敬佩，而他只是灾难之下无数普普通通的中国人的一个缩影。这样的讲述，看似渺小，传递的力量却大于捕风捉影的咬文嚼字。奥运健儿刻苦训练，坚持不懈，方才打出了令人振奋的好成绩。这些实实在在发生的事，实实在在做事的人，才构成了我们的家国想象和认同，才值得我们的泪水、感动和骄傲，才是我们应该讲述的中国故事。

谢开来

感谢董老师今日的跨文化战疫资源。今天的材料让我产生了两点想法。怎样讲中国故事，全面展现中国。讲好中国故事，展现更全面的中国，是现在政府文化建设文件中提得相当多的概念。但体裁总有篇幅局限，观众总有时间局限，一个文本的展现能力有限，一个导演的表现角度有限。故此作品与现实之间总有鸿沟。那么，是否能够在这样的情况下去把握相对全面呢？我的想法有两点：第一，尝试在文本把握强弱平衡，美丑平衡。叙事学将故事看作情节的连续体，而将情节看作"变化"。换而言之，只有善恶演变，强弱更替，心潮起伏，历史和故事才会前进，所谓"文似看山不喜平"。以这个标准去看我们过去的许多文本，确有许多不完善之处需要改进。第二，要面对语境去取得平衡。当代中国许多人要向外部展示"中国文化影响力"时，总是以"赶超式心态"去强调中国实力，却不真正关心西方的理解角度，结果有时鸡同鸭讲，文不对题。在这个时候，创造要在跨文化对话中产生。

罗　珊

谢师兄提到在作品文本中尝试把握平衡。这一点我或许有不同意见。每个时代都既需要"苦药"也需要"甜糖"，"苦药"治病，"甜糖"舒心。在同一文本内追求强弱平衡是复杂性的体现，但若这种叙事方式成为主流，则削弱了"苦药"治病的力度。多重声音、多个声部共同存在，从整体上才能展现中国故事。金丝燕老师每次参加跨文化研究生班的讲座，主题总离不开期待视野。对话是双向的。从《纽约时报》选择报道外卖小哥这个缩影来看，西方语境中仍然更倾向于接受个体叙述，个体叙述带来的临场感、情感共鸣，更胜于我们传统对外的文化奇观展现、抽象概念输出和数据层面的宣传。跨文化研究强调期待视野的研究，目的和意义正在于此。

2020 年 2 月 27 日，星期四

主题词： 口罩的意义

导读语： （33）NASA 物理学家与数学家凯瑟琳·约翰逊

　　　　　（34）第一个发明口罩的人

　　　　　（35）口罩的意义

　　　　　（36）口罩的价格

　　　　　（37）口罩的分类使用

专题聚焦

17. 航天与口罩

董晓萍

　　今天选发的资料中的两份，《（33）NASA 物理学家与数学家凯瑟琳·约翰逊》和《（34）第一个发明口罩的人》，我补充两点。

　　第一点，疾医急短，宇宙恒常。疫情时期世界照常运转。美国在照样纪念航天女科学家凯瑟琳。宏观的航天学与微观的病毒学，两种研究都非常重要，都可以反哺人类共同命运，所以牛顿、凯瑟琳、约翰·霍普金斯大学医院的 Vivien，与帮助清政府成功抗疫并发明口罩的伍连德，都值得报以极大的敬意。他们的伟大，如《易经》所说："天行健，君子以自强不息；地势坤，君子以厚德载物。"有德君子应勤谨进己而大道为公，善存于日常而不改于崩山。

　　第二点，口罩的意义，从民俗学角度说，在这场新冠战"疫"中，口罩是科学预防肺炎传染的第一道关山护河。发明口罩的医学家伍连德博士的档案，最近也被拂去历史的尘封，回归当代口碑。但我们也应该记

得，林黛玉在《红楼梦》中是患肺病而不戴口罩的，林徽因在清华园里也是患肺病而不戴口罩的。两人都因肺病离世，让天下思念者"空劳牵挂"。林徽因先生与钟敬文先生是朋友。中华人民共和国成立初期，林徽因主抓北京传统工艺珐琅改革，路过北京师范大学，曾到钟老家做客。钟老跟我讲起她的美与才，十分赞叹。古代中国社会有没有遮挡面部、祛疫避凶的物件呢？有。孔子在《论语》里说的"乡人傩"之傩就有"防毒"面具，即傩面具。傩面具传诸后世，今天还能看到。民间艺人在表演神戏时佩戴，面具后面的艺人与面具所隐喻的防灾文化都要依靠这一道面具。面具"隔离"圣俗两界，逢凶化吉。佩戴面具也有禁忌，戴时怎样戴？不戴时怎样放？都有一套严格的民俗规则。今天疫情中戴口罩，戴时怎样戴？不戴时怎样放？也有一套严格的规定，但现代口罩不是神具，要按照医学科学标准实行。傩戏面具是宗教信仰资源，按照民俗信仰世代传承，不能随意放置和丢弃。现代口罩是现代医护资源，符合科学标准口罩要放弃，不能连续使用。

今天用科学眼光看，民俗面具的功能是虚拟的，口罩的功用是现实的，两者距离遥远，扯不上关系。但留心者看疫情时期广为流传的国内口罩歌谣，就还能发现，在这些歌谣的描述中，对口罩的"隔离"文化意义特别强调。如果有人藐视口罩，那就是藐视神圣的"隔离"，歌谣会说这种人活得不耐烦找死。正是在"隔离"的意义上，民俗面具的虚拟，与医学口罩的现实，被扣在一起思考。如果有人敢于高价哄抬售卖口罩，人们还会格外愤怒，呼吁重罚。钱不钱的是小事，关键是要敬畏口罩，珍惜口罩。口罩的英文写法是 mask（或 face mask），也有面具和口罩两个意思，这就巧了。

跨文化每日谈

吕红峰

人类从远古时代进化至飞天入海的今天，离不开科技的进步，而医学的发展更是极大地延长了人类的寿命、改善了人的健康状况，巴氏灭菌法、天花疫苗、青霉素、口罩……无一不是人类文明的里程碑，在享受着稳定充足的医疗保障的时候，我们很少去思考这些保障的价值，以为不过是几块钱就能解决的问题，只有在物资缺乏时才能感受到切肤之痛。此时的保障物资就不能用金钱衡量，因为生命是无价的。我们还应看到，世界上还有很多落后地区常年缺医少药，所以我们更应珍惜眼前的生活并努力保护它。

谢开来

看了伍连德先生的故事，又对中国口罩的历史多了一份了解。两个月来，由于战"疫"需要，围绕医疗物资发生了大量事件，如民间捐献口罩，口罩公平分配，药店口罩短缺，防疫口罩宣传，口罩购买摇号，口罩原料价格飙升，口罩厂家加班加点，乃至中石化跨界生产口罩，等等。小小口罩在非常时期，联通了医疗史与医疗行动、民间防疫知识、物资分配、商品分销、产业链整合等。近几年，我一直在文化产业领域中打转，把过去的民间文艺生产与今日的文化产业环境结合起来看，有不少新收获。带着这个思路，再来看口罩，也越来越觉得民俗学不能光谈民俗，还要对学术的社会应用做整体观察。当初钟敬文先生下定决心把民俗学放进社会学，我想有这个抓整体的意思在。

罗　珊

今日的主题从 NASA 科学家漫游到口罩发明人，再延伸到关心同学们生活的口罩使用问题。我们现在的生活，建立在无数有聪明才智的前辈的不懈努力上，这拼搏的道路上发生过无数让人震撼的真实故事，回望历史，才能更好地望见未来。从"口罩"这一个小小的切面，足以生发出历史的、文人的、社会的、科学的多方视角。

从历史的、科学的角度看，口罩的发明者不仅仅发明了口罩，他提供的瘟疫防疫思路，更为后来的防疫科学发展铺下了基石。由伍连德博士的故事，我又联想到了明末清初的传染病学家吴又可。明末瘟疫横行，吴又可发现疫病与伤寒的区别，用全新的方式治疗患者，并撰写了我国医学史上第一部传染病研究的医术《瘟疫论》。他研制出的"达原饮"也为后来的中医治疗传染病提供了思路、奠定了基础。回溯历史，我们正是这样。一步步踩着前人的脚印走到今天。

从社会的角度看，从确认新冠肺炎人传人之后，国内口罩一度紧缺。

这其中有民众的焦急、哄抢,有无良商家抬价、制造贩卖假口罩赚取不义之财的无良商家,甚至有纯粹以口罩为幌子的诈骗犯。反映了一系列社会、经济问题。

从人文的角度来看,微信流行的给微信头像戴口罩的现象,最早是为了提醒信息不够畅通、更新不够及时的人们,认识到疫情的严重性,出门不忘戴上口罩。后来逐渐演变成一种潮流,一种社交活动。在各地医院发出防疫物资紧缺的公告后,网友广泛组织的口罩捐赠行动,更是让人感叹人民的善意和坚强。老师今天分享的唯一一张图片,提示的也是人与人之间始终不变的尊重、感恩和善意。虽然我们总在面对困难,但从疫情发生到现在,我们也渡过了一个又一个的难关。

徐令缘

李约瑟的巨著《中国科学技术史》记录与研究了我国历史传统中的科学技术实践与成就,而现代化以来,我们的国家正在科技强国之路上稳步前进。这种成就是跨文化交流的基础。发明口罩的"国士"伍连德,曾在剑桥大学读书,学习西方医学知识,但又重视中国传统医学中的宝贵经验,能将自己掌握的中西合璧的绝学奉献于人类医学事业。在这个特殊时刻每天伴随着我们的小小口罩,背后的故事是"科学的""民族的",也是"跨文化的"。"国士"伍连德所开创的"中国方法",让我们多了一分战胜疫情的信心。

2020 年 2 月 28 日，星期五

主题词：当代社会需要怎样的人？

导读语：（38）世界大有不同，我们寻找相同/法国歌剧人创作
《同在》

（39）我们需要有多种才能的人/俄罗斯核电工程专家唱作
《中国人民必胜》

（40）我们需要会讲故事的人/罗大佑，从故事、荷马、诗
经到流行音乐

（41）我们需要传统/左权民歌

（42）我们需要山歌/青海花儿

专题聚焦

18. 当代社会需要怎样的人

董晓萍

疫情时期，"口罩""歌曲"和"网络"成为热词。"口罩"在前面讲过，今天就不说了。"网络"之热，谢开来讲得很充分，我也不说了。我们认识之初，他就在网络行里广有"台缘"。我还看了一份资料，据中国社会科学院的统计，2019 年我国网络小说汹涌澎湃，"80后""90后"作者占绝大多数。海外青年作者（包括中国籍、华裔和外籍）用英语写中国故事者多达 9 万人之众。网络小说《琅琊榜》搬上银幕后大红大紫，人称精品。这是在平时。本次战"疫"发动后，"网络"的运行很快进入政治、外交、经济、社会、文化、教育各个层面，全国海陆空、工农商学兵的信息，电商微付，飞机火车退票，延期开学

不停课，都由网络枢纽执行。"网络"一词承重能力之大令人瞠目，令人换脑。谢开来好像见过一入"网络"深似海的架势，处士横议，慷慨陈词。我只想补充谈谈热搜词"歌曲"，主要谈谈今天的阅读资料（40）中的罗大佑和他的流行歌曲。

拙著《全球化与民俗化》是在北京师范大学上课多年的讲稿基础上修改而成，应该是2000年之前，我在书中引用了罗大佑的《东方之珠》，背景是1997年香港回归祖国，历史事件重大，歌曲内容很多，需要选择几位歌手的资料进行讨论，我选了罗大佑、费翔和张明敏。我只从资料看，不谈唱功与经历，三人之中，给我感触最深的是罗大佑，他对"东方之珠"的诠释，文字最贴切，"文化底蕴"最深厚。时隔20年，中国遭遇建国70年以来最严重的疫情，再选罗大佑的资料与大家谈谈，已不仅仅是因为他是歌手或歌唱家。这时让我关注的是"医生"罗大佑和歌手罗大佑。

2019年12月下旬，中央电视台CCTV3为他录制和播出《一堂好课》的节目，疫情暴发后，这档节目又拿到举国抗疫中的2020年2月4日重播，这次从医生兼歌手的角度听他的讲座和演唱，我对他有了与以前不同的认识。

罗大佑出身于医生世家，曾是职业医生，广义地说，他与约翰·霍普金斯医院的Vivien、剑桥博士伍连德和我国人民热爱的抗疫院士钟南山相比，都是大同行，但他没有坚持拿柳叶刀，而是抱起吉他去歌唱。我在高校教书，我的职业思维习惯让我经常思考培养人才的途径和目标，不能不说，正是在这点上，又是这个罗大佑，他惊到了我。在CCTV，他用医生的天职和音乐的天分两者在讲课。他讲音乐的本质是生命的感动，他又通过表演，将生命的潜能化为音乐。他把生命视为人类最高的哲学，认为对生命的解释，仅用医学和音乐学两门学问还不够，所以他这次讲课还引申到更为广阔的人文社科领域，包括文化史、民俗学、民间文艺学、人类学、社会学、舞蹈学、戏剧学、器乐学、诗学、修辞学和阐释学。难得他把这一切都吃下去，再用歌曲唱出来。更伟大的是，他把音乐之爱，化为社会责任和时代担当，娓娓道来，一气呵成。这种人才是怎样产生的？冒出来的？不是。但也不是"无心插柳"。罗大佑说自己从医生转行歌手，犹豫了三四年，十分痛苦。但他一旦决定转行后，便不再回头。他也曾自鸣得意而台下空无一人，他也曾闯荡世界而心意沉沉，他也曾天王荣耀而因触网遭遇配器团队的失业，但他还是越唱越红，因为他已做好对理想的、对大心脏的、对人生胜败的、对社会分层的，与对世界站位的各种考验的准备。结果呢，反而是他，能把歌唱从肉声、行吟、荷马、《诗经》、大灰狼、原住民、中国西方、歌剧院、麦克、录音、网络到数字化，都讲得清清楚楚、经血活络、通体透亮、荡气回肠。

为了罗大佑这样的"歌唱"，我给同学们出了一系列题目。

题目一，世界大有不同，我们寻找相同。什么是人类相同之处的制高点？是生命。法国歌剧就是欧洲歌剧，与中国歌曲有天壤之别。法国40位歌剧人，在法国驻华大使馆的后援下，用一曲共同抗"疫"爱护生命的《同在》，对生命的意义做了音乐的解释。这次我们提供给大家的歌曲资料最多，正是因为疫情期间国内外最能直达人心的相同力量是歌曲。在戴口罩、封城封疆的特殊时刻，歌曲就是柳叶刀，歌曲就是最蹿网红，歌曲就是成本最低而社会效益最大的跨文化体裁。

题目二，我们需要有多种才能的人。新冠病毒是史上最凶恶也最狡猾的病毒，人类要战胜它，需要多方多面多才多能。俄罗斯吉他曲《中国人民必胜》的唱作人就是一位工程师，同时他也是一位核电专家。

题目三，我们需要会讲故事的人。在中国历史文明中，权威文化根脉深厚，举国体制无人能比，但人民在绝对服从的同时，在区别非行政、非正式信息上也有弱势。我们能发现，网络流行以来，政府政令下达迅速（尤其是防灾减灾一类），谣言假话也传播火速（尤其是诽谤攻击之类），所以我们特别需要会讲故事的人，像罗大佑。

题目四，我们需要传统，如今天发给大家选听的山西左权民歌。中国非物质文化遗产藏量巨富，成为中国传统的活性资源。山西左权民歌曾一举拿下文化部民歌大赛金奖，这次疫情期间也有左权歌手的发声。全球化下歌曲即便上了"高铁"，它的"最后一公里"还要"拼传统"。

题目五，我们需要山歌。如今天发给大家的青海花儿。中国有多民族多地区文化。钟敬文先生说，要建立"多民族一国民俗学"，钟先生还以此为核心，建立了中国民俗学派。吾等生也有涯，当世代接力。

跨文化每日谈

罗　珊

今天的主题再一次来到了音乐的感动。今天的几份阅读材料，有外国友人的加油打气，有来自我们文化内部的共同记忆。法国音乐剧演员们的表达，建立在艺术无国界、人类一家亲的思想基础之上，因为我们始终肩并肩站在一起。俄罗斯核电工程专家，是派驻中国的工作人员，历史的渊源加上文化的了解，让他使用与我们主流表达一致的方式助力战疫。罗大佑在"一堂好课"里讲述的是从史诗到民歌，再到后来的流行音乐发展，社会流行始终离不开民族民间的传统。歌曲是表达、是传递、是人人可以运用的表达方式。雨果曾说："音乐表达的是无法用语言描述，却又不可能对其保持沉默的东西。"放在现在正在经历的情境里，我想大家应该有更深的体会。

徐令缘

来自世界各地的音乐带给我们美的享受、精神的鼓舞与跨文化的思考。在今天的阅读材料中，我们再次聆听来自全世界不同文化的声音，在疫情当前的这个特殊时刻，人类命运共同体是整体凝聚力得到了空前的激发，让我们发现世界上有两种事物，无论在任何社会任何文化中，都能获得共享价值，一是人文主义关怀，二是对艺术的审美体验，音乐是非常重要的组成部分。音乐天然能够跨越以文字与视觉为载体的艺术形式所面临的语言与文化壁垒，也能够跳跃过对叙事材料与客观实体的再表述，直接诉说意愿，拥有无可比拟的心灵穿透性。音乐深深根植于文化传统当中，也与日常生活紧密拥抱。这就是为什么当我们听到带有法国歌剧、俄罗斯和中国民歌色彩的歌曲对我们的现实生活进行再创作的时候，会感受到文化沉淀的鼓舞和美的共情。疫情面前，音乐创作与人性美好生生不息，共同谱写人类共同未来的美好乐篇。

2020 年 2 月 29 日，星期六

主题词： 现代社会需要怎样的人？

导读语： （43）跨语言翻译

　　　　　　（44）疫情术语的翻译

专题聚焦

19. 跨语言翻译

董晓萍

　　跨文化让你遇到世界上很多优秀人物，不跨文化就遇不到。西班牙青年学了汉语，发现了中国新闻在被某些外国媒体人译英的过程中发生了错误，主动指出并纠正，引起了国人的好感。随着中国对外汉语推广工作在世界范围内的铺开，会有更多的外国人像这个西班牙青年一样，自己听说汉语，自己认识中国的历史文明和中国当代的改革，自己感到有收获，他们会认为这种认识更可靠。西班牙青年以这样的中文知识和中国情感，行走在他的生活世界里，产生他的感染力，还会让跨文化交流开出一朵朵鲜花。在中国留学生史中，在海外汉学中，在近现代西方传教士来华史中，在大量国际婚姻中，都曾插上过这种鲜花。

　　今天这条微信文件涉及"翻译"。翻译不是当代汉语里的热词，自古就有。明史称"学问第一、著述最富"的才子杨升庵就遇到过"九重译"的故事，即在甲和乙之间，要经过九种语言的翻译，才能听懂对方。唐代高僧玄奘写《大唐西域记》，叙述他走过或听过的当时 136 个国家，虽未必遍及，也肯定行脚大半；虽未必有 136 种语言，但所接触的"九重译"现象应该不是少见多怪。从前中国不算大开大放，但在翻译史上也有此等

今古奇观，壮哉中国，美哉翻译。

翻译是外交，其深层是跨文化的互动、互鉴与交流。吕红峰提到杜德桥（Glen Dudbrige）就是一个例子。杜德桥，英国剑桥大学本、硕、博毕业，在香港新亚学院师从钱穆经过高级汉语训练。他曾随英国首相来华从事国事访问，担任翻译。他问我"翻译难吗"？我说"难"，他说"太难了"。某年，他在中南海翻译，中国领导人在谈话中提到了"青铜器"，他为英国首相翻译成"bronze vessels"，这是词典标注的标准翻译，但他马上又补充了一个译句为"dark green vessels"。英国首相日前刚刚参观过中国故宫和中国历史博物馆，见过了青铜器，马上点头，示意听懂了他的翻译。会见结束后，某著名中国学者走向前对杜德桥小声说，翻成"bronze"就够了，不必用"dark green"。

杜德桥对我说，这件事让他困惑了很多年。青铜器的"青"，不是黑色，也不是褐色，而是深绿色，对吗？中国人不是把黑发叫"青丝"吗？可是青铜器不是黑的。青铜器的"青"，也不是褐色（brown），他说我的头发就是褐色的，怎么会是青铜器的颜色？青铜器明明是深绿色的，所以翻成 dark green vessels，应该符合文物的本色。他对翻译的认真，让我肃然起敬，但我忽然明白问题出在哪里了。

就在这次到牛津大学之前，我在美国学习和生活过。我跟美国博士生一起上课，讲到颜色词，美国教授问我们，他的头发是什么颜色？美国学生都说是"黑色"，只有我说是"褐色"。这场对话的阵势很小很小，但让我感到奇怪极了，美国学生也奇怪极了。我奇怪他们把"褐色"叫成"黑色"，他们奇怪我把"黑色"叫成"褐色"。这应该是我和他们都平生第一次认识到，对颜色的认知，中西差距这么大。杜德桥教授的中文标准流利，而其夫人是华裔英国学者，杜德桥的中文再好，在对中国文化的理解上，还是要参考夫人的意见的。颜色词是所有文化中的符号词，命名的道理和内涵的指向，有时外国人很难猜中。杜德桥能却能在现场翻译得那么到位，大概是受到夫人对"青"色的认识的影响。我跟他讲了我的猜想，果然他马上表示赞同。他认为，bronze 的说法来自西方，而中国人会认为西方人的英语就一定是地道的，所有就在英汉词典中对青铜器采用了 bronze 的译法。而在他这位西方人心目中的 bronze，对译成青铜器的颜色就是 dark green，这也不是瞎说。双方需要把词义调换一下，才能你懂我懂。

杜德桥是那种"朝闻道、夕死可矣"的纯知识分子，深思、精细、不落俗套、不虚掩。那天他高兴极了，我也很高兴。跨了文化的感觉就是不一样。说到底，翻译是学问，翻译的过程是深层的精神活动，译者要在不同的文化边界上做跨文化的创造。

翻译是能力，但能力背后都是苦功夫、硬功夫，没有半点巧功夫。你们认识的金丝燕教授笔译了得，口译也是天才。繁复细密、古今雅俗、高压而成的法语，甲骨篆书、四书五经、之乎文言、纷纭口语、文心雕龙的中文，她在两者中间翻译，君可知难矣哉。然而真是译才辈出。我第一次在印度听见金丝燕教授的翻译，一句一句的，短句，有节奏，吴侬软语，平滑如丝，如入清风白云，各国学者人人都叫好。听懂了的，说翻得好。没听懂的，说听得舒服。去年 4 月 23 日晚，大家跟我去了法国驻华大使馆文化处，汪德迈先生用法语演讲他的新著《中国教给我们什么》，金丝燕教授应邀同声翻译，什么感觉？神了。

补充一点。今天重点谈到的杜德桥教授，掌握英、法、俄、德、中等多种语言，他研究汉学，只是偶尔做高级翻译工作。再说他的俄语，他在剑桥读书时，按英国兵役法规定，曾跟所有研究生一样，在英国皇家空军服役三年，去往俄罗斯训练，因此他的俄语也很好。他在牛津接待我们都知道的俄罗斯汉学家李福清教授，两人交流就用中文和俄语，不说英语。金丝燕教授的法语很高级，中文是母语，此外还掌握英文、梵文、巴利文等其他语言。她除了翻译汪德迈先生的法文著作外，还将多部佛经译成法语和汉语。她还写过一本《佛经翻译之路》，大家手里都有。从这些个案看，翻译与跨文化翻译，还不都是一回事，今天要更注意跨文化的翻译。

20. 网　络

董晓萍

天下网络，匹夫有责。我国改革开放的一大成果是网络的发展。政府、官员、学者、文化人、商家、个体户、非遗传承人，等等，现在都在上网。网络信息已成为现代社会新资源，其中有的是政府资源，如 CCTV

网络版；有的是政府指导下的创新开发资源，如央视青春派节目；有的是大众文化资源，如春晚；有的是商业资源，如手机软件产品和网络电子书；也有的是自媒体资源，如满天星斗微信群。网络的主流是正能量信息，但也有"建设性破坏"的负面现象，所以网络需要蓬勃发展，但只有加强管理才能健康发展。

民俗学专业人士为什么要讨论网络？因为网络信息是全球化的大众文化，包括民俗文化。拙著《全球化与民俗保护》的《附录》，就谈了足球大众文化、小说大众文化、洗澡大众文化、非遗大众文化，而覆盖面最广的是足球大众文化。我还谈到比利时鲁汶大学的文化遗产研究领先（不幸被责编把鲁汶大学误解为法国高校，把"汶"字改成"昂"即"鲁昂"）。当时我谈了那么多，就是没谈网络。SARS 袭击期间，我写过网传 SARS 民谣的文章，被本校研究"非典"时期北京文化现象的书选收，但此文也与网络本身的研究无关，只属于当时民俗学领域少见的文章而已。

在国际民俗学界，20 世纪 90 年代起，就有民俗学与网络学的交叉研究分支，但我认为不过是大众传播学的延伸，民俗学插进去，没有生产民俗学的新问题，也没有让大众传播学锦上添花，所以让民俗学掺和网络学问，没这个必要。但是，现在，我认为有必要了。为什么？我发现，就在芬兰学派中，已经把民俗信仰理论和巴赫金的对话理论引进民俗学，建立了大众文化研究的新分支，在这个新分支中，有概念、有对象、有方法、有网络信息研究个案。这种学术上的变化相当严谨，十分深刻。西方民俗学从民俗信仰之"桥"，踏上大众文化研究之土，破土动工了！谁为破土之犁？福柯、巴赫金、鲍曼、博托洛蒂、塔尔卡、瓦尔克。塔尔卡是芬兰赫尔辛基大学现在最好的民俗学教授，坐在当年阿尔奈坐过的宝座上。福柯难啃，鲍曼也不轻松。所幸有瓦尔克！他一直做民俗信仰研究。有一阵我们天天坐在一起讨论，教室、办公室、咖啡屋、饭馆、会议室都去过，仅"大众"概念的含义，怎样讲？怎样翻译？就讨论了好几次。我们拿着不同的文章对照同一个词的用法，比喻过，争论过，翻牌过。去年这本书出版了，书名叫《信仰故事学》，瓦尔克撰，我译，中国大百科全书出版社出版，已经送给大家，重点见第一章的第三节《大众信仰理论》，在第 43—70 页。

不知此书是否在大家手边，但大家可以回想一下我昨天交给大家的网络话题，再看这本书，应该有所启发。我现在随手把一段译文抄在这里，作为聊资："信仰，是一种大众化的分类，用于日常沟通，指人们将行为的真实有效性归因于某种外在的东西，并确认它，接受它，把它当成真相，或者坚信不疑地表达这种认识。信仰，也是一种分析性的分类，用于学术研究，人类学、民俗学、心理学和哲学都在使用它。信仰，还是一个认知的实体，一种世界观要素和一类精神状态，并由此成为研究对象。""关于大众信仰的研究，当代学者的关注点，是信仰者、信仰的社会形态，以及信仰群体通过词语表演建立的话语自组织结构。博托洛蒂指出，这种信仰有三个维度：一是与主体对他者的信仰与诉求，二是对主体诉求的证据很敏感，三是主体的行为方式。他对信仰的哲学特征和心理特点的分析，涉及通过互联网传播的资料……"好吧，到此先打住。

跨文化每日谈

吕红峰

关于翻译的理解问题，我联想到自己博士生学习期间，英国著名汉学家杜德桥来本所讲座后，研究生们需要写一份谈"irony"的作业，那不仅是跨语言，同种语言内部也存在说和听的理解问题。董老师常说，外语是学习的重要工具，对于跨文化专业，顾名思义，更是如此。即便不做研究，还有一句话叫"没有调查就没有发言权"，道听途说或不求甚解各种信息，不用说外文的，就是本国语言也会造成片面认识。

刘修远

多语种能力在跨文化学习中越来越重要，不仅因为许多跨文化文本本身是用外语书写的，还因为世界各国学者都可能对一个文本或现象进行研究，了解同行的研究成果也需要多语言能力。今天分享的材料有外国人学习中文，向他们本国网民介绍中国情况以正视听的，也有外国人用自己的方式向为中国人加油、传递乐观信号的，还有北大师生进行多语种翻译的，中外各方用自己的方式进行着跨文化学习和互动，让我看到了跨文化交流的生动案例。

中央电视台是我国最重要的电视台，也是外国人了解中国的重要窗口。央视近年来积极向互联网发展、向年轻人靠拢，不仅在一些轻松有趣的社交网络开设账号，还拍摄了很多幕后花絮，让人耳目一新，但幽默也应适度。今天开始将实行新的《网络信息内容生态治理规定》，该规定要求更严、限制更多、导向性更强，这要求网民认真了解规则，科学上网。不管在任何场合，规则都是首先要了解的，如果只按照自己的想法，不顾规则，就容易发生冲突，带来麻烦。

徐令缘

翻译是不同语种间跨文化交流的第一步，一旦翻译出错就会造成语言背后的文化误解。西班牙小哥能够指出外国媒体在报道中出现的翻译错误，并积极联系相关媒体进行辟谣，是跨文化交流的自觉践行者。北京大学外国语学院学生会发布的多语种新冠肺炎专业术语翻译，是专业的学术翻译，能够确保语言的准确性，为跨文化跨语言的交流提供了理解的基础。点赞北大师生运用自己专业所学为抗击疫情贡献自己的力量。

在跨文化研究的领域中，翻译一直是一个被持续关注的话题，可以说跨文化研究，语言与翻译先行。跨文化语境中的"语言"就有双重含义，它既是一种沟通的媒介，同时也是一种值得关注的文化现象。正如大家所言，当表达在不同语言当中穿梭之时，不恰当的翻译可能会导致一系列误解，轻则令人疑惑，重则令人愤怒。这不仅要求在沟通过程中，要形成一定的标准，就像北大外国语学院提供的战疫"经典文本"；也要求沟通双方能够放下偏见，用一颗真诚的心来倾听，秉持着人类共同命运的基础理念，就像替中国向世界说出实情的西班牙小哥。作为一种文化现象，每一次语言的转换都是一次微小的"转场"，其背后是深层的文化期待，这是一种"不同"。但语言也能超越文化的相异，在疫情期间，来自世界各地的一声声"武汉加油"，让中文成为世界的"歌声"。

2020 年 3 月 2 日，星期一

主题词：楚风
导读语：（48）楚辞·谭盾
　　　　　（49）八一电视·钢铁洪流

专题聚焦

21. 谭盾的《武汉十二锣》

董晓萍

　　我在《田野民俗志》中写过三个圈的原理，今天再用这个原理谈谈谭盾的个案。

　　人生的三个圈。一是生物圈（由出生带来的生物学身份和家庭关系），二是单位圈（由求学、就业带来的单位身份或社会关系），三是国家圈（由出国带来的国籍身份和国际关系）。以我国改革开放 40 年起点的 1979 年为界，在此之前的中国人大多只有两个圈，此后的中国人才有可能涉及三个圈。但大多数中国人还停留在两个圈内，出国旅游不算。只有海外优秀留学人员才能完成三个圈。而能成为顶尖人才的，为祖国和世界做出重大贡献的，如理工科领域的钱学森、杨振宁、邓稼先、李四光，文科领域的蔡元培、胡适、季羡林、钟敬文，音乐界在改革开放后涌现的叶小钢、谭盾……更少，排序不分先后，都是大家耳熟能详的。我总要推着我的学生出去，就因为三个圈和两个圈不一样。

　　学问三个圈。谭盾的创作，所据《楚辞》，从先秦楚隽的原创，到当代谭盾的发展，也有三个圈。一是《楚辞》的原型，即由屈原、宋玉创

作的《离骚》《九歌》。二是《楚辞》的学术研究，从乾嘉朴学，到古典文学研究，到民俗学的研究，还产生了一批专业学术著作，如钟敬文的《楚辞的神话与传说》，以及游国恩先生和金开诚先生的《楚辞》研究书籍。三是对《楚辞》由诗歌转为音乐的艺术拓展，如谭盾完成的楚辞系列交响乐。

谭盾，这位从楚地走出来的年轻人，完成了人生的三个圈，又完成了学问的三个圈。这个基础夯实了，掘深了，他才出发了。在以后的岁月里，中国给他舞台，美国给他学位，比利时借他锣鼓。所以说，有学问的三个圈和没有学问三个圈，结果是不一样的。

跳出音乐，回到文学。在中国历史经典中，南有《楚辞》，北有《诗经》。《楚辞》被有三个圈的中国谭盾抓牢，在国际舞台上演绎得酣畅淋漓。《诗经》被有三个圈的法国人类学家格拉耐抓牢，在文本研究上做得出神入化，不过还没有一个谭盾式的音乐家来此进行艺术再创造。中国历代知识分子曾写下经史子集如《诗经》，研究文章无可胜计，但还都是在原创和研究的两个圈中的作为。如此比较，还是谭盾走得远。

战"疫"的三个圈。在当前中国与世界疫情暴发的高危时期，文艺发声活跃，在今天发给大家的选读资料中，有八一电视拍摄的高奏战歌、扬我军威歌曲联唱，有谭盾的武汉十二锣表演，它们都是文艺形式的子弹枪炮、钢铁洪流。不过，从民俗学角度看，分析其社会运行，也能用上三个圈的原理：一是《楚辞》的民俗原型，包括汨罗江的屈原传说和端午节赛龙舟驱疫仪式；二是今年3月1日武汉长江大桥放焰火，湖南浏阳花炮赞助的事件，这是中华人民共和国成立以来首次用民俗驱除病魔之举，象征着武汉胜则中国胜，英雄武汉的焰火也展示了英雄中国的担当；三是谭盾创作和指挥的武汉十二锣鼓在世界巡演，让世界倾听中国文化的声音。

跨文化每日谈

刘修远

今天的音乐资源又出现了借鉴中国音乐元素进行中西合璧的跨文化创

作的例子。谭盾作为一个中国作曲家，他创作的《卧虎藏龙》电影配乐融合大提琴、鼓等中西乐器，让西方人惊叹赞赏。这次他又借用武汉铜锣，在形式上创新，引得西方听众喝彩。而且乐团表演的铜锣是比利时各个乐团友情赞助的，更是体现了"一方有难，八方支援"的精神，显示了比利时音乐界对中国疫情的关心。

徐令缘

老师今日所讲"三圈"理论给我诸多启发。借用这两日的学习材料，学术史上的《楚辞》经典研究，与跨文化学的方法和思路，我简要谈一点我由此而想到的。

从跨文化学科的角度来看我们这些跨文化学入门者的知识体系构成，也可以以此类推化为"三圈"。第一圈是我们所归属的基础学科，对于本群的大多数同学来说，就是民俗学。这是我们出身的学科，它所带给我们的"身份烙印"，它对我们思维的培养，就像是我们的家庭那样重要，它也是我们进行学术思考的"第一视角"。今天材料中的，浏阳的烟花绽放在武汉上空，民俗学专业的同学不仅看到了它的美丽，还同时看到了它承载的民俗文化价值，它是祛病祈福的传统民俗，更令其含义深刻。

第二圈是与本学科相关的交叉学科，这其中包括历史学、社会学、人类学、古代汉语文学、比较文学等，在与这些学科合作而展开的文化研究，就像是将一块块拼图整合而成，能够尽力接近文化现象真实的复杂性。《楚辞》在古代文学研究的领域内取得了令人赞叹的研究成果，但它不仅是古代文学研究的对象，它作为一种重要文化遗产，民俗学能够从中提取出神话资料与我国神话体系的部分形态构成，从而窥见中国文化思维的一斑；音乐家能够从中提取出"音乐母题"，并嵌套新的创作形式当中，获得东西方均能认可的"跨圈"成就。

第三圈是跨文化学。中国现代民俗学在其伊始之际吸收了许多西方的理念与养分，但是在中国自己的土地上，依靠着我们丰富的历史典籍与口头传承宝库，走出了一条具有中国特色的独立之路。独立意味着差异，思考如何与国际学界重诉我们的共识，分享我们的差异，是当今民俗学者应有的自觉。而如何将跨文化学框架下的民俗学继续发展并走向世界，更是一条值得奋斗之路。这是我们的第三圈，也是我们的跨文化梦想。

音乐这一艺术形式具有"超越性",但不同文化背景下诞生的不同音乐作品又有各自的文化系统与"话语"。而正如董老师译瓦尔克《信仰故事学》中引用鲍曼对体裁的评价时所言:"体裁未必是纯分类,它更像是一个话语生产与接受的导向性框架",体裁自身所携带的形式特征,能够包容话语生产的多样性,促成较好的文化接受。谭盾的音乐作品通过转化中国传统音乐作品的承载体裁和表现形式,将中国本土音乐元素嵌套进跨文化的框架内,给予了东西方音乐传统以新的生命力,能同时让东西方听众共享这种审美价值,这不得不说是一次成功的跨文化实践。《钢铁洪流进行曲》也与谭盾的《楚颂》新演绎有着同样的理念,这首曲目是中国年轻作曲家谱写的交响乐作品,在国庆阅兵时第一次进入大众视野便受到了广泛喜爱,更有中国演奏者在英国街头钢琴演奏此曲引得众人驻足欣赏的视频在网络走红。与谭盾作品不同的是,《钢铁洪流进行曲》为西方音乐体裁赋予了现代中国的审美价值,展现了中国万众一心,团结奋进应对任何困难的精神风貌。当传统与现代同时与体裁的转化相遇时,我们看到了艺术媒介的强大感染力,看到了跨文化的无数种期待与可能。尤其是在这次特殊的疫情时期,艺术的力量可以转化为现实力量,让人类更好地祝福与拥抱彼此。

罗 珊

跨文化这个大框架,既需要研究者的理论支撑,更需要创作者的实践探索,谭盾在这方面一直做着先锋者的努力。关于谭盾的这篇报道中,让我印象最深刻的是谭盾演出后记者采访时,观众说的一句话,表示"看懂了"。这是跨文化交流中最难得的一步,表达之后能让对方接受,能理解。这份理解表示不同文化间存在具有共性的母题。楚辞是楚地文化的产物,铜锣是传统的打击乐器,交响乐演奏形式是西方音乐传统,在谭盾的音乐作品中用手机播放自然界的鸟叫,是现代媒体将自然带到我们身边的新发明,这个融合了古典与现代、西方与东方、人文与自然的演出,体现了跨界的美妙,呈现了世界的复杂性和统一性。今天选发的第 2 个视频中对战疫战士们的赞颂,是我们更为熟悉的宣传表达:众志成城、万众一心,激情的音乐,配合触动人心的逆行者和战士们在一线的画面,激励着所有人,坚定着所有人对打赢这场战疫的信心,这也是特殊时期被需要的一种声音。

谢开来

说起谭盾，我第一次听说他是 2014 年在爱沙尼亚的暑期学校里。一个爱沙尼亚的音乐家听说我从中国来，就问我是否认识谭盾。我说不认识。后来上网搜索，才知道他是做交响乐和现代乐的，用中国文化概念做过很多作品。但他的作品是现代派，我根本听不懂。2016 年，我曾经到湖南永州去考察女书民俗，在那里又一次听说谭盾，知道谭盾也写了有关女书的交响乐，但再听一遍也还是不懂为什么他的作品讲的是"女书"。我在广州也听过许多现代派交响乐的演奏，包括贺绿汀的学生曹广平先生，曹广平的学生刘天石等，每次听之前，主持人都会介绍，说这个曲子用的是狮子滚绣球的传统曲目，或者用的是《诗经》，但像我这样的听众，是音乐社会学里说的低程度听众，不理解交响乐的"语法"。我可以听古典交响乐，但在现代派面前就要吃瘪。谭盾《武汉十二锣》融合了《楚颂》，我相信他是真诚的。欧洲的听众听得激动异常，我也相信他们是真诚的，但是，我也相信若自己在现场再听一遍也还是不甚明了。在这个时候，我能够感觉到跨文化对话确实存在一道教育的、文化的、"语法"鸿沟。

面对谭盾，我忽然想起老一辈音乐家，他们的名字是在我的博士论文研究阶段反复出现的，如贺绿汀、冼星海、吕骥、安波和许直。他们的风格与谭盾形成了极为鲜明的对比，那就是民族的、大众的。我在最近的学习中还发现，民族音乐的提法，在 20 世纪前半叶的欧洲非常流行。在《关于音乐现状的 1948 年布拉格宣言》中，也提出要把音乐与民族文化联系起来。冼星海、贺绿汀和吕骥等前辈，不仅走在中国抗战的前线，也走在世界音乐发展的潮流里。这一辈音乐家高度关注民间歌曲和民间音乐，产生的作品既脍炙人口，也享有国际声誉，值得我们研究。至今我在课堂上仍会给我院的研究生们讲《四季曲》和《黄河船夫曲》。站在这批巨人的背影前回望谭盾，会让人产生许多感慨。到底是什么样的因素导致曲风及其面向群体的效果发生如此变化？是音乐家的创作使命变了吗？是他们的个人追求变了吗？还是中国的国际化水平提高了？我想上述各类因素都存在，具体的问题真值得学者去讨论。

学者光学会欣赏，似乎仍不太够。这几年我持续思考怎么让作品中的文化概念显形，这就涉及文本系统和叙述方式的问题。像八一电视台的《钢铁洪流进行曲》，我们知道它是改编曲，原本的歌词面对的是我国国庆 70 年大阅兵的先进兵器装备方阵，展示我国经济发展以后国防军事装备飞跃性的进步。今天的《钢铁洪流进行曲》在国庆 70 年大阅兵的记忆里转过身来讲抗疫，也让人感觉心潮澎湃，热血沸腾。《钢铁洪流进行曲》的多层含义大多数人都懂，相比起谭盾的交响乐大多数人都不懂，中间差的是什么？关键就在歌词的文化叙述作用，让人觉得"能听懂"。有歌词就够了吗？其实还不够，在理解歌词的时候还可以产生大量外文本，如序跋、注释，等等。所以《诗经》和《毛诗》都很重要。在数字时代，歌曲有序跋或者注释其实也不够，还可以加上图片，加上 MV。有的时候，音乐和公众号推文一起放出来，这又是另外的信息组合形式。音乐、歌词、序跋、注释、图像、推文等放到一起，就是个有向心力的文本系统。这个文本系统所能够表达文化、阐释作品的空间比纯粹的音乐大得多。现代音乐的创作，实际上是这样一个文本系统的整体创作，但这个系统应该走向何方？我看目前还没有人往下研究。现在有许多学者和官员，经常抱怨文艺作品中文化含量不够，我想上述研究是很能够缓解这个问题的。

2020 年 3 月 3 日，星期二

主题词：英雄的武汉
导读语：（50）英雄的武汉、英雄的中国
　　　　　（51）国家大剧院的特殊演出

专题聚焦

22. 武汉焰火

董晓萍

　　放焰火是一种驱疫民俗，在中印文化交流中传播，在中国生根，自魏晋以来流传至今。在《钟敬文全集》第 27 册中收有钟敬文先生与钱锺书和杨绛之间的通信，其中杨绛在一篇散文《回忆我的父亲》中，写了她在无锡老家和上海旧屋看"放焰口"的往事。

　　我国几乎历代正史杂纂都有对焰火的记载，如唐代的《旧唐书》、南宋的《武林旧事》、清代的《清嘉录》等。古代文人笔下的"放焰口"生动详尽，夹叙夹议。现代作家萧红的小说《呼兰河传》也写过放焰口。这个仪式在升高临水处举行，慰安逝者与祈福生者，寄托大善信仰，千百年来与中国传统文化相伴相生。这次在武汉长江大桥的滚滚江水之上升放焰火，表达了英雄城市武汉与全国人民掩伤战斗的决心。

　　我国传统烟火的出产，以江、浙、皖、广、冀南为最。这次武汉放焰火使用的湖南浏阳的产品，楚风雄劲，与谭盾使用楚地十二锣有异曲同工之妙。

　　在今天发给大家的视频中，大家都看到，视频中特别标注了"湖南浏阳烟花"的字样，这个细节引人注意。两湖为楚，两湖熟而天下足。

古往今来，盘古开天、神农尝草、潇湘竹泪、巫峡泛舟，天地间蕴藏了多少楚文化故事！在中国历史上，曾国藩、左宗棠、戊戌变法、辛亥革命，无不风卷楚云、大江东去，一时间涌起多少英雄豪杰！司马迁曾在《史记》中写下千古六言："楚虽三户、亡秦必楚。"文明起，国必胜。

现代社会提倡环境保护，国外对中国人燃放焰火也有不同的看法，我在美国工作时就遇上过这种情况。2008 年春节，一个华裔家庭开设的泰餐饭店，在门口放烟花鞭炮迎年。当地美国有关部门闻风而动，开来消防车、救护车和警车三种车围在饭店的门口，随时准备保卫环保和救灾救人。我对环保无条件赞成，但对眼前这个阵势，则颇为"culture shock"。站在中国人的立场想一想，美国是自由拥有枪支的社会，几声爆竹烟花噼里啪啦，难道比枪声失控更可怕？再站在美国人的立场想一想，美国的防灾减灾工作世界一流，美国人全副武装地"镇压"空气污染和噪声污染，其高度重视的举措确有威慑力，不得不暗叹。不过特朗普上台就变了，他在全球气候公约组织按下撤退键，还在这次疫情肆虐时救市不救人，好在这时我已从美国撤回多年。

现代疫情也暴露出有些古老民俗必须改革。澳大利亚的山火让全世界跟着流泪，原因之一就是民俗。很多民俗来自农业社会，节奏慢、变化少，没有成本，是农舍农人的贴心文化。但现代社会是快节奏社会，风也快、雨也快、浪也快、灾也快，慢民俗适应不了，有时还起反作用。一旦传统民俗与现代社会规则发生冲突，还要支付相当高的环保成本和经济成本。

回头说湖南浏阳的烟花。我注意到，在武汉长江大桥的浏阳烟花升空后，编织出"武汉加油""中国加油"的清晰汉字，转而又在夜空中绽放出五彩缤纷的花朵。高空变化需要控制技术，在传统社会就需要民间高人出手。本群的群主罗珊讲，浏阳人肯学习、能创新，我想是对的。因为在清代，烟花的造型绽放是清宫工艺，由清宫造办处管理，但为了安全起见，放在冀南乡村制造。每年春节临近，地方工匠将造好的烟火送到北京，供皇室娱乐。现代社会有了无人机和遥控器，能对几十米，乃至几百米高空的物体加以控制，清朝人哪有这个本事？那时烟花行业全靠民间高人精巧设计，我说的民间高人，就是乡土社会和历史作坊中的能工巧匠，他们不但工于烟花的审美创造，还工于对烟花弹射造型的用心精算。20 世纪 90 年代，我曾到冀南乡村做田野调查，看见工匠后代虽然早已不用为皇宫造烟火，但职业自豪感还在，祖辈流传的手艺还在。他们将它用到社火赛会上。再后来，国家实行非遗保护，这种独门绝技被保护与否已无从得知。然而，假如他们的手艺流传到了湖南的浏阳呢？这事就对上了。不过我一点也不知道，全凭大家你聊我聊，生出一些不着边际的联想。

不管怎样，这次大灾疫情的暴发，把人类、人文和人性三者推给每个人，这是一场考验，也是一次提升。武汉放焰火的勠力同心禳灾祈福仪式，虽为旧俗，但它共情人类、博爱人文、温暖人性，仍将超越历史地理差异而深入人心。

跨文化每日谈

罗　珊

这次的武汉烟花表演使用了湖南浏阳的烟花，这在视频上也特别标注出来了。湖南在这次疫情中也是抗疫的重要阵地，目前治愈率节节攀升，给其他地方带去了鼓励和希望。如董老师所说，传统烟火的产地不在湖南，浏阳烟花是后起之秀，以品种创新为特点。这次选用浏阳烟花，一是选择了创新，二是体现了两湖地区的团结。湖南、湖北环绕在洞庭湖的南北两侧，地缘相邻，自古为楚地，一直到现代，两地始终交流往来频繁。这次对浏阳烟花的选择，也是楚地文化的象征。

刘修远

出于环境保护的考虑，有些地方现在对春节时燃放烟花爆竹有具体规定，但不妨碍焰火的民俗生命力和湖南浏阳焰火的代表性。荷兰海牙每年夏末都会举办国际烟花节，代表中国参赛的正是湖南浏阳烟花。我有幸在2017年欣赏过，中国烟花作为国际烟花节压轴大戏最后出场，表明外国主办方对中国烟花的重视。我想这便是民俗的生命力，它也许会在某时某地适应政策法规的需要有所变化，但要找出代表中国的事物时，还得是民俗。

谢开来

湖南浏阳地方不大，名气不小。一首《浏阳河》唱起来，就已经走出地方，被国家化了。今天，由于中国烟花的盛行，浏阳由此走向全球化。在如今疫情的特殊时期，浏阳烟花随传统民俗大放异彩，除了与放焰口的习俗有关外，也与烟花本身所具备的民俗艺术情趣和吸引力不无关系。我还记得董老师在《说话的文化》中，以烟花的例子说出了声音民俗感性的一面。董老师指出的三个圈子的界定法对我也启示很大。浏阳烟花是不是有三个圈子？我感觉是有的。浏阳烟花带给我们的，多是国际圈和国家圈的关注，少有地方圈的材料。但我至今仍然记得去年在湖南过年时，湖南新闻报道的浏阳烟花仓库大规模火灾事件——浏阳烟花和浏阳火灾，新闻不出湖南，但湖南人民对这些事件听得不少。我想说什么？我想说，浏阳烟花有小中大三个圈，地方生产圈、国家文化圈和全球市场圈，这三个圈子要走到一起不容易。现在浏阳在后两个圈子很成功，但保护民俗要解决好安全生产与环保生产问题。

2020 年 3 月 4 日，星期三

主题词：楚风

导读语：（52）独白与复调：法国人拍摄新中国巨变（1956—2002）

　　　　　（53）对话与自主：谭德塞，污名化比疫情更危险

专题聚焦

23. 独白原则

董晓萍

　　我来说说今天阅读资料中的《（52）独白与复调：法国人拍摄新中国巨变（1956—2002）》中的概念。民俗学如何使用独白原则？参见瓦尔克《信仰故事学》（2019：第 4—6 页）：传统民俗的表达是自发的、无组织的、无系统的、无规划的。相比之下，体制化的表达是有组织的、有系统的和有规划的……两种表达都趋向于一元论的、真理性的概念，就像巴赫金所概括的那种，很容易形成权威性的和极权主义的话语。巴赫金还认为，在欧洲理性主义和启蒙运动中，有一种"狂热崇拜"的东西，它强化独白原则，能生成意识形态生活的主要因素。巴赫金的这个观点，使我们想起福柯的话语自组织的概念。福柯的大体意思是，在一般情况下，由多个作者生产的陈述、思想和告白，是不同的文本，有不同的生产范围，彼此存在的状态也是分散的，但是在特定的历史阶段，当它们具有共同的对话对象时，它们也能构成一些共享的概念。在两种表达形式中，在涉及权威、思想、陈述与独白时，都有自我规定的世界观标准，都在维护某种社会规范和价值观。将民俗与制度化的话语相比，两者的共通之处在于，彼此会经常发生交集；两者的区别在于，民俗是社会角色中的差异化词语

实践，有时不能完全融入制度；民俗是由个体声音组成的词语，与制度化的观点未尽一致。话语是制度化的声音。话语意味着纪律。使用话语就意味着对感觉、思想和表达的限定。关于复调原则，仍可参看瓦尔克此书。

跨文化每日谈

刘修远

法国摄影师拍摄了六十年来中国的巨变。这些镜头下的中国可以说是"横看成岭侧成峰"，有动荡岁月的闪光之处，也有奔腾时代的平凡和普通。这些珍贵的镜头放到一起，绘制了中国发展巨变中不同人的群像。这些人上到国家元首，下到平民百姓，生动有趣。而污名化就是用单一标签、政治偏见去对某个群体或事件定性，让人管中窥豹，只见树木不见森林。回击污名化最好的办法就是用历史和发展展示事物的整体面积，展示"人"的本身。

吕红峰

影像也是研究民俗学的重要工具，本专业的博士、硕士学位论文《附录》中，大多都有田野调查照片，照片的选取也有讲究。我上学期间跟随董老师研究老北京行业文化，记得影像记录方面有一位著名的美国学者西德尼·甘博（Sidney. D. Gamble），也是拍摄了很多老北京的照片，可惜我当时不太会使用。看到今天董老师给的标题"独白与复调"，我感觉这些照片的还有一点珍贵之处，在于它们是从外国人的视角观察中国，相当于跨文化对话。我们早已知道，在当今世界，对话是必需的。只有对话，才聆听多种声音，减少单边主义和误解，现在全球面临疫情灾难，国家间、文化间的对话和合作更显重要。

高　磊

今天我才知道周总理会见外宾那张经典照片出自这位法国摄影大师之手。法国摄影师留下的每张照片都在诉说着历史、当时的政治氛围和人民的生活状态。从 20 世纪 50 年代到 21 世纪初期，一张张静态的照片让我们看到了中国的变迁和发展。当下，病毒是人类共同的敌人，疫情期间的谣言和污名化造成的次生危害，比病毒本身更可怕，辟谣和去污名化加大了防疫工作的难度和成本。在疫情面前，没有国界之分，污名化所损伤的不仅仅是一个国家、民族的国际形象，因此，加强国际合作，携手攻关，以文明交流超越文明隔阂，以文明互鉴超越文明冲突，才是我们应该做的。

罗　珊

从法国摄影家马克·吕布的摄影作品中，我们看到了历史纵深中的中国变化，也看到了独白与复调的理论张力。每一张影像都是一篇独白，合在一起又是复调的交响。从摄影师的镜头里，我们看到了时代的印迹，看到了胡同里的小孩、民间艺人的表演和民间游戏、特殊时期的模特、标语、仪式、交通工具，镜头里有领导人、农民、工人、工程师、艺术家、青年大学生，浓缩了社会的方方面面，文化的上、中、下层，这些声音交杂在一起，奏出时代的交响。在世卫组织总干事谭德赛的视频中，他谈到了"污名化"的问题。对病毒的认识包含客观存在和主观感受，"污名化"将其政治化有害无益，世界各国团结抗疫才是正确面对病毒和疫情的方式。

2020 年 3 月 5 日，星期四

主题词： 英雄的艺术

导读语： （54）会唱歌的阿凡提：纪念克里木

　　　　　（55）爱哲学的意大利：据说是民谣

　　　　　（56）油画里的九歌：钟南山者说

专题聚焦

24. 阿凡提和克里木

董晓萍

　　民俗学和民间文学界熟悉新疆，莫过于两个名字——阿凡提和克里木。骑着毛驴的阿凡提，满身的福乐智慧，是一个千古传颂的民间形象。克里木，我国当代知名度最高的新疆歌唱家之一，曾以一曲"库尔班大叔你去哪儿，骑着毛驴上北京"，歌中带着阿凡提的文化基因，红遍了全国。钟敬文先生在编写《民间文学概论》的大学教材时，就写入了阿凡提。翻译家戈宝权先生发现了阿凡提在土耳其的新资料，找钟老谈，两人都看到阿凡提和为跨文化故事叙事的研究价值。美国学者洪长泰在其《到民间去》中提到阿凡提与徐文长的故事，在五四新文化运动中被提起，具有新文化建设的意义。洪长泰还指出，钟敬文先生在 20 世纪 30 年代研究徐文长，指出了这类机智人物叙事具有诙谐文化价值，而且这种观点是由钟老首次提出的。但是，用今天的大众词语说，阿凡提"只是个传说"，克里木却是真实存在的。20 世纪 50 年代初，新疆和田老人库尔班大叔，要骑着毛驴上北京，看望领袖毛主席，终于如愿以偿，成为轰动全国的历史事件。后来克里木把《库尔班大叔你上哪儿》的民歌唱给毛

主席听的事迹，也曾到处传扬。两代新疆人见毛主席，那是怎样欢乐的场面？毛主席曾亲笔写下："一唱雄鸡天下白，万方乐奏有于阗"的感慨诗篇。"于阗"即今和田。古今多少事，滚滚红尘中。

有人，有历史，未必有歌。有人，有歌，未必有历史。克里木是又有历史事件，又有独唱曲目的维吾尔族歌唱家，这是比较少见的，更难得他不仅有一副金嗓子，还有一颗好心。他少年成名，从边疆唱到北京，但他从未骄傲。好人克里木出名一辈子。

我家与克里木有一段很小的渊源。"很久以前"，我家住在北京师范大学校园内的十二楼，楼下看门人是物理系的退休人员程老师。她看见我们很忙，没有时间陪女儿，就送给女儿一只小猫解闷。小猫叫"哈彼"，长相很时髦，毛色大团黑与大团白相间，智商也不错，女儿毫不费力就与它混成了朋友。她心甘情愿地把自己的牛奶喂给它喝，为它上食堂打饭，它跑跳欢叫，她忘了写作业。我们有点担心，又不好直说。表弟看见了，完全站在"哈彼"的立场上，认为我家的主要问题是房子窄，不能给"哈彼"提供很好的运动条件，"哈彼"在我家就是一个"贫农"。他就提议把"哈彼"送给克里木。他与克里木在一个单位工作，说克里木绝对是一大好人，会对小猫好，他正要"引进"一只小猫，家里也宽敞。送走小猫那天是推着自行车去的，女儿流了眼泪。一年后，表弟来报告，"哈彼"不愧综合素质优秀，进步很快，在克里木家睡毛毯，喝啤酒，还学会了拉灯绳……表弟买了车，把我家父女二人都拉上，去克里木家会见"哈彼"，结果二人回来都表现出对克里木的敬佩，对"哈彼"反而没那么热情了，原因是"哈彼"早把他们给忘了。"哈彼"，英文 happy，程老师起的。

我始终没见过克里木本人，昨天看见他逝世的消息仍然不免黯然神伤，多方面的敬意先不说，就为了"哈彼"，也对他充满了好感。他的名气那么大，他的歌唱事业那么辉煌，还能对一只小猫那样得仁爱，他拥有多么了不起的热爱生活的情怀。现在克里木与阿凡提都在星空闪耀，成了文化符号。

古人说过"天若有情""人若有情"。我的很多人际关系也都有这种情况，有时人与人之间未必见面，却久久不能相忘。我也没见过钟南山，但我也很佩服钟南山。我佩服他对病人、对国家、对国际公共医疗卫生健康事业的倾情奉献。其实无论教书、唱歌，还是行医，都要富有人文情怀。

25. 意大利民谣

董晓萍

谈谈《（55）爱哲学的意大利：据说是民谣》。这次疫情期间流传的民谣不多，在不多的民谣之中，收到了一首"意大利民谣"，就在发给大家的这批阅读资料的题目中，"据说"二字是我加的。我考虑的是，这首民谣能在中国流传，又自标是"意大利民谣"而不是"美国民谣"？为什么？好像很有意思，我从三个方向来假设。

第一，被标题为"意大利"者，要与当前艰苦抗"疫"的中国，两国有社会类型性。到目前为止，论疫情暴发的世界震惊程度，亚洲数中国，欧洲数意大利，故拿意大利说事，可以在中国产生同感。最好的预期当然是意大利等欧洲国家政府发挥领导力，做好他们该做的事，在高层决策和社会动员上，像中国一样，尽早、尽快扑灭病毒，让人民回归到正常的生活中去。

第二，中意交往历史绵长，故而这个标题说"意大利"也说得着，双方的确在历史文化上有认同感。马可波罗、利玛窦的名字，中国人耳熟能详。还有康熙的恩师汤若望，虽非意籍，但因有耶稣会士的身份，今人要找到意大利，才能找到他的资料。几百年前，意大利派出他们，有虔诚的信仰，渊博的知识，艰苦而成功的社会融合，曾经为中国的文化史、中国的基督教史、中国的科技史和中国的疫病史，都做出了不可忽视的历史贡献。康熙也是发过疫病的人，没有汤若望，康熙就当不了皇帝。还有一个韦大列也是意大利人。他曾在意大利驻华使馆工作，第一个编纂了《北京儿歌》，就是我们在这里谈的"民谣"。正是他们，从意大利来到中国，奠定了中西跨文化史的地位。在中国，只要提到意大利，就会明白这些历史人物的知名度之高与广。

第三，两国有历史交往不等于没有思维方式的冲突，戴口罩就是例子。中国人在战胜疫情的措施上是接受口罩的，口罩拦口沫，被证明对阻击传染病确实有用。可是意大利人和法国人就不爱戴口罩。他们爱时装，不爱口罩。要不是这次冒出了新冠，我们还测查不出中意两国有这个差别。设想一下，如果意大利人早早戴上口罩，社会染病率就会降低。中国有句古训"防民之口、甚于防川",咱们去掉原文的帝王心术,反其意而用之,只用它的字面意思,就是说,戴口罩把飞来口沫防住了,等于防止疫情"川"流不息的传播,岂不更科学?可惜民谣又没说这个。民谣是到处传的,但民谣只传发生过的事,不传没发生过的事。没发生的事到处传就是谣言。民谣不造谣,民谣厚道。

跨文化每日谈

吕红峰

克里木是连我们80后都耳熟能详的歌曲表演艺术家,一首《达坂城的姑娘》家喻户晓,没想到走得这么早,董老师《全球化与民俗化》一书,在讲本科课程的时候,也播放了这首歌,民歌是重要的民间文学体裁,与通俗歌曲结合后,更被大众喜爱,也反映了鲜明的时代特征。此时此刻,民歌抒发了人们团结一致战胜疫情的渴望,油画的无声的诉说让观者心碎,我们每个人在家保护好自己、完成自己的任务,就是对逝者最大的慰藉。

高　磊

今天,3月5日,是全国第57个学雷锋纪念日,第21个中国青年志愿者服务日,也是敬爱的周恩来总理诞辰112周年纪念日。在这个特殊的日子里,我们缅怀先烈,谈及当下,展望未来。周恩来、雷锋、钟敬文、钟南山、克里木,政治家、学者、教育家、科学家、民族歌唱家、战士、医生护士都是一个时代的榜样,更是跨越时代、跨越代际的榜样,他们是一个个小我,而在历史的沉淀中,他们又汇成这个民族的大我,凝聚中国力量。

刘修远

克里木先生的逝世是我国音乐界的一大损失,他的精彩歌舞让一代代观众领略新疆歌舞的独特风情,他的表演是观众了解新疆文化的重要窗口。在这种特殊时期，文艺作品发挥着特有的作用。哪幅描绘瞬间的油画，用小家的悲痛，表现国家正在遭受的创伤。无论是画中的小朋友家人的离去，还是克里木先生这样艺术家的离去，都是国家所不能承受的。

谢开来

老一辈民族艺术家的精神在我心中一直是指路明灯，他们对艺术的真诚和执着至今令我印象深刻。从他们那里，我才知道除了"同吃、同住、同劳动"之外，他们还要讲究"同歌舞"，要学习民间艺术，还要把民间艺术演回到老百姓的心里去。我刚读研究生时，曾带洪长泰先生去访董锡玖先生，两人曾为个别现代学者引用史料不加辨析而批评浮躁学风。学问到了他们那一辈，若因个人原因犯不着为一篇文章的史料真假生气。但对于学问的真诚和执着，让他们总是怀揣着精细的态度，提醒我们看到材料不可尽信。现在是网络时代，微信公众号处理信息的方式跟两位先生求真务实的态度不同的，假消息很多，学者就不能照单全收。

2020 年 3 月 6 日，星期五

主题词：跨文化的前行者
导读语：（57）跨文化的印度学，季羡林先生
　　　　　（58）跨文化的建筑奖，普利兹克奖

专题聚焦

26. 跨文化的前行者

董晓萍

　　《（57）跨文化的印度学，季羡林先生》是一篇关于季羡林先生的回忆录，其实回忆季先生的文章已经足够多，如果只写重复文章不如不写，但我反复想，还有一个角度，可以表达本专业对季先生的怀念，而别人又很少讲的，或者说我不讲，别人就根本不知道，而是始终藏在我心里的敬谢，那就是季先生对中国民俗学的支持方式。季先生平时讲话不多，讲话也不高调，从不激情昂扬地宣传中国民俗学。他总是用他的方式，在最需要的场合，在最恰当的时机，向他所享有崇高威望的外国文学界介绍钟敬文先生的民俗学和民间文学成就，因为他讲话平实、具体、深刻，反而给人以深思熟虑的感觉，让人信服。钟敬文先生与季先生的其他同行，如杨宪益、金克木、萧乾等的关系也都很好，但谁也没有像季老那样宣传钟老。季先生在北京大学地位很高，在中外学术界名声很大，他总是讲钟先生的好话，对于钟先生视为生命的中国民俗学无疑是有提携作用的。季先生和钟先生都是各自学问在中国顶峰的人物，但他们走得越高，越对中印文化关系看得很深。他们给后学留下的，不是谁比谁伟大，也不是谁让谁更伟大，而是他们在学问中各有新创造，各自提出新问题，又由此而综

合，产生新的学术问题启迪后人，如"月中嫦娥"与药的问题，"猫"与鼠的问题。即便不是从外国文学方面，而是从民俗学方面看，季羡林先生的贡献也是不可替代的。他告诫民俗学者从本土向国际看，从英、日向印度看，从类型向语源看，从北京向"一带一路"看，他的慧眼和手笔都是独一无二的。

《（58）跨文化的建筑奖，普利兹克奖》一文中的普利兹克奖，是国际一流建筑学专业大奖，以评奖的纯学术、严格、公正而名扬四海，世界著名华裔建筑大师贝聿铭就获过此奖。但这个奖毕竟是单一专业奖，还有其他综合性的奖项更难拿，竞争也更为激烈，即跨学科研究国际大奖，来北京师范大学为我们授课的英国社会人类学家白馥兰（Francesca Bray）教授，就多次崭获此奖。

白馥兰，英国剑桥大学本、硕、博毕业，很年轻时就入选英国皇家学会院士，曾在英国剑桥和爱丁堡大学、法国国家科研中心、美国加州大学、德国柏林大学和马普所等欧美多所知名高校和科研单位执教和治学。首部著作是李约瑟主编《中国科学技术史》中的《农业》卷（1984），此后不断有新的代表作推出，如《技术与性别：晚期帝制中国的权力经纬》《技术、性别、历史：重新审视帝制中国的大转型》。所谓跨学科研究，是指她将科技史学、社会人类学、英法汉学和社会性别学相结合，坚持从事非欧洲中心论的研究，并形成严谨系统的理论体系与方法。她在这条路上取得了卓越的成就，获法国国家文学历史典籍研究布迪厄奖最高奖（Prix Bordin，1985）、国际科技史学会德克斯特奖最高奖（Dexter Prize，1999）、英国萨利·哈金奖最高奖（Sally Hacking Prize，2008）。这些奖据说男性科学家都很难拿，她却连中三元。

钟先生主编《民俗学概论》吸收了李约瑟《中国科学技术史》的一些意见，并将之扩展为专门一章《第八章 民间科技》。而早在此书之前的20年，在钟先生主编的另一中国高校文科教材《民间文学概论》中，在书的开首，相当于《导言》的《概述》部分，钟先生也提到李约瑟的《中国科学技术史》。后来白馥兰教授应聘为北京师范大学名誉教授，曾多次为跨文化学研究生国际课程班授课，也与此段历史有关。本所的几届研究生都听过她的课，应当记得当时的现场盛况空前。我还想说，她的研究做得好，教学也十分认真。为了写好北京师范大学的讲稿，在上课之前，她专门去西班牙住了一个月写讲义。其实她的英文写作在英国人中也是高水平的，曾被李约瑟评为 splendid，但她还是要从头写，写得适合外国学者听讲。她还做过授课语速训练，把自己标准的伦敦音训练得吐字更为清楚，就像雅思、托福一样，适合给外国学生听。她说这种观念来自她的母亲，母亲是英法小说翻译家，母亲教育她，即使英文写得再好，学问做得再好，也要能让别人看懂和听懂。

普利兹克奖等很多国际学术奖项的获奖人，隐匿于人、自然与社会之间，擦除人、自然与社会的冲突。他们在刻意与苛刻之间，炼成了淡泊于常人的心态，投入了无数超越常人的努力。怎样能一眼看出他们的成功起点？我想有个简单的办法，就是告诉你们，白馥兰在英国剑桥大学拿下的学位：自然科学史学士（1969）、汉学学士（1973）、汉学硕士（1975）、社会人类学博士（1985）。

跨文化每日谈

罗　珊

今天的两则材料带来的感触很深。回忆季羡林先生的文章，从一件小事入手，讲述季先生翻译《罗摩衍那》中译本的往事。翻译《罗摩衍那》是一项伟大的工程，但伟大是一个极为抽象的概念，而作者添加的细节，让翻译这本巨制的过程生动了起来。正是富有人情味的细节的添加，让人更能体会到伟大寓于平凡之中。季羡林先生每日对工作的坚持和作者为训练而早起的坚持，让人更能明白伟大在于坚持和积累。

普利兹克建筑设计大奖得主的文章，让我们看到了建筑艺术为城市带来的无限可能。人与环境的关系是人类社会发展进程中始终被关注的问题，这让我想起日本建筑设计师安藤忠雄关于建筑创作的观念，他认为"人类在文化发展的过程中，在不断征服着自然的同时，也征服自我生命原本的一切，它使人类在取得了大进步的同时，也承受着生存环境的破坏、心灵的扭曲和压抑"，因此，他希望找回在经济发展中人类失去的东西——"与自然本质的联系，与材料的直接对话，以触发居住在生活空间中的人们的小小发现和惊奇，在简朴的生活中获得乐趣和美学意义上的高扬"。后现代建筑设计的发展，格外注重融合，包括东西方文化的融合、功能与美感的融合、技术与艺术的融合、人与自然的融合。这也是一种跨文化创作的体现。在今天老师分享的材料里，我们看到两位设计师从自然和人文两个方面汲取创作的灵感，体现的仍然是融合的观念。跨文化的研究与创作都需要这种对不同文化、不同材料的化用与融合。

徐令缘

在疫情时刻，能够阅读到学术大师与建筑设计艺术家的故事，对于我们这些学生来说更加感到激励与力量，这就是榜样的力量。这种力量能够触动我们的心灵，引导我们在每一天的日常生活中，都要不停重申与反思：我们希望拥有怎样的一生。季羡林先生与钟先生都是中国的传统型学者，是中国现代学术界最早的那一盏"晨灯"。只有这种将毕生奉献在学术研究、学科建设与学生培养之上，继承了中国传统文人的风骨与信念，也将国外优秀的作品与理论引入中国学术界的视野当中，继承传统、开创未来的学者，方可称为一代大师。另一则材料中所提到的两位建筑设计师女士，她们的作品融合了现代设计理念和本土自然文化的特点与审美，通过建筑这种艺术形式，完成了功能、审美与概念的多重契合与表达。中外学者与设计师们之所以在自己的领域内能够取得令人赞叹的成就，一方面他们在文化与理念间"跨越"与"超越"，采用了正确的方法；另一方面在自己的领域中日复一日坚持不懈地耕耘付出。如今的网络与社会中充斥着多元声音，但无论是在学术研究还是任何领域内，都有一条不变的原则，即伟大的成就只有方法，没有捷径。

2020 年 3 月 8 日，星期日，国际三八妇女节

主题词：三八国际妇女节

导读语：（63）从武汉白衣女天使的角度

　　　　　（64）从 CCTV 国际新闻女主播的角度

　　　　　（65）从拉脱维亚女学生的角度

　　　　　（66）从英国女科学家的角度

　　　　　（67）从男女合作创世纪的角度

专题聚焦

27. 需要男女合作

董晓萍

今天发给大家的资料中有一份《（66）从英国女科学家的角度》，谈到我在英国认识的一位女科学家达芙妮·奥斯本教授，我们往来的时候还没有疫情，但这次疫情暴发让我再度想起她，在她的生命中也有与疫情搏斗的往事。

我们在一起的时候，她的美丽和智慧为各种人际交往照进了光辉。但有时光辉太耀眼，别的东西就看不见了。等到光芒消失后，那些原来看不见的东西才逐渐明亮起来。

我们第一次见面是在牛津一家 OPIUM 饭店。这家饭店很贵，英式风格浓郁，菜品很讲究，但 OPIUM 在中文里是"鸦片"的意思，与殖民、屈辱、贫病、落后、反帝和反封建都沾边。一个朋友开车来公寓接我，直接把我拉到饭店，等发现我盯着店名在看，他解释说："一个单词而已，不必理会。"他还告诉我，牛津与印度的德里和中国的香港都有联系，饭

店的名字什么都有，前面不远就有个小饭店就叫"东方不败"，取自金庸小说。我与达芙妮见面后，还是提到"OPIUM"，她确实不了解"鸦片"在中国是个敏感词，可她也并不敷衍我，在听了我的解释后，她批评近代英国在中国和印度的殖民历史，认为科学家必须守护和平事业，态度十分明确。

她有个乌克兰籍的博士研究生，在乌克兰切尔诺贝利核电站工作过，经历过核泄漏的事件。她指导他完成了核泄漏之后植物修复机制的研究项目，取得了重大的科学突破，为人类减少同类灾害起到不可估量的作用。达芙妮教授 2005 年到北京师范大学访问，不久后去南非考察，不幸遭到沙蝇叮咬，患上了难以治愈的流行疫病。她的体重最后只剩下 30 多斤，仍然顽强而乐观地与疾病做斗争，直到停止呼吸。牛津大学不惜一切代价地抢救她，终无力回天。按照她的遗嘱，她在伦敦和牛津的两座楼房全部无偿捐给牛津大学。疫情是人类的死敌，很多科学家和白衣战士为抗击疫情前仆后继，做出贡献。这位英国分子生物学家达芙妮教授，在理论上和实验室中与之打交道，成就于斯，也牺牲于斯。今天的疫情又成为各国政府和医生的主战场，各国医护人员的勇敢形象同样会传之久远。疫情也是历史和现实的窗口，窗口之外就是浩瀚的人文世界，这个世界需要国家间的关爱，需要男女间的合作。

跨文化每日谈

刘修远

今天是三八妇女节，选编的内容都和女性有关。从剑桥大学的名教授到工作在战疫一线的白衣天使，各行各业无论头衔大小，女性都在为这个世界变得更好而奉献着。她们或如视频中的女播音员和达芙妮·奥斯本教授一样落落大方，举止优雅，或如唱歌的拉脱维亚女学生般嗓音天籁，纯真美好，或如白衣天使般不畏艰难无私奉献。在我读过的书中，董老师主编和惠赠的《聆听女教授——研究与叙事》的多篇文章让我至今印象深刻，我国著名心理学家张厚粲先生谈她与心理学发展，古文字学家王宁先生讲她在青海稀薄的空气与稀少的人烟中与《说文解字》为伴，等等。

这些事迹都深深打动了我。妇女节一年只有一天，但是对女性的尊重、对性别平等权利的承认却应该贯彻到每一部法律，贯彻到各行各业，贯彻到日常生活的每一天，而不是让女性只有在三月八日这天"成为女性"。祝群里所有女老师、女同学每天都快乐。

吕红峰

今天是国际劳动妇女节，董老师选编的案例构思巧妙、内涵丰富、具有跨文化专业特色。白衣天使救死扶伤自不必说，各行各业女性都发挥着举足轻重的作用。那位达芙妮·奥斯本教授，董老师跟我讲过多次，我虽未能亲自看见她的风采，但仍能感受到巨大的人格魅力，董老师撰文第 2 页的照片彩色版，在本所搬家前一直和其他中外学者的照片一起摆放在主楼 B720 室的窗台上，激励着师生前行。董老师常说，男女之间不是要争个高下，而是应该合作，男女间的生理差异，导致二者不可能完全等同，就像世界上不可能都是学者、官员，或者都是工人、农民，总要有分工协作，只是需要关注彼此的困难，相扶相助。另外，我在继续教育学院参与信息系统管理工作时，发现在机房的 IT 人员中也有很多女性，她们编程、运维的熟练程度丝毫不亚于男性，社会上对性别和职业的刻板印象可能会让你怀疑自己，但只要你能做好你喜欢的事情，你就定能成为你想要变成的那个自己。

李亚妮

20 年前我硕士论文选题，在学术界还很少关注性别、女性话题的时候（虽然当时中国刚刚圆满举办第四次世界妇女大会），董老师就指导我们做关于社会性别视角的论文，选题很有前瞻性，而且在论文的指导过程中，董老师的精彩观点、视角分析至今都有学术前沿性，即使在我后来的 10 多年的关于这一话题的工作和研究中，董老师对这一问题的透彻分析和独特新颖的视角，也一直少有超越。我曾有幸现场聆听过北京师范大学女教授们的故事和经历，王宁老师、邹晓丽老师她们虽然曾经面对艰苦的环境、身心的创伤，但是并未放弃其坚守的工作与学术追求；我也曾回校现场聆听过达芙妮·奥斯本教授的精彩讲座，领略过她的非凡美丽气质以及在男性为主的学科与学术环境中打拼的经历，这些优秀的女性一直在激励鞭策着我。董老师自 2000 年以来一直在关注并发表与性别与民俗或女性与民俗的研究成果，2007年，董老师在所著的《现代民俗学讲演录》一书中专列一章《性别民俗》，这是民俗学研究中首次引入性别概念的专论。这些都是我学习的重要参考资料。谈及性别或女性话题，更多重视男女差异而非性别合作，但董老师提出的性别合作的视角与观点，是一个很少有人关注的方向，也是一个不同于权力与地位研究的，带有温度的文化研究视角。

徐令缘

董老师所撰纪念达芙妮·奥斯本教授一文中所选编的照片，是我们所有曾在北京师范大学数字民俗学实验室学习过的研究生们永远的美好记忆，而今天通过阅读此文，我再次全面地了解了达芙妮教授的传奇经历，这对于我们每个女学生来说，都是一份极好的节日礼物。在人类历史社会的发展中，女性的社会地位与社会身份的变动经历表明，"女性"既是一种生理身份，又是一种文化身份。在历史传统中，男女性文化身份中差异的那一面被放大，文明中具有话语权的群体定义了一种"女性气质"的概念，并将其传授给女性群体。自20世纪以来，全世界以女性为代表的先锋思想者展开了针对这一问题的广泛反思，并将性别平等、性别合作的理念推广至各个领域的社会实践当中。在我们所熟悉的学术领域中，无数优秀女性研究者在文理各个领域内都获得了优异成就，尤其是前辈女性学者，她们经历了性别关系剧烈变动的时代，在她们的治学之路上会有各种当今未曾想到的困难，但她们以卓越的思维能力和坚韧的奋斗精神走了下来，证明了生理虽有不同，思想不分性别，合作才能共赢。这些已经取得的成就，值得我们这些后辈女学生铭记、思考与发扬。除此以外，无论是在医疗卫生、电视传媒、文艺体育、基础服务等各个领域，女性劳动者们的贡献不容忽视。如今这个世界给予女性比以往更多的机会，女性就会以她们的睿智、坚韧和包容更好地回馈给这个世界。同祝群内所有女老师、女同学们节日快乐！

司　悦

董老师曾主编《聆听女教授：研究与叙事》一书，在书中我们看到这些卓越的前辈女性学者们的故事，看到她们在自己的专业领域内的继承和创新，也看到女教授们与女大学生们的对话，看到女教授们对学生的引导和教育，她们无私奉献帮助更多的学生走向成才之路，向这些前辈们表示敬意。社会的发展离不开任何一个性别，男女从不是对立的，男女合作才能实现共赢，促进文明的发展。

2020 年 3 月 9 日，星期一

主题词： 怎样成功？

导读语： (68) 成于天真毁于俗，卢梭的画

(69) 成于勤奋毁于随，杨苡的书

(70) 成于自律毁于懈，她的金腰带

专题聚焦

28. 怎样成功？

董晓萍

《(68) 成于天真毁于俗，卢梭的画》中，卢梭的绘画经验实在可爱，然而此卢梭非彼卢梭。彼卢梭（Jean-Jacques Rousseau）是一位法国 19 世纪启蒙思想家、哲学家、教育家、文学家、民主政论家和浪漫主义文学流派的开创者，在中国早已家喻户晓，本专业也需要从跨文化民俗学史的角度认识他。

钟敬文先生的学说多少与彼卢梭在思想上有渊源联系，见于钟老 20 世纪 60 年代撰写的《近代进步思想与红学》一文，文中提到卢梭。我们通过卢梭这个角度，可以了解钟老那一代留学人士如何跨文化，如何反过来评价中国学术，包括红学和水浒学。

钟老说，他通过日本思潮、严复和柳亚子，知道了卢梭，"卢梭的《民约论》，在清末至'五四'前，除复刊日本中江笃介的译本外，还有杨廷栋及马君武的两种译本。孟德斯鸠的《法意》，当时除了有名的严复译本外，还有张相文的译本，名《万法精理》，刊于一九零三年。《自由原理》，即约翰·弥勒的《自由论》（严复译作《群己权界论》），马君

武译本，与严译同年出版。《女权篇》（与达尔文《物竞篇》合刻），斯宾塞原著，马君武译，刊于一九零二年。柳亚子说自己当时关于两性思想，深受此书影响"。钟老指出，卢梭观点被引进水浒学的研究，但中国激进人士认为，施耐庵比卢梭更先进，燕南尚生的《新评水浒传》，高度评论这部古典杰作的专著（尽管我们所看到的第一册，只是一个不到 80 页的小册子）。在《自叙》里，他说，平权、自由，是"欧洲方绽之花，世界竞相采取者"，卢梭、孟德斯鸠、拿破仑、华盛顿、克林威尔、西乡隆盛、黄宗羲、查嗣庭等是大家称颂的海内外的大政治家、思想家，但是《水浒》的作者施耐庵，已远在这些圣贤豪杰之先"发绝妙政治学"。"我们隐隐听见了当时被中国进步学界奉作自由神的卢梭关于社会、道德等理论的回音。"钟老于是指出，卢梭的思想对法国大革命启蒙甚大，但套用到中国就有局限性。他说："卢梭的《民约论》，是法国大革命的理论柱石，而且二百年来差不多成为世界许多国家资产阶级民主运动的圣经。但是，从科学上看，那种说国家起源于人民契约的理论，并不是怎样有历史事实根据的。"用今天正在发生的中西各国政府防控疫情的对策看，西方的民主自由文化比之于中国的集体文化要处于劣势。

《（69）成于勤奋毁于随，杨苡的书》说到杨苡。杨苡的姐姐杨敏如教授，在北京师范大学古代文学组教书，才女。她俩都是杨宪益先生的妹妹。杨宪益先生与钟老的关系很好，杨敏如也跟钟老很接近。2013 年 6 月 9 日上午在人民大会堂北京厅召开"钟敬文先生 110 周年诞辰纪念暨钟敬文高等教育与学术文化思想座谈会"，她是被邀嘉宾，名单是我写的。但她已 97 岁高龄，无法出行。我就打给她电话问安，她接听。她讲了他们兄妹与钟老的交谊。她说了好几件事，都有珍贵的资料价值。我悔不当初早找她聊，这里只记三件。

第一件是钟老从琉璃厂花重金买到几函直隶总督府志，交给他们兄妹存用。此书涉及杨府史，价值连城。杨府原有此书，藏为传家宝，后来在多次运动中折腾丢了。如今这份传家宝"重见天日"，兄妹们感激涕零。问先生要多少钱？钟老分文不取。

第二件发生在"文化大革命"中，钟老被强制劳动，与杨敏如编在一组。冬季来临，他们负责扫滑冰场，钟老是南方人，不会滑冰，摔断了胳膊，被送到医院，绷带绑了满胳膊，医生叫他回家休息，但他又直接回到滑冰场。杨敏如见钟老来了，悄悄教给他秘方说，把鞋脱了，只穿毛袜子站在冰上，这样就能防滑。钟老脱了棉鞋，果然奏效，但过了一阵还是摔倒了，就趴在冰上劳动，直到收工。杨敏如教授说，钟先生"太老实"了，是特别老实的人。他一辈子真心为国家民族做事，没有个人的杂念。他晚年为中国民俗学的发展拼了老命，我特别佩服他。本群中的谢开来和高磊都参加了那一次的会务工作。

第三件是杨宪益从牛棚解放后，写了一本诗集，在香港出版，某天拿来送给钟老，不料反被钟老剋了一顿。钟老的意思是，知识分子写诗要有大气魄，要了解国家民族的命运，不能只写个人委屈。你写的诗带有个人情绪，就是小我的诗，不必出版。要写大我的诗，推动人类光明进步，这种诗才值得出版。你看托尔斯泰的书，写了多少人间苦难，但读者看了他的书总能受到鼓舞。这种书就有力量，是指引光明的书，全世界都会知道。杨敏如跟我说，我哥哥回家后哭了，说钟老是对我们真好，他教育我们怎样对待历史的不公正，他相信历史是公正的，不要计较个人得失。后来杨宪益又写了一本新诗集，在内地出版，又送给钟老，这次受到了钟老的表扬。

杨宪益先生，天津富豪之家的少爷，翩翩牛津才子，举世翻译大家，他和戴乃迭的译著我买了7本，爱不释手。通过杨敏如之口，我才知道杨宪益先生还有这样"天真"的一面。这次在疫情中收到朋友发来的微信文件，上面有杨苡的信息，这才让我把杨氏几兄妹连在了一起。天津出了不少传奇人才，杨宪益和杨敏如兄妹即是，他们各自家庭的夫妇都很传奇。白居易曾写"杨家有女初长成"，写了一个人的悲剧。中国现代史上这杨氏三兄妹，写了一个时代中的家庭团队的成就，在这个团队的旁边站着巨人钟老。

叶嘉莹教授也是一世佳丽、传奇人生。叶先生讲中华诗词的滴血功夫，臻于化境。叶先生20世纪80年代来北京师范大学讲学，住在辅仁校友会，一幢深绿色的小独楼，钟老带我去探望她。她从迎出门，到我们走进门，一直都在说"不敢当，不敢当"，纯正的北京腔，雍雅的风度，就像《城南旧事》的林海音呼之欲出。她离开后不久，那幢小楼就拆了，盖了留学生宿舍——新松公寓，但现在我走近那里还能想起她。她人词合一，跟李清照活了一样。2007年为了重点学科评审，王宁先生、时任院长的张健教授，还有我，一起去了南开大学，陈洪副校长负责接待。他带我们去参观了叶嘉莹先生的办公室。当时我就觉得，南开大学这样精心布置一位外国专家的办公用房，这样真心诚意地引进一位外国专家入校讲学，领导确实有高度，有远见。叶先生后来的重头捐赠，也是对南开的倾情回报。由于南开大学工作到位，叶先生还能落叶南开，夕照全国，产生"霜叶红于二月花"的学术景象，扩大了南开的中外影响。

《（70）成于自律毁于懈，她的金腰带》，讲了我国体育事业的发展，以及在运动员的生涯中生命的极限与生命的尊严的关系。在本次疫情中，国乒、女篮与拳击健儿披挂出征，国乒收获 4 金 1 银，将全部奖金捐献给祖国抗疫第一线的英雄。张佳丽的搏击成绩是拳头与尊严的结合，同样给疫情中的国人以鼓舞。他们都实现了运动员的目标：既挑战运动的极限，也维护生命的尊严。

跨文化每日谈

高 磊

今天阅读资料的标题"成于天真毁于俗""成于勤奋毁于随""成于自律毁于堕"。天真、勤奋、自律，是学知识、做学问、干工作、求真理路上应具备的初心和品质。钟敬文先生、季羡林先生、汪德迈先生、达芙妮教授，都在追求学问、真知的道路上坚守初心，活得纯粹。我们读书的初心呢？不忘初心、回归初心，擦亮初心，实践初心。

杨敏如先生和钟敬文先生之间的往事，董老师曾在纪念钟先生诞辰 110 周年大会后的总结会上讲过，群中的很多人都在场，我还记得。杨敏如先生师从顾随等先生，与诗词大家叶嘉莹先生师出同门。杨先生在北京师范大学教书前，还在南开大学中文系工作过一段时间。杨敏如先生的著作《唐宋词选读百首》出版，叶先生还为同门师姐的书作序，这也是一段纯粹的师门情意和学术交谊。

董老师回忆陪同钟先生见叶先生的往事，也给我触动。我在南开大学工作，有幸现场听过叶先生的讲座，震撼！刚入职不久，学校组织新入职机关干部参观了为叶先生修建的住所迦陵学舍（叶先生号迦陵）。这是一座四合院式的中式书院，位于南开大学老校区，离我工作的实验楼不远，学舍东邻南开现存最古老建筑、日军轰炸南开校园仅存的建筑思源堂，西邻国际数学大师陈省身先生的故居宁园。园中还栽着从北京恭王府移植来的海棠。不过叶先生并不住这里，住学校里其他地方，这里大多是参观交流用。2016 年 10 月，听说叶先生要举办讲座，地点在学校东方艺术大楼，是南开校友范增先生用画画的钱捐赠盖的，我慕名前往，提前找文学院的老师要了票，为了不迟到，那天我还提前下了班。叶先生讲诗词中的弱德之美，提到了佛经、敦煌对中国填词作诗的影响，我学理工科出身，虽不能完全理解，但叶先生所讲的内容让我瞬间想起王邦维教授、金丝燕教授所讲的内容。

让我更为感动的是，两个多小时的讲座，90 多岁的叶先生全程站着讲，主持人文学院院长沈立岩教授（陈洪教授的学生）多次请叶先生就座，但叶先生都婉拒了，叶先生说自己是教师，就该站着讲课，令我感动不已。为了纪念自己的老师顾随先生，叶先生捐款设立了"叶氏驼庵奖学金"（顾随先生晚号"驼庵"），激发学生学习古典文化的热情，面向全校学生颁奖。这两年有次颁奖，一等奖获得者不是学文学的，也不是学历史、学哲学的，是物理学院一名理论物理专业的本科生。这位同学就是受叶先生影响，学习诗词，理科生也可以懂诗词之美。近一两年，叶先生很少出席活动了，她将自己的全部财产捐赠给南开大学教育基金会，设立"迦陵基金"，支持中国传统文化研究，这其中包括变卖北京、天津两处房产后所得，目前已累计 3500 多万元。叶先生一生历经坎坷，这样一位女性把她的一生都献给了中国古典诗词，献给了教育，献给了她热爱的祖国，多么的伟大！

谢开来

钟老诞辰 110 周年纪念大会的工作也让我获益良多，当时不仅见识到老一辈科学家为人处世的风范，也学到了北京师范大学守礼敬人的文化传统。今天的 3 份材料关乎"初心"，也让我感慨良多。作为学者，面对"不知道"和"不理解"是常态，对专业追求要保持天真的心灵尤为重要。我的美术没有学好，不能完全看懂卢梭的画作。但这种简单明快的风格让我想到了季老的"晨灯"。在繁重的翻译工作之中，仍然转头去看一个爬墙的孩子，这天真的心灵尤显得可贵。我又想到英国作家 C. S. 刘易斯，他的名作《纳尼亚传奇》正是他老年功成名就以后"回归童话"所产生的经典作品，其材料正来自他童年时代英国传统的"仙境"故事。

他在该书的《序言》中表示，成年人可能不理解童话，但成年以后再成长又能重新理解。如今我们都已成年，在柴米油盐和人间烟火之中，尤需将这种返璞归真的心境放在道路前方，提醒自己要向前一步，再向前一步，联系起自己的过去和未来。民俗学过去研究童话，把他们当作人类原初心理状态的表现，或当作社会矛盾的反映。但以卢梭今日的作品来看，明快、天真、轻巧的童话，对于社会有永恒的文学价值。法国的《小王子》到今天也没有被世人忘却。民俗学是否也可以重新思考一下自身对童话的研究和阐释，除了在儿童教育和文化史的研究角度之外，也许对当代成人社会建设有新的价值。

2020 年 3 月 10 日，星期二

主题词：是与不是？

导读语：（71）不是政治问题，是维护生命的尊严

（72）是外国人，但不是外人

（73）是疫情，但不仅仅是疫情

（74）是万方友邦，但也有跨文化的观察与思考

专题聚焦

29. 是疫情，但不仅仅是疫情

董晓萍

疫情是特情，人人宅在家里。疫情造成网络结群，让人重温诗"可以群"的古训，感到微信群似乎在古为今用，当然也要有高科技条件。群聊就是合作，有意义的群聊还能培养学术思考力。我们每日的战报式群聊，不仅要有思考力，还要有一定的创造力，因为在我的资料到达之前，谁也不知道要聊什么，找什么主题；也不知道别人聊什么，我聊什么，这时就需要创造。群聊不要浪费时间，大家都是研究生出身，要培养创造性，这就不仅要归纳中心思想，还要纳入个人经历，要把外来理论和内在体验一起"吃下去"，才能长本事。拙著《田野民俗志》写过"吉尔兹"把主观叙事学术化的本事。民俗学家钟敬文先生的本事更大，把中国优秀知识分子所能遇到的中国国情都写进书中，并配有"诗集"。钟老把一生所见暴风骤雨都写成了大我的经典，就是创造力的榜样。他教我念书，也严格要求我"写往大处，写自己的话"。我原有这个爱好，但不过是小火苗，没有钟先生

的教导必被灭活。

下面我加入你们，也谈与病毒学相关的《（73）是疫情，但不仅仅是疫情》。病毒防治属于医学，医学是自然科学。我们从事的是人文科学。人文科学与自然科学的区别，在研究方法上，比较主要的一点，是一个能假设，一个不能假设。人文科学是能假设的，假设还是一种必要的方法。比如，人类学研究人的生命，要找象征和活动，发现别人发明的艺术形式和别人的活动，假设它们都有这样那样的意义。民俗学研究人的生命，要找习惯和功能，发现自我群体中"人传人"的文化习惯、节日和手工艺，假设附着在它们之上有这样那样的故事。体育学研究人的生命，观察生命的运动、生命的审美和生命的极限能力，发现人体伸展的形式与指标，假设它们能创造这样那样的项目纪录。跨文化学研究人的生命，要找长时段的硬核，发现概念、位移和发展的时空路线，假设这些变迁有这样那样的文化转场。总之，人文学科通过各种假设，带来研究工作的推进。

但是，医治病毒不容许假设，医疗只有方案。方案不是假设。方案来自探查生命极限的临床经验，事关生死。方案不是假设，还指医学伦理学的价值，指尊重生命的尊严。现在对已蔓延全球的疫情，世界卫生组织（WHO）总干事谭德塞刚刚发表讲话，提出两个概念："机会窗口"和"控制"。他提出，"机会窗口"就是中国大力抗击疫情为世界争取了时间。各国都要抓住这个"机会窗口"，早防早治，使用这种维护生命尊严的最佳个案。西方的、东方的、不东方不西方的，各国亲爱的人们，都应该抓住这个"机会窗口"，撇开意识形态、GDP、道琼斯指数的差别，携手战胜疫情。

据科学统计，人类死于病毒的数量远远大于战争的杀伤力，当病毒攻击人类之际，某些国家的政治家出于政治目的，拿防控疫情当假设，这就是徒劳的侥幸，是危险的玩火。这次中国10天建成火神山医院和雷神山医院，就是在以极限速度消灭任何假设，以最大力度的政府干预，最彻底的人民战争战胜疫情。其他各国抓紧严控，也同样有机会争取胜利。谭德塞还说，事实上，病毒不是最可怕的，病毒是可以控制的，这是已经由中国经验证明的。谭德塞的表现，不是匹夫之勇，而是人类生命卫士之勇。他是医生，是曾被殖民过的非洲国家的领导人，今天他是带领全球迎击新冠病毒的世界权威组织负责人。一切热爱生命、明白事理的人民都会喜爱谭德塞，中国人称他"谭书记"。

跨文化每日谈

刘修远

时至今日，全球疫情越发严峻，不同地区呈现不同情况。中国已经度过最艰难时刻，正在缓慢恢复。体育健儿在国际赛场披金戴银是这个时候给祖国的强心针，他们用实力和成绩展现中国人的拼搏精神和坚韧意志。欧洲和北美的疫情逐渐恶化，不同国家情况各异。一个国家综合实力的体现，医疗水平、物资储备、国家体制和基层组织能力在这个时候一览无遗。有的国家如法国富于艺术气息，浪漫深邃，有革命传统，但是这个国家绝不是只会浪漫，会罢工，其在医疗科技和社会保障方面的成就，非亲历者不能了解。这篇介绍法国战疫情况的作者长住法国，已进入法国政府工作，可以说对法国上上下下都很了解，他的介绍让我对法国社会有了更深的了解。养兵千日，用兵一时，法国的有些经验可以为我国未来调整医疗资源配置和防治疫情提供借鉴。

罗　珊

目前全球新冠病毒感染超十万人，全球流行的趋势或已不可避免。面对全人类共同的敌人，是各自为政？还是携手共进？答案已经十分明确。全球化进程深化的今日，跨文化视角带来的是一种融合的思想，是在文化间的自由穿梭。在全球战疫的情况下，在政策制定和解读过程中，不可避免存在意识形态和社会文化传统因素的参与，但意识形态不应成为阻隔交流沟通的无形之壁，开放体系内的对话才是未来的发展之道。中国健儿在世界赛场上的拼搏和成就，是生命力量的证明，是体育精神的对话。外国友人录制对中国的祝福，是情感的共鸣，是文化主体的对话。疫情背后对世界经济和产业状况的观察，是经济往来的对话。各国因地制宜的战疫策略手段，是对话体系中的经验借鉴与求同存异。目前中国的抗疫战斗已经取得阶段性的成绩，待残酷的疫情过后，梳理过程，总结经验，也将是我们对世界新冠疫情防治的贡献。

高　磊

疫情是人类共同面对的挑战，没有一个国家可以置身事外。我们看到，疫情在韩国、日本、伊朗、意大利等国仍在蔓延。正如前几天我们讨论女性科学家与男性科学家携手合作一样，疫情突袭，各国也应携手合作，共抗疫情，比如钟南山院士团队和美国哈佛大学团队成立联合科研攻坚小组。国家有边界，病毒无国界。法国较早地制定了公共卫生突发事件应急处理的预案和制度，值得学习。咱们国家汲取经验，从改革、立法等高度，也在制定、完善应急处理能力和科学治理体系。比如，将生物安全纳入国家安全。我们单位昨天开会，相关负责的同志还在讨论这个问题。有了制度，下一步就是要落实。这些天，网上传出的一些让群众不满意的事件，很大程度上都是落实不严不实造成的。

2020 年 3 月 11 日，星期三

主题词： 从研究到应用

导读语：（75）博物里的故事类型"画中人"

（76）青铜器里的"女娲"神话

（77）公共广场的"宝卷"贝多芬

（78）天文学中的马王堆"月宫"帛画

（79）"问候"语，苟日新，日日新

专题聚焦

30. 问候语

董晓萍

多日来，大家在"群"里聊了各种话题，今天之所聊最贴近我们的专业。但也发现一个小问题，即对"问候语"无人问津。我在这里补充说明为什么选这个话题。

在西方文化里，问候语是很重要的。在基督教和天主教文化中，问候语还是一个原则，大体有三个意思：一是欢迎，巴黎圣母院有一条明文规定，向所有来访者致以欢迎的问候。二是仪式，普京在莫斯科的克里姆林宫和红场无名英雄纪念碑前，面向全国女性，致以三八国际妇女节的问候，是一种仪式。他用俄语讲，他的俄语真好，可是现在中国年轻人懂俄语的少，大多数人听不懂，但视频下面有中文字幕，大家可以看到仪式的庄严神圣。三是帮助有困难的人。西方的神圣精神文化培养了很多灵魂纯净的人，他们不会让任何有困难的人为难，他们敞开心扉给人以极为真诚的帮助。

我在美国洛杉矶访问过领养中国孤儿的美国慈善组织发起人,中国新闻社也对他们报道过。我的问题是,等到中国孤儿长大了,美国父母把他们带回到中国,让他们认识中国文化,为什么?回答是人类的爱,爱就是爱,不需要为什么。看着这些美国学者的眼睛像清水,没有滚滚红尘,没有任何奢望,我被彻底软化了。在我国,在先秦典籍《仪礼》中,也有问候的仪礼,但中国这种问候语早就被礼治化、等级化和阶级化了,没有在后世中形成全民生活文化。今天要跨文化,就要认识问候语和它背后的中西文化差异。

今天几个同学谈到汪德迈、徐令缘还谈到艾伯华。在我看来,汪德迈就是法国的艾伯华,艾伯华就是德国的汪德迈。钟老遇到了艾伯华而没遇到汪德迈,这是时代的安排。你们遇到了汪德迈而没遇到艾伯华,这是开放与不开放的差别。不管怎样,伟大学者都是可遇而不可求的。当两位西方人站在北京师范大学的几代民俗学人面前,我们想要不跨文化都不行。但是,同学们,我们不仅要记住他们的光辉荣耀,还要记住他们痴迷汉学所遭受的无数挫折。艾伯华终生没有回到德国和中国,是因为第二次世界大战炮火的阻隔,也是因为政治隔绝与文化误解。汪德迈一辈子一个人背对西方,是因为他热爱中国传统文化,引来了“看不见硝烟”的攻讦。到这次疫情暴发,WHO 敢于顶住西方的压力而力挺中国,底气何来?这也要靠中华历史文明的优异和中国抗疫经验的“硬核”,如辛弃疾《贺新郎》“我见青山多妩媚,料青山见我应如是”,我辈跨文化光荣而艰巨的使命由此可见一斑。

跨文化每日谈

吕红峰

学了民俗学之后才发现,民俗在我们身边无处不在,民俗是全民共享的,在跨文化的交流中,民俗能发挥更大的作用。从故事类型学可管窥一斑,远隔重洋的不同民族居然能有情节几乎完全相同的故事,不可不说是一个奇迹,如果能多多发现、弘扬这些共同点,势必对消除国家敌对、文化隔阂做出重要贡献。另外,如何把我们熟悉的民俗进行大众喜闻乐见的再创造，回馈社会，是当今文化产业亟待思考的问题。好莱坞大片中的民间故事太多了，《花木兰》拍过动画电影，现在又要上映真人版。国内曾有上海美术电影制片厂的一系列精品，市场经济时期反而没有百花齐放。近两年的《大圣归来》《哪吒之魔童降世》提供了成功的案例，但还远不解渴，这正是等待民俗大显身手的时候。

刘修远

月亮和女性在我国古代有密切联系，两者都有清冷高洁的气质。法国艺术家慕中华文化之名而来，学习中国文化，结合自身背景创作，给跨文化交流提供了生动的案例。在音乐、雕塑、美术等不同艺术形式、不同国家和文化中，对月亮的塑造与理解又存在一些共性，可见同异之间中外还有很多可以相互交流借鉴的地方。如今人类已经登月，围绕月球的航天器也不断上天，月亮已不像古代那么神秘，但与之相关的民俗并没有随着科技发现而褪色，相反，与月亮有关的天文历法的民俗知识在得到印证后更显出古人智慧和民俗的生命力。

比利时目前仍没有获选政府执政，由看守政府主持工作。比利时对疫情有三个阶段的准备措施，第三个阶段将是全面停课、暂停公共交通等隔离措施，目前处于第二阶段，即控制疫情。主要措施为禁止1000人以上聚集活动，鼓励远程办公，中小学校允许学生最多请假九天半，鼓励勤洗手（但没有强烈建议戴口罩）。比利时上周的感染病例增长迅猛，连续几天都新增至少40人，周末至昨天逐渐放缓到新增20+例，但今天又突增48例。中午时全校收到邮件，学校将尽量上网课，仅科学实验等少数活动在保证人员距离的情况下可以继续。校内封闭空间的一切聚会等活动暂停，鼓励减少外出。鲁汶大学实验室目前仍旧是比利时检测病例主要机构，压力与日俱增。

徐令缘

前几日大家一起讨论了网络问题，虽然网络确实带给了人们许多新的可能性，但冲击更多，其中重要一点是碎片化信息对于深度思考的冲击。在这一背景下，能够拥有这样参与讨论的机会，是非常珍贵的，更要感谢老师们对于这一平台的创立与维护。

今天的导读信息也引导我联想到我因论文与其结缘的艾伯华教授的研

究。无论是博物馆里的神话女神，跨文化的神话艺术作品，还是重要神话资源月亮在现代生活中的意义重建，都标志着神话这一极具民族特色的文化资源作为一种文化符号，在文化内部思维和文化与社会之间的广阔领域，都具有极其旺盛的生命力，尤其是对其象征意义的阐释上。艾伯华在《中国文化象征词典——隐藏在中国人生活与思想中的象征》中谈道，"中国人的象征语言，以一种语言的第二种形式，贯穿于中国人的信息交流之中；由于它是第二层的交流，所以它比一般语言有更深入的效果，表达意义的细微差别以及隐含的东西更加丰富。……中国人形成了一个运用象征形式的社会。这种表达方式由于习惯而得到加强，并且将个人与公共秩序和道德结合在一起"。象征的内部思维无疑是一个文化极具特性的方面，在跨文化学研究的范畴中，它属于值得被关注的"相异"，掌管着文化内部的深层理解，这是艾伯华之所以关注它的重要原因。但必须强调的是，在文化对话中，"相异"也并非意味着隔阂，而是在增进对话的活力。中国神话中的女神既是"画中人"也是"月中人"，是美丽的、团圆的；西方神话中的女神则是"欢乐女神圣洁美丽，灿烂光芒照大地。我们心中充满热情，来到你的圣殿里。你的力量能使人们，消除一切分歧。在你光辉照耀下面，人们团结成兄弟"。愿这些美好的象征能够成为全人类共同抗击疫情获得胜利的最好祝愿。

李亚妮

我看到两点：一是公共空间下的文化表达。不论是博物馆里的故事类型"画中人"，还是苏善书创作中西文化元素相结合的青铜器女娲，到公共广场的"宝卷"贝多芬、超级月亮的巡演和普京的三八妇女节问候语，都是在一种公共空间下的文化表达。公共广场的这场音乐会，大家带着不同的乐器，来自不同的方向，琴瑟和鸣，最终奏成一首美妙的经典名曲。也如同我们超级月亮的世界巡游，从不同角度、不同国度，能看到月亮的不同形态的美丽风姿，而对这种表达要素的意义更需探究。二是跨文化研究中民俗学科的应用。在人类发展史上，曾遭遇多次病毒的侵袭折磨，人类也因此创造了很多应对病毒的各种文化，包括我们学科所研究的民间信仰、故事、医疗、驱疫文化等，这些都是人类在应对灾难中的民间智慧。我们的老前辈们已经在此方面做出了很多贡献，我们后辈应带着跨文化的视角去重新梳理、分析和挖掘，扩展到日常的应用中，如董老师一直强调并致力于阐述的民俗学的多元文化研究对国家社会文化建设的应用。

司 悦

民俗在生活中无处不在，不学习民俗学的人们也知道在生活中如何使用民俗，民俗有自己的传承。民俗学的研究与应用则需要民俗学者来完成，钟先生对马王堆帛画"月宫"的研究是学习的范本。老师今天说"要把外来理论和内在体验一起'吃下去'，才能长本事"，我们在学习跨文化民俗学过程中，更要学会把多种材料与方法一起"吃下去"，才能有创造。

2020 年 3 月 12 日，星期四

主题词： 全球大流行之前

导读语： （80）美国中学生命名"毅力"号

　　　　　（81）法国足球队"中国加油"

　　　　　（82）新加坡"桌椅板凳"

　　　　　（83）中国宣布"武汉休舱"

　　　　　（84）北京宣布"延长供热期"

　　　　　（85）西去东来"中国模式"

专题聚焦

31. 跨文化词语

董晓萍

　　2020 年春季学期在中国政府发动坚决抗"疫"的人民战争中，中国高校前所未有地延期开学了，这对师生"小我"来说，肯定有损失。但天下从来就没有绝对的坏事，会学习就能让自己始终处于学习的状态中。这次各位表现就出色，有几位令人惊艳，整体都有明显提高。在教育部提倡运用网络微信平台之上，大家群口群"微"，创造了一个撞击思想的"方舱"。

　　本期阅读资料《（81）法国足球队"中国加油"》，让我们想到，法国人在做这个片子的时候，法国还在高光时刻，足球音乐、自由浪漫、没有病毒、没有威胁。现在法国蔫了，疫情暴发迅速，每天确认病例紧追意大利。从巴黎飞到意大利才 57 分钟，飞沫传染还差点，要是飞机续航，要是真像某种说法能制造气溶胶，那就能远程运输病毒了。这个片子拍得

再晚点，等到现在拍，法国人就没心思了。现在让中国人拍个给法国加油的足球片就拍不了，因为中国球员都宅在家里隔离呢。法国政府已宣布全部取消大型文娱体育赛事，中小学陆续停学，这个片子瞬间已变成珍贵文献纪录片。

经过以往八十余期的跨文化战"疫"手机版讨论，在新冠病毒进入全球大流行阶段之后，在可以将中国报道与国际资讯同步对看之时，我们也要学会回头、平视和俯瞰。病毒无国界，防疫非政治，我国的疫情基本缓解，开始爬起来对外援助，这时要问自己一个问题：对中西防疫的不同理解和不同举措，哪些是跨文化的对象？哪些可以从跨文化学的视角加以讨论？

一个多月来，在国内不同层面的报道中，在国外的报道和评论中，已浮现出一些共同关注的问题，要注意对同一问题和同一概念在不同文化中的解释的差异，在中英文翻译中的差异，在内外视频的表达焦点上的差异。还有，也是重要的，就是彼此的交会点。在我给大家选发的各类中外报道中，已经可以梳理出一些带有焦点性的基本词语。例如："世卫组织""个人防疫措施""戴口罩""勤洗手""少聚会""控制""大流行""机会窗口""政府作为""人民配合""封城""社区""关闭中小学和幼儿园""大学停课""早预防""停止一切大型文娱体育赛事"。

如果有时间，如果资料更充分，可以在此基础上，梳理基本问题，观察词义内涵的阶段性变化。向这个方向思考，这有助于提升跨文化研究的能力。其实，我给你们改研究生论文也是这么改。我总是告诉你们，资料要扎实，抓住基本问题，学会分析概念，其他都是小事。

跨文化每日谈

吕红峰

世卫组织已经宣布新冠疫情达到全球大流行的地步了，此时已经没有哪个国家能独善其身，这是我们这代人经历的最大的世界危机。本来这次灾难并非像第二次世界大战那样的国家冲突，病毒是人类共同的敌人，但还是有人带着成见冷嘲热讽。公共卫生管理也不是简单的医学问题，需要政府统筹协调和全民配合，中国政府已经倾尽全力，为世界做出了榜样。现在答卷落到其他国家手中，其中不乏曾对我们恶语相向者，但既然是人类命运共同体，此时我们还是应以大局为重，在做好自身保护的同时，联手各国，并肩抗疫。

徐令缘

经过两个多月的奋斗，武汉人民与全中国人民在与新冠病毒抗争的过程中已经取得了一定的阶段性成果，随着最后一家方舱医院"武昌方舱医院"的关闭，病人痊愈出院、医护人员零感染的捷报令全国人民感到振奋。全国范围内的新增感染数字也在普遍下降，在政府的有序组织下，部分地区逐渐恢复正常生产生活，沉寂了整个冬天的社会氛围随着气温渐渐回暖。这些已经取得的阶段性成果，是中国经验与中国方法最有力的证明。在这全球人类共抗"疫"共命运的历史时刻，人类更应当暂缓文化争议，以寻求共识、共渡难关作为最主要的当前目标。在全球对中国的祝福声中、在全人类共同的美好期待中，我们看到了不同文化间相互理解的可能。中国愿与世界携起手来，共同捍卫人类生命的尊严；在这个目标面前，一切不同都能暂时搁置，毕竟如果生存、安全与健康无法得到有效保障，那么生命的尊严与自由也就无从谈起。

2020 年 3 月 16 日，星期一

主题词：全球大流行

导读语：（108）中国与 WHO 合作

（109）中国对法国随时驰援

（110）中意之间朋友还是老的好

（111）中国科学家饶毅发问英国

（112）英国科学家公车上书

（113）中国被美国无理甩锅

（114）中国被美国福布斯称道

（115）中国对柬埔寨真诚帮助

（116）中国近邻韩国防疫向好

（117）中国近邻哈萨克斯坦告急

（118）中国与世界《送瘟神》

专题聚焦

32. 叶嘉莹

董晓萍

叶嘉莹，在疫情中谈起这位不平凡的女性，是因为她同时有骄人的成就和灾难的人生，灾难不是出自病毒，而是其他公共事件。想当年，她从台大执教，到美国常春藤名校授课，已经盛誉累累。但她又遇到丈夫的失意，女儿的车祸，伴随而来的亲人蒙难，把她推向至暗人生。她毕生痴情于中华诗词，却羸弱到没有了吟诵的游丝之力。但是，她最后还是向世界奉献了丰饶的诗词作品和诗词研究著作，成为顶天立地的叶

嘉莹。

人人都有闪光之处，但唯有少数人、少数事件和少数时代，才能将流星划破夜空般的闪光，予以结晶化，冻成冰山，凿成珠峰，望之俨然，即之也温，仰之弥高，也正是这种高处给后来者以攀登的梦想。

按我的理解，金钱于叶嘉莹早已是身外之物，她会像居里夫人一样，为慈善公益全捐，去往干净无我的境界。还有一位不做文学而搞考古的樊锦诗，也经历了艰苦的人生和时代的灾难，而终与敦煌相厮守。她们都没有折桂诺奖，但中国的崛起必将托举更多类似人才，那么距离诺奖还会远吗？再者，诺奖与重大疫情带来的人类启示相比，人类启示更重要，那就是中国要与人类共行。单边不是共行，霸凌也不能共行。拥有硬核实力与文化自信才能共行。具体可见叶嘉莹。

意大利封城后传来了阳台歌声，这是封闭岛的歌声，这也是一个故事类型，AT 里就有。AT 第 1 号"狐狸偷篮子"的母题 D，就是"唱歌"。在罗大佑的讲座里有荷马史诗，在荷马史诗里有远方岛国的歌声，那歌声就是神话中封闭岛的歌声。1997 年，美国俄勒冈大学的一位民俗学教授应钟老之邀，来北京师范大学讲座，讲希腊史诗《奥德赛》。美国教授有演唱功夫，这次用京剧的腔调模仿封闭岛的歌声，唱得很卖力。但听讲者没有笑声，也没有叹息，满座缄默。那位追寻歌声而去的英雄，从此不知生死，岛上的歌声要么是爱情的歌声，要么是女妖夺命的歌声。中国西南民间长诗《阿诗玛》中的女主人公阿诗玛，身后化为山谷的回声，属于爱情的歌声，这也是一种"歌声"的符号。阿诗玛的歌声千载回响在彩云之滇，在现代电影中，由歌唱家胡松华去放声歌唱。曾经的青年钟敬文，一身五四披挂，翻译印欧故事类型，里面也有"歌声"的类型，如 AT780"会唱歌的骨头"；他还编制了中国自己的同类故事，叫"会唱歌的心"。艾伯华将钟老的研究成果收入个人著作在芬兰出版，谁知普罗普的《故事形态学》同年在俄罗斯出版，也谈到"会唱歌的心"。扯远一点，中国的《列子》，欧洲的《圣经》，也都有该类型。固然当下疫情之战不能光靠唱歌，但远古虚拟世界的"唱歌"与现实版意大利的封城"唱歌"怎样衔接？恐怕只有故事类型有这个能耐。

20 世纪 90 年代末，我创造了一门新课，叫"全球化与民俗化"。最初是给"学院路共同体"18 个院校的本科生上的，没想到学生很欢迎，于是我就按部就班地遵照教务处的排表，从家骑车出发，到本校和外校上课，跟"铁道游击队"一样，把北京师范大学、中央财经大学、北京邮电大学的大教室跑个遍。后来我又写了同题目的书。自 1995 年全球化在欧亚大陆全面袭来，曾引起国际民俗学界的一致反响，那年我刚从芬兰返回，在飞机上就想这件事。起初的世界舆情场，有多种全球化的说法，包括经济全球化、宗教全球化、教育全球化、灾害全球化，等等。二十多年来，人类遭遇了种种全球化，今年又遇到了疫情全球化。为什么要楼台唱歌？因为封城。为什么要封城？因为要阻断无护照的病毒穿越国境制造全球大流行。谁能下达封城令？各国政府。为什么百国封城？因为共同生存的诉求，如莎翁在《哈姆雷特》中问过"是死？是活？"。结果发现，在生命的考问面前，二十多年来的五个全球化都需要反思。所谓的"经济全球化"被疫情告知，还必须调整，上海通用汽车公司改做口罩就是根据疫情做出的调整。所谓"宗教全球化"早已摇摇欲坠，而疫情告知，任何宗教威胁生命，都必将遭到打击，这次韩国政府就是通过斩断新天地教的网络稳住了防疫局面。"教育全球化"已有很多成绩，知己知彼、海纳百川是世界教育的必然趋势。所谓"灾害全球化"有利于建立防灾减灾全球一体化的先进理念，同时也要防止"全球变暖"的"全球化"。那个瑞典环保小姑娘辍学的"环保"行为可以叫停，但可爱的北极熊和棕熊提前结束冬眠却不能忽视，它们正在警告人类"暖室"效应的可怕后果。"全球化"一词好浪漫，而新冠疫情已把人类好生教训！认识人类生命的价值已成时代最强音。

现在的问题是如何建立人类命运共同体的思维？如何使之成为力量？没有力量的思维，一张纸都吹不透。然而从理论框架转向实践应用，中间需要多长时间？有个机会，我问到北京师范大学化学院士刘伯里先生，他说差不多 10 年。不细说了。仅仅说我们这个群，现在有两种思维：一是解释思维，二是解决思维。我这次写了很多文字都使用了解决思维，就是说，这件事到底怎么办？不喊口号，不解释，不模仿，不口水，直击到底，有专业含量，还要求能做出来看。学生思维大多是解释思维，解释思维是读书笔记，照猫画虎。出国攻读或走上社会之后，如果还不能用解决思维，便一事无成。用解决思维处理事物，才能产生创造力，才有希望将思想结晶化。刘伯里先生说的 10 年，就是要走到这一步。

跨文化每日谈

刘修远

今天的阅读资料把当下疫情中的种种特殊状态都用经典文本和理论进行讲解，让我看到了跨文化方法是如何研究突发事件的，这反映了跨文化方法的生命力和使用的广泛性。最近世界各国疫情都出现了新变化。国内局势在转好，但是境外输入又成了新问题。韩日在使用不同办法加快检测，欧美部分国家也开始逐渐采取半封锁的措施缓解病毒传播。各国不同情况和应对策略背后是协力增加更多对病毒本身与抑制传播的认识。新冠病毒是一个新事物，不分国界地传播，但是科学知识和方法也可以跨越国界和文化被全人类共享。相信聚沙成塔的努力会让人类更多了解病毒，寻找到抑制它的办法，并加深不同国家和文化之间的理解。

李　岩

1493 年，哥伦布到达美洲后不久，一种类似流感的疾病摧毁了安的列斯群岛的土著居民。16 世纪，西班牙征服者把天花带入了墨西哥，消灭了一半受感染的人口。全球化加快了人和物资的流动，也让细菌和病毒的流通更加便捷，航空旅行更是加剧了疾病传播的风险。全球化的影响是多面的，它也让公共卫生问题和环境问题成为全球问题而非地方性问题，许多疾病的全球化将成为日益严重的现实问题。如何协调这么多国家的利益，如何使不同制度、历史、习俗的人们携起手来，如何实现全球正义，需要跨文化学提供解答和智慧。

2020 年 3 月 17 日，星期二

主题词： 国际思维

导读语：（119）WHO 怎样表达欧洲是"震中"

（120）法媒怎样表达勤洗手少聚会戴口罩，身体艺术

（121）法国总统怎样表达防疫战争状态

（122）美媒有一种表达叫介绍中国

（123）美国总统怎样表达国家紧急状态

（124）中意双媒怎样表达救灾合作

（125）意大利政府怎样表达多方医护储备

（126）旅外袍泽怎样表达绿卡回国

（127）英国留学生怎样表达异国感受

（128）匈牙利留学生怎样表达异国感受

（129）蒙古归侨怎样表达致谢祖国

专题聚焦

33. 国际思维

董晓萍

今天的话题是"国际思维"，这个词在字典上没有定义，但应该探讨。至少有几点：（1）去除单一文化中心论，（2）从他者角度看他者文化，（3）创新维护自我优秀文化，（4）注意文化转场现象。比如，目前疫情已涉及 144 个国家，这些国家的观点，不论是有翻译还是没有翻译，各自语言中的国家权力和公共医疗卫生的词语都在转场，下面是近期收集的例子：

1. 涉及国家权力的词语：总统宣布、行政干预、紧急状态、国家紧急状态、紧急状态法、最高紧急状态、公共灾难状态、战争状态、军事状态、边境、海陆空、援助、新闻发言人、封、禁、停，关、惩、恢复生产秩序。

2. 涉及公共卫生健康词语：病毒、瘟疫、鼠疫、疫情、检测、阳性、防疫、战疫，病亡、死亡、重症、隔离、禁足、方舱、口罩、消毒液、测试、聚会、社交距离、隔离 14 天。

3. 社会敏感词，病毒发源地、病毒发生地、种族、地区、污名化、政治化、阴谋论。

4. 经济危机：熔断、史诗级暴跌、瀑布级跌幅、单日跌幅、经济衰退。

5. 军队的作用：国家王牌装备、国家底牌、军队的组织性和纪律性、整建制行动、救治模式先进。

6. 祖国的感觉：爱你的祖国、健康包。越有国际思维，越爱自己的祖国。

跨文化每日谈

刘修远

前一段时间关于回国还是不回，我身边的同学选择不同。我之前查过近期比利时飞国内的机票，包括卡塔尔航空、伊蒂哈德航空、阿联酋航空、布鲁塞尔航空在内，许多平时班次频繁的航空都停运或大幅削减，仅剩俄罗斯航空和海南航空等少数航空运营。倘若国家的航空运营没有发展起来，此时又怎能维持这样一条留给华人的生命线呢。当然现在随着欧盟关闭申根边境，未来一段时间无法回国了。不管做出哪种选择，都要尊重医学，遵守相关规定。我身边的中国留学生几乎都是早早就备好口罩，出行时一定戴上，一些习惯、传统是会跟着人走的，不会因为边界的跨越和时间的推移而消失的。就好比法国人的艺术感、时尚感，意大利人的音乐传统，即便在疫情肆虐的当下，法意两国或在民众生活或在防疫视频中体现出本国的艺术传统，这是他们的传统和习惯。国家动员进入紧急状态，但民众不会 24 小时紧急，他们在"不紧急"的时候还是会显出他们的传统的一面。

罗　珊

今天的材料围绕"表达"展开，针对新冠疫情的全球流行，不同国家、不同人群有不同的表达。各国政府有官方叙事，专业人士、意见领袖有专业叙事，普通人群进行个体叙事。健康的舆论环境应有这三方的充分互动。官方传递权威信息，专业人士解读、转译，个体记录当下的点滴。我们常说大国叙事，国家叙事往往带有宏大感和抽象性，从中我们能够看到举国的努力、看到数字的升降、看到表彰、看到鼓励、看到大国的包容和慷慨，这些都有助于共同体认同感的加深、国民情感的巩固。与此同时，专业人士的表达呈现更多技术上的细节，如纽约时报记者对中国抗疫策略的介绍，是与情感、意识形态、文化偏见无关的专业性的介绍。

高　磊

马克龙总统在电视讲话中多次提到"正在战争之中"，美国总统特朗普宣布"国家紧急状态"，中国提出以战时状态应对疫情，天津提出"战时状态、战时机制、战时思维、战时方法"。"战时"就是非常规，是最高级别，是集中一切可集中的资源、调度一切可调度的力量，打一场全力以赴、刻不容缓的战争。个别无理取闹的人，放在这个背景下去考虑，就不单是人性、人品的问题了。当然，战时状态下，我们传递和接受的更多的是正面能量，包括国人携手抗疫，也包括对外援助。意大利医学院学生毕业即上岗的抗疫新举措，也是非常时期的非常举措。据数据显示，国内"双一流"建设以来，哪个学科是各高校必争之地呢？答案是医学学科。可以预见的是，此次疫情过后，一些高校必将重视并大力支持医学学科建设与发展。跨文化学也可以参与其中，从跨文化角度搭建中国医学和西方医学间对话的桥梁。

李华芳

蒙古从韩国接回蒙古国公民的视频让人感动，国之强盛是民之所幸，越是在灾难面前，公民对国家的归属感越强烈。然而，"逃疫归国"的人并不在此列，人们在危难时想起国家之时，也要多想想自己为国家做出了哪些贡献。《纽约时报》记者介绍中国实情的视频让我们看到了众声喧哗中以理性思维和冷静态度说实话的人，美国一些媒介对于中国疫情防控的舆论导向是存在偏见甚至是蓄意抹黑的，如把"方舱医院"比作"集中营"。然而，讲真话才能做实事，掩盖真相、蒙骗公众只能导致后院起火，使无辜民众沦为受害者。对异文化的认同本就是一件艰难的事情，但文化差异不是文化差距，病毒不讲政治、不论文化。文化认同需要建立在文化独立性和自主性的前提之下，而这种前提需要舆论环境的净化以及对话双方开诚布公、坦诚相见。

2020 年 3 月 18 日，星期三

主题词：拯救生命

导读语：（130）谭德塞，最有效的是阻断

（131）马克龙，最宝贵的是祖国

（132）赫拉利，最治病的是合作

（133）防外输，祖国航班接你回家

（134）自拍照，那一刻武汉中小学关闭

（135）龙门阵，减少聚会靠自律

（136）伊朗缘，北大曾经寻访

（137）四零四，两弹一星精神

（138）疫苗战，中国已投入临床

（139）黑鸭子，感觉你没有远离

专题聚焦

34. 祖国的航班接你回家

董晓萍

我集中谈谈今天发文中的《（130）谭德塞，最有效的是阻断》《（131）马克龙，最宝贵的是祖国》《（132）赫拉利，最治病的是合作》和《（133）防外输，祖国航班接你回家》。在本"群"开通之前，国内主流新闻媒体曾大量报道海外华侨为祖国捐资的消息，很多中国留学生也成为主力，千方百计地急祖国所急，为祖国寄回口罩等防护用品。疫情暴发后，祖国的飞机第一时间承担了撤侨任务。在全球疫情大流行后，祖国飞机再次起飞，按照中国驻外使馆的安排深度撤侨。据报道，中国驻加拿

大使馆把电话一个个打进华人家庭，询问是否登机回国。一位老华侨在电话中说"八十几岁了，不在这个时候给祖国添麻烦了，感谢祖国！"中国古训"滴水之恩、涌泉相报"，"千里送鹅毛，礼轻情意重"，首都机场屏幕有句问候语"欢迎回家"，这些都代表了中国文化传统中温良敦厚的人文观。人同此心，心同此理，在北京大学陈岗龙教授传来的视频中，蒙古国撤侨飞机到达成吉思汗国际机场后，出舱的侨民第一件事就是脱帽鞠躬，致敬祖国。中国优秀文化的礼仪温厚，西方优秀文化的修养谦卑，虽然有时表达方式不同，但都要保持生命之道。

全球疫情大流行蔓延之后，留学生成为一个备受关注的群体。微蓝坊间消息很多，学业与安全是两个具体主题。从宏观说，近几十年我国留学生群体迅速扩大是改革开放的成就之一。疫情暴发后，留学生群体积极捐助国人是他们最美的"游子吟"。疫情全球大流行之后，多国宣布封城和关闭校门，中国留学生同样被纳入当地严厉的保护政策，成为公共卫生健康新模式。今天发布的资料中讨论了一个十分现实的问题，即在中国疫虐消退而西方疫情暴涨的情况下，中国留学生"回国？还是不回？"回国是中国留学生的权利，但提问题者显然已有答案是"不回"。因为全球疫情期间，飞机密闭舱与海上游轮具有同样的病毒实验室性质，不过一个在天上，一个在海上。各国口岸的拦截力度基本趋同，严防外毒输入刻不容缓。危机之时，除非公务需要等特殊原因，不要"飞"来"游"去"跳火坑"，应该是凡人常识。

疫情时期也是对留学生的"留学观"的一场大考，这是我特别想说的问题。这个问题的实质是哲学三问：你从哪里来，到哪里去，怎么到达目的地？我们都熟悉的古代中国榜样唐玄奘，1500 年前，他在饥馑灾难中走出长安，踏上了印度之旅，度过了 10 年留学生涯。无论"回国还是不回"，对他都是一路艰辛。他去时有九九八十一难，包括语言、民族、风俗、宗教、山川地理、断粮少水和身体极限上的种种难关。他回来也有九九八十一难，包括各种自然灾难和人文灾难，最大的灾难是归途中丢失一批经卷，如李时珍丢了《本草纲目》的手稿，足以让凡人失魂落魄、痛不欲生。但唐玄奘却表现得十分平静，他在和田附近暂住下来，坚定地寻找那批经卷，慢慢地搜求。就在此期间，他还完成了《大唐西域记》的初稿。他的留学成绩怎么样？看看《大唐西域记》、大雁塔、汉译佛经就有答案。现代颇有青年用"佛系"生活为温饱悠闲不努力找借口，但这绝不是佛学高僧唐玄奘的"佛系"。他之所以能藐视所有灾难成功而返,就是因为他的哲学三问早有答案,于是他才能"交得其道,千里同好,固于胶漆,坚于金石"。

35. 感觉你没有远离

董晓萍

在今天提供的资料中,《(137)四零四,两弹一星精神》,是一位航天科学家提供的。看看这份资料,再听听那首泰坦尼克号沉船之际的歌曲,垓下英雄也会落泪,也会思考。世上何物为贵?"生命诚可贵"。拿什么拯救生命?是人类自己而不是技术。白馥兰有个观点很好,她说:"技术的发展如果不能与人类社会相和谐,就停止发展技术。"

2019年7月北京师范大学派员去青海师范大学支教,吕红峰随我同行。课间青海师范大学史培军校长请来自各地高校的专家学者参观"两弹一星精神纪念馆",于是我们一起走进了当年的"四零四",两弹一星的诞生地。当时的地理条件艰苦到什么程度?吕红峰讲到荒无人烟、黄沙蔽日的"罗布泊",他就用这个地点做比喻。他在北京师范大学地理系读本科和硕士的时候,有位名师赵济先生,就曾去过罗布泊探险。制造两弹一星的青海腹地更不可思议,在今天唯技术论的人看来,当时科学家赴任青海等于骑着毛驴上珠峰,不可能成功。结果是成功了。因为有个高度和谐的三合一而成功:一是新中国必须崛起的最高政治决策(今天叫最强国家干预),二是周总理指挥全国支援青海的人才资源与物质资源的最大资源调动(今天叫全国支援武汉),三是钱学森等世界级科学家为祖国理想忘我拼搏的最高学术奉献(今天叫以钟南山为代表的医护界贡献)。

总之,最高政治决策、最大资源调动和最高学术奉献,三者缺一不可。科技适应社会需求而发展,其他例子还有很多,都在给中国崛起增添筹码,相反搞无端生物基因编程者必为中外科技界所唾弃。从"四零四"到新冠战疫,为什么要造武器或防护面具?为了不打仗和不生病。俄罗斯汉学家都看出来了，一部《孙子兵法》是不战之法，而不是如何战无不胜。最好的战争是不打仗，而不是挑起战争。本群中司悦在做《晏子春秋》，石鸿雁在做《战国策》，都是研究古代礼仪治国、免战免灾的策略。灾前动员，避免灾害，就是中国文化的精髓。西方社会有与我们不同的文化，但一旦发生灾难，他们的爱情至上、女性至上、老幼至上、弱者至上的历史遗产，瞬间变成活文化，光荣绽放。再听听黑鸭子演唱的《泰坦尼克号主题歌》，听听她们如何演绎西方文化的优异点。相比之下，这次"至尊公主"号等高科技大游轮漂在海上被病毒噬咬令人虐心。高科技啊高科技，没有好的制度，没有好的文化，高科技也成死魂灵。

跨文化每日谈

吕红峰

前几日说过，公共卫生管理是系统化的综合社会治理，既需要尊重科学知识，也需要人民支持配合，西方诸多国家平时科技发达，但在"战时"却暴露出不足。现在每个人，不止是中国人，都是人类防线上关键的一环。马克龙讲话的末尾让我想起都德《最后一课》中黑板上的两个大字，法国的故事为什么能打动我们？因为我们都有共情心，我们都热爱自己的祖国，祖国是平时可能感受不到的存在，却是战时栖身的港湾。今天文中的四零四核城，我和董老师去年暑假去青海师范大学支教时有幸感受过，大家对于罗布泊的了解可能更多些，罗布泊是原子弹爆炸试验场，而原子弹研发和制造地在青海省的金银滩，青海师范大学也为此设立了"两弹一星精神展览馆"，展览馆工作人员为我们北京师范大学支教人员进行了解说，我们才对那段艰苦岁月有更多的了解，恰巧前些日央视有个节目讲原子城工作人员寻访故地，我又有了进一步的感受。那座城市当时是真正意义上的从零开始，住宅、厂房、铁路、电线都是人拉肩扛在荒滩上自己建起来的，很多人一去就是一生，有了他（她）们的奋斗和牺牲，才有了我们今天的生活，两弹一星精神为什么要传承？此时众志成城的抗疫战线就是最好的答案。

高 磊

昨天我讲了"战时状态"，咱们这个群也是在非常时期教学、交流、鼓励的特殊方式，成为我们师生之间、毕业生与在校生之间、留学生与国内学生之间在非常时期的沟通平台。2018 年 5 月，我曾赴南开校友、两弹一星元勋郭永怀烈士的家乡山东省荣成市参观学习。在郭永怀纪念馆，我详细了解了这位科学家的成就。郭永怀先后毕业于南开大学物理系、北京大学物理系，后赴加州理工学院、康奈尔大学深造并任教。在国家最需要他的时候，他放弃了美国优越的科研条件和生活，偕夫人李佩和女儿毅然回国，投身祖国建设，去了青海最艰苦的地方（不知是否是这座四零四核城）。一次，他乘坐飞机回北京，飞机不幸遇难，为了保护装有绝密资料的公文包，他和警卫员紧紧抱在一起，人们费力将他们烧焦的尸体分开，发现公文包安然无损地夹在他们胸前。消息传到国务院，周恩来总理失声痛哭。郭永怀是两弹一星元勋中唯一获烈士称号的人。我们常说"科学无国界，但科学家有祖国"。今天这个时代也是如此，陈薇院士团队研制的疫苗已投入临床试验，是鼓舞人心的好消息。陈薇院士不仅是中国工程院院士，还是少将军衔的将军，一位杰出的女性科研工作者。在北京大学"丝绸之路"考察团中，我们看到了熟悉的名字——段晴教授。在这个全球化的时代，人文社会学者和科技工作者都在用自己的实际行动在各自领域通过对话与加强合作，发挥着积极作用。全球化，就是开放，带来的就是跨文化，跨文化研究无国界，但跨文化研究者一定有祖国。

董晓萍

高磊：意外地知道你拜访了郭永怀先生的家乡，没想到事情会这么巧。山东荣成出了不少人物，你知道他在故乡还有后人吗？他的子女从事航天事业吗？在青海师范大学的两弹一星纪念馆，对他的重大成就和飞机失事中保护国家绝密文件的事迹有专门的介绍。他的照片英武睿智，他的生平一品才学，他远赴青海艰苦卓越地献身国家最高科学事业，《诗》曰"高山仰止、景行行止"。

高 磊

董老师：您和吕老师赴青海支教，给我们又上了一课。据我所知，郭永怀先生和李佩先生只有一个女儿，身体不是很好，大概 40 多岁就去世了。在当时，美国的科研条件和生活条件，比国内不知要优越多少，但郭先生依然在钱学森先生的感召下回到祖国，而且去了极为艰苦的青海。在郭永怀纪念馆里，看到飞机失事的场景，我热泪盈眶，一个人在生命的最后时刻仍然挂念的是科研数据，可以用生命保护的机密文件，这就是我和我的祖国。

董晓萍

制造原子弹这种天大的事，必须有天大的本事，郭永怀先生就是有天大本事的人。四零四条件极差却有天大的能量，正是因为有郭先生等一批科学家惊为天人。他们"留取丹心照汗青"。

罗　珊

这些天我们已经谈过，面对病毒，人类应该携手共同抵御，而不是分裂、猜忌、相互指摘、傲慢嘲讽。灾难面前，有惨痛的选择，也是人性光辉闪耀的时刻。黑鸭子组合的演绎带我们回到泰坦尼克号海难的场景中，在救生船有限的情况下，让女性和小孩先行乘船，是几乎所有人都默认的准则。求生是人类本能的冲动，忍痛做出奉献和牺牲的选择，是文明的体现。四零四城全体技术人员的选择，是以国家发展为优先考虑，牺牲小我，成就大我。疫苗研制的难度极大，通常来说出于安全考虑，动物实验和临床试验的周期也很长，但陈薇少将带领团队日夜加速，她的以身试药也是以全人类的福祉为重的伟大选择，值得钦佩。他们以科技为力量，为人类造福。

徐令缘

我简要谈一个跨文化战"疫"中的理论概念，即"边界"。第一，以色列学者尤瓦尔·赫拉利撰文号召，"在和病毒的斗争中，人类需要严守边界，但这不是指国与国之间的边界，而是人类需要守住自己和病毒区域的边界"。在目前的严峻环境中，暂时减少国与国之间的人员流通是限制传播速率的一种紧急措施，并非意味着全球化的关闭，也不意味着人与人、人与国之间情感纽带的切断。祖国的怀抱慷慨地向所有海外漂泊的游子敞开，是温情地开放国的边界，这更要求用科学手段严守人与病毒的边界，即检测并隔离。严格接受检测隔离，是对祖国母亲的回报，是公民的责任，也是对同胞的关切，对人权的捍卫。第二，在人际相处中，是否设立边界、如何设立边界时常是个人问题，但当在某些特定时期，对边界问题的认识会成为一种新的公共知识，此时边界更是民俗问题。握手礼与贴面礼是东西方的礼仪民俗传统，但在疫情期间，法国马克龙总统号召民众免施贴面礼，英国查尔斯王子不握手，中国官方媒体也提倡免接触，由于处于疫情的特殊阶段，人与人的物理接触被设立了新的边界，民俗知识产生了集体平移，新的集体认同开始重塑。第三，跨文化学既是打破边界，也是设立边界。所谓打破边界，指的是消除中心主义思想与文化偏见，消除由于历史原因人类在互相理解上的自我设限；但同时，这种消除并非意味着没有边界，人类正在共同寻找，能够使得互相理解得以实现的那个边界究竟在哪里，在文化多样的美好图景下，最基础的人类共情与共识路在何方。当法国总统马克龙向自由浪漫的法国人民号召集体纪律与团结的法兰西精神时，我们知道这个边界最终会被推进它应在的位置。

刘修远

感谢老师今天的分享。中西交流，马可波罗不是第一人，也不是最后一个，但他之所以出名，我想和他走万里路的实地考察、在中国生活并理解中国文化是分不开的，相互之间的信任也是要靠互相的了解来建立。尤其是面对疫情，无端指责不仅无济于事，更会加深误解，让病毒传播越发广泛。从疫情发生以后，我们已经看到先是海外华人踊跃购买防护用品捐赠回国，现在中国逐渐缓解，开始支援国外。这是因为中外的有识之士都深知唯有携手合作，才能共渡难关。中国近日已派出医疗队赴意援助。中意建交有50年的历史，而意大利早在20世纪80年代就曾经援助过中国的医疗事业，如今中国的医疗援助既是对意大利的感谢，也是出于大国责任和医学合作的考量。终结病毒传播的最好办法就是通过合作早日治愈更多患者，早日研制出疫苗，而不是无端命名病毒为"中国病毒"，这除了制造噱头，制造不知情民众的误解之外无济于事。

董晓萍

修远，今天北京时间晚7点，即比利时时间夏令时中午12点。根据中央电视台国际台的播报，比利时政府宣布自 3 月 18 日 12 时起全国"封城"，学校全面关闭，抗击疫情，要封到 4 月 5 日。你那里具体情况怎样？布鲁塞尔市民反应如何？鲁汶大学对上课怎样规定？因为你在比利时，这个时间成了我们的特殊关注时间。

刘修远

昨天夜间我就看到了新闻，比利时政府决定从今年中午十二点开始全国封锁。我今天上午去图书馆还书，全校全部停课，所有设施全部关闭了，还书变成自己放到图书馆外的箱子里，每天会有工作人员拿走。从我宿舍走到图书馆大概五分钟，院子里空无一人，整栋楼寂静无声，旁边的街道没有行人，如同科幻电影的场景。今天还有一些更加严格的措施，如超市限时限人流，除必需品商店（超市药店、母婴用品店等）外全部关闭。我所在的宿舍楼不知还剩几个同学，我坐在屋里到现在也听不到动静，仿佛世界都安静了。对我的影响倒也不大，目前还有一些在写的材料，尽量利用电子资源完成。我希望自己能平静度过这段时间，按计划做完要做的事，希望疫情结束的时候不至于一无所获。

董晓萍

欧洲关闭边境之后，欧盟各国都要关闭边境，这样才能有效阻断疫情传播，所以比利时政府的做法正确。我其实不主张你匆忙回国。前一阵国内疫情告急回不来。转而欧洲告急增加风险系数，但只要听政府安排和医生意见，不去冒险违规操作，应该就是安全的。香车宝马你看不上，航民涌动你也未必乐意跟随，我看还是一动不如一静。还有，偶遇全球爆发的公共医疗卫生事件，身在异域就不如做两件事，一是静心写作，二是写比利时疫情纪实，我指日记。好像我们谈过，2000 年我在牛津大学，一天下课，我从耳塞机里听到布什讲话，宣布发生"9·11 事件"，以后我就在日记里天天写一写这方面的内容。你在欧洲你知道，英美两国历史上关系就好，属于美国感冒英国打喷嚏那种。以后英国首相布莱尔经常发表讲话，英国人在 POP 中讨论灾难的态度足够绅士。连实验室大美人教授奥斯本·达芙妮发表谴责恐怖分子的讲话，也有我想不到的欧陆风格。这种纪实文字在国内写不了，在国外写了就写了。顺手。不发表也养心。

　　1945 年钱学森参与了一项欧美未来发展的考察，里面提到 11 个需要格外重视的国家的学术研究单位，在这些国家中就有比利时，北欧还有瑞士、芬兰和丹麦。很多中国学生眼睛盯着美英法，但要知道，从 1945 年开始，这四个国家的研究影响了世界。1987 年，比利时皇家科学院院士普利高津来北京师范大学讲学，介绍他获诺贝尔奖的耗散理论，讲 20 分钟，在科学文化厅，挤爆了。我去了。他的著作的中译本是四川人民出版社出的，一位理科好朋友推荐给我，他一本，我一本。我写博士学位论文还用了耗散理论。后来我看乐黛云先生的《比较文学原理》也用了这个理论。她儿子汤双是物理学家，长居美国，大概汤双对母亲有影响，当然事实是不是这样？我根本不知道。比利时不仅杰雄辈出，还有布鲁塞尔英雄少年铜像也很出名。比利时一定能战胜疫情！

刘修远

谢谢老师的鼓励，我也衷心希望比利时政府能积极领导各省，带领人民早日战胜疫情。

谢开来

最近欧美国家在疫情下，纷纷发挥国家政府的重要角色。西班牙将私人医院国有化，或者马克龙的国家动员讲话也好，都显示一个强有力的政府在大型灾难事件中所扮演的角色至关重要。在这种时刻，也是国家与个人关系的高光时刻。我们看不见欧美材料，但归国学生与海外同胞的信息却不断传来，国家成为千里之外的人类纽带。在这个过程中，我们发现学生不光要处理学问，还必须处理好个人与国家的关系。在这个问题上，过往的教育很难说做得很好；许多案例也表明有的留学生在处理这个关系上是失败的。个人与国家的关系到底怎样建立，我想在很大程度上要依靠叙事。我的家庭有自己的叙事，它让我的人生轨迹和社会主义中国的少数地区支援政策，和国家艺术民族艺术紧密相连，爱国的感情在这种叙事里就鲜活了。但这样的叙事能不能普遍建立？这是个值得思考的问题。

董晓萍

现在回复开来的"体裁"。你讲的是两件事，一是理论、二是方法论；有交叉，但不能混起来讨论，混起来就会乱成一片。理论，如你讲的体裁论。对这个体裁论，先要单说。体裁，是西方概念，但拿来直接用在中国文学现象上就会有问题，最明显的是"史诗"的体裁。20 世纪 80 年代初，我读大学三年级，学校发了教科书，里面有钟先生主编的《民间文学概论》和《民间文学作品选》（上下册）。《民间文学概论》中有"史诗"与"民间叙事诗"两章，再看钟老主编的《民间文学作品选》，民间叙事诗又像是史诗的多余部分，但是，在史诗的两分类中，放不进去，又颇类似。这就是中式的"史诗"体裁，古代流传下来的不少。汉魏晋的说唱变文故事如季布、伍子胥、王昭君，宋代长篇讲史，明代长篇评弹和评话，讲唱者有说者或又说又唱，都是"故事的歌手"。

我初见钟先生时谈了这件事，方知先生早有防备。他编《民间叙事诗》一章就是对这类中国现象的预设，但他在发表上又留有余地。他送了我几本书，不久后，他又寄来《钟敬文民间文学论集》（下），里面收有他留日前后发表的，也是他一生中最重要的几篇原创文章（如我常常跟你们讲的《中国的天鹅处女型故事》和《中国的水灾传说》）。我做了三四本读书笔记，决定报考钟老。其实我哪里真正知道什么是民俗学、民间文艺学？好在我不是那种爱改主意的人。当时怕考不上，就把《民间文学概论》全背下来了，第二次见钟老，在国务院第二招待所（现在是教育部国家留学基金委大楼），我对钟老说："您问吧，《民间文学概论》第几页第几段，随便问。"钟老哪在乎我这种表皮的努力，但这件事为他后来在教学中让我发展自己的想法留下了一个印象。1986 年我参加博士生考试，写了 9 本试卷纸，学问很浅但洋洋洒洒地谈了体裁的问题。1989 年博士学位论文答辩，我在论文中写了宋代诗赞体至明清通俗文艺运动形成的"文体"。告诉你，我说的是中国民俗文艺的文体，不是西方的体裁。答辩委员会阵容强大，总评语为"扛鼎之作"，但我自知差得很远。

至 1995 年，我完成在芬兰和美国的学习，已不再是当年那个背《概论》的用功青年，我看见了"体裁"路长。启功先生是我的副导师，他在病榻上点拨我："你讲的唐伯虎、徐文长，我也会，搞古典文学的也能学会。你要从民俗学本身的学问讲出道理，为什么要研究唐伯虎和徐文长，我才能服气。"启老这段话，我没齿不忘。好了，20 世纪 90 年代我在《北京师范大学学报》上发表了关于体裁的论文，应该是国内民俗学界的首篇。2008 年出了《现代民间文艺学讲演录》，比较详细地阐述了体裁论。转向跨文化的方向后，2018 年出版了你说的那本《跨文化民俗体裁学》的著作。兜兜转转 30 年，才回到史诗的讨论（《玛纳斯》）。这时讲的不再是钟老提出的史诗与西南叙事诗的矛盾，而是英雄史诗与西北神话史诗的矛盾，但当地把西北体裁当西南体裁来收集和研究，这让我找到了问题之所在。事实上，关于体裁，中外学术史纠缠，已久足够"水深"，详请看书。故事类型法，在西方不大提了，你去过芬兰知道今天的局面。但它在中国很好用，我现在是反着来做的。

谢开来

谈起体裁，您这又击中了我专业积累的薄弱部分。我对西方体裁概念的学术史了解不够，这是硬伤。最近我从热奈特追溯到托多罗夫，才发现现代法国学者和亚里士多德，还有俄国学者普罗普、巴赫金等人对话的具体线索。我的观点有问题，也与我过去的梳理只中不西大有关系，也导致我读您的文章读得不透。关于这一点，我努力补足，等日后有新收获时，望能与您再谈。

2020 年 3 月 19 日，星期四

主题词：中国支援

导读语：（140）中国支援，法国

　　　　　（141）中国支援，塞尔维亚

　　　　　（142）中国支援，意大利

　　　　　（143）中国支援，伊朗

　　　　　（144）中国支援，柬埔寨

　　　　　（145）中国支援，肯尼亚

　　　　　（146）武汉撤退，送别医疗队陆续撤离

　　　　　（147）武汉撤退，感谢白衣天使

　　　　　（148）武汉撤退，感谢各省支援

　　　　　（149）武汉撤退，山东省隆重欢迎医疗队返回

　　　　　（150）武汉撤退，飞向中国的凯旋门

专题聚焦

36. 武汉撤退

董晓萍

　　武汉外援医疗队圆满撤离之际到处是歌声，吕红峰提起《十送红军》，让我心动，说个故事给你们听。20 世纪 60 年代，在北京的一个胡同大院，十几口人围在一起，中间放个四角凳，四角凳上放个半导体收音机，只等晚上 6 点钟，中央人民广播电脑播送《十送红军》。院子里二妈家的哥哥参与了这场演奏会，二妈特别高兴，到处"广播"，大家都来捧场。我和表妹都是小学生，个子小，又安静，被安排到离凳子最近的地

方。二妈家里穷，又不会过日子，每月的房租都拖着交，大人们都有点瞧不起她。我叔叔负责收钱，总是对二妈说："可以宽限，可以宽限，我先给您垫上。"自从哥哥进了中央乐团，大院里各户的态度就有了变化。现在哥哥要上中央人民广播电台了，中央人民广播电台岂是容易上的，大家见了二妈都有几分敬意，二妈也把自己当成了全院的大英雄。叔叔特别喜欢民乐，告诉二妈这月的房费由他代交，让二妈好好培养哥哥。那个傍晚《十送红军》播出时霞光满天，好像是战斗岁月里升起的红霞。其实我根本听不出哪个音符是哥哥拉的，但那晚的《十送红军》是我记忆中最好听的一首歌。

37. 告别语

董晓萍

与大家谈谈今日资料中的"告别语"。自 3 月 10 日宣布方舱休舱，到 3 月 18 日宣布湖北和武汉新增病例零增长，到 3 月 19 日陆续报道各省援鄂医疗队有序撤离武汉，一场历时两个月的中国政府和中国人民抗击新冠疫情的总体战和阻击战，吹响了双赢的号角，它宣告医疗战告捷，经济战打响。还有一只进军号，在北京和上海的国际机场吹响，那是中国政府、中国地方政府向外方国家或友好城市之间，应邀派出援助医疗队登机出发，飞上蓝天。随之主流新闻媒体和网络手机新媒体跟着在转向，在对外援助和国内撤援上，快速增加了信息。在这些信息中，值得注意的新现象是，媒体使用了富含新意的"告别语"，展现中华历史文明的礼仪传统，也反映了进入世界体系的中国表达可以跨文化，对此值得梳理。

中国历史上重礼俗、厚人伦，不乏告别语。但这些告别语都是农业文明的产物，与现代社会的告别语在功能上有区别。在古代，军事上的出征令和出师表，使用呼告和忠君的修辞，使用祭祀用的告别语召吉祛避。其他告别语，用于两情叙别和长辞陈情，抒发难以割舍的个人心怀。古有不少诗词佳句记载告别，如《诗经·采薇》"昔我往矣，杨柳依依"，王维《送元二使安西》的"客舍青青柳色新"，"劝君更尽一杯酒"，李白《赠汪伦》的"桃花潭水深千尺,不及汪伦送我情"。如诗歌所示,中国人从小培养重情重义的情怀,这很重要。但这种问候语都是闭环式的,需要改革。在本次疫情中,告别语在全球化的公共医疗卫生队中应用,已纳入多元因素。中国的疫情时期告别语则体现了中国对外开放文化新格局,兹择例说明。

第一,武汉撤援告别语:(1)双赢词,(2)慰问词,(3)致谢词,(4)医患互动词,(5)仪式词,(6)纪念品题词,(7)感谢祖国的歌声,(8)专题图片题词,(9)各省政府迎接医护人员返航的欢迎词。

第二,赴外告别语:(1)外交仪礼用语,(2)国际机场送行语,(3)驻外大使在目标国机场欢迎致辞,(4)国际新闻,中外双方报道,(5)中外图片新闻,(6)中外医生视频语,(7)中方医生在外方驻地与医院之间转换的短暂告别语。

在有形与无形、有国界与无国界的漫长战线上,告别语频繁引用,营造古老中国生命绽放的阳光氛围,表明中国脱险会给世界各国带去希望,也表明中国正在给世界加油。

跨文化每日谈

吕红峰

时间过得真快,转眼间国内抗疫烽火已渐消渐散。如今,支前英雄们凯旋回家,一幅幅画面让人看得热泪盈眶,于无声处听惊雷,于细微处见真情,这是新时代的《十送红军》,这是发自肺腑的表达,这是最伟大的人民艺术。文中还有一句话非常重要:"这些都是仪式,但绝对不是形式主义。"英雄流血流汗不能再流泪,他们比我们更需要支持和关爱,我们也期盼着跨国出征的英雄们早日平安归来!

刘修远

今天分享的有关支援的内容,有的人出发,有的人凯旋。有的人奔赴异国他乡,有的人衣锦还乡。出发的面临新的挑战,还乡的也并非可以完全放松。境外输入型病例现在又成新问题,而且病毒本身并没被彻底解决。但不管是哪类人，他们来去之间，都体现了浓厚的情谊。有国内支援的省市之间的兄弟情谊，也有国家间的国际友谊。国外讲政治的一句名言是"没有永远的朋友，也没有永远的敌人，只有永远的利益"，这固然没错，但我国也会讲国家情谊，《左传》里讲外交，说"亲仁善邻，国之宝也"，习主席也曾以此致辞。我国自古就有亲善友邦的传统。不管是国内省市互助，还是国际援助，对我们友好的地方，会被我们记住。

罗 珊

今天的材料分为两部分，国际形势和国内形势。显然能够看出，国内疫情的上半程接近尾声，多省市宣布数据清零，这仰赖于全民隔离的自觉、医护人员的努力、相关部门和基层人员的管理。而国外疫情的上半程才刚刚打响。中国作为口罩等防护用品的生产和出口大国，在疫情世界大流行阶段，在国内防疫用品使用压力逐渐下降、产能逐步恢复的情况下，支援他国是情分也是责任。作为疫情最先暴发的国家，中国还将在国际防疫工作中发挥重要作用。在这里，还需要给我们的医护人员点赞，湖北疫情稳定，医护人员分批撤离，但国际疫情暴发，又到了需要他们的时候。在这场全人类的战斗中，他们始终是冲在最前线的战士，是最可爱的人。同时，从今天的材料还能看到，隔离政策带来的对其他产业经济的损失和国际链条的影响。中国强大的根基离不开实业发展，作为许多原料的出口大国，国内的停工导致下游生产受到影响，材料中缅甸纺织业就由此被波及导致停工。眼下国际上的共克时艰、守望相助不只是在战疫层面，更应看到其他被波及的层面，共同维持稳定，将损失最小化。

董晓萍

在陈越光先生的著作《八十年代的中国文化书院》中，记录了早期提出跨文化研究的汤一介先生。汤老根生两湖，汤氏祖传家训"行不避难、义不逃责"影响了多少中国后来人。你们是后辈，基因不改，更要跃马向前。今天的主题是讲中国在世界疫情中如何作为，中国政府和中国人民怎样贯彻"己所不欲勿施于人""四海之内皆兄弟"的优秀中华文明，顶住伤痛与其他国家人民"患难与共"。在中国内部，发生了完全新版的"敦刻尔克大撤退"，道一声武汉再见，便迅速从战"疫"战场，转向经济战场，下面会再转向精准防疫与全面回归正常生活的中国速度主战场。你们是国家培养的高层研究生，论文很忙，也不能不顾人类生死。两件事一颗心，磨刀不误砍柴工。练就这颗大心脏，你们这一代人才能超越父辈，走向国际，飞向凯旋门。

李亚妮

董老师的《十送红军》故事在今天又有了新的意境。援鄂医疗队离开湖北安全返回，让人兴奋。抗击新冠病毒的历史在用不同的方式或仪式记录，在新闻报道之外，有日记、视频、音频、照片以及这些暖心的海报等，让我们看到了援鄂英雄们的英勇真诚，也看到了湖北人们感恩的朴实无华。此外，国际社会之间互相分享经验，中法科研力量结合，以及中国物资与经验的输出等，祈愿在这场全人类面对的战役中，各国携手共同战疫，期待晴日。

2020 年 3 月 20 日，星期五

主题词：在灾难中认识伟大

导读语：（151）在灾难中认识伟大，秘鲁德奎利亚尔

（152）在灾难中认识坚定，德国默克尔

（153）在灾难中认识理性，法国马克龙

（154）在灾难中认识女性，希腊新总统

（155）在灾难中认识平等，世卫组织/盖茨

（156）在灾难中认识科学，英国帝国理工实验室报告

（157）在灾难中认识分享，中国告诉世界

（158）在灾难中认识团结，生命较量的背后

（159）在灾难中认识自信，中国制度自信

（160）在灾难中认识法律，严守国门

专题聚焦

38. 德奎利亚尔

董晓萍

德奎利亚尔原来是秘鲁利马大学的教授，出生于第三世界拉美国家。他被派往法国等欧洲强国任外交官。处理小大交往、强弱共处的外交事务。他有他的前辈身上所能发生的各种挫折，但也完成了在各种政治、军事、文化差异中流畅交流的艰难训练，终于脱颖而出。时事给他以痛，他报时事以歌。

我们这代人经历的划时代大事，包括中国恢复联合国席位、邓小平作为总设计师推动中国改革开放，巴以和谈告捷、两伊战争停火等，八九成

都与他有关。我还是在校生时，他的声名就已远播中国。他任联合国秘书长期间，所处理人类共同事务，有政治灾难、军事灾难、区域隔离与种族歧视灾难；在他卸任后的晚年，又遇上全球新冠疫情生命灾难。他的经验告诉我们，他总能与灾难共存。人类一共有多少种灾难？要知道大半灾难在他人生中滚过，难得他能始终把守人类和平家园，处灾不惊、迎难而立。很多欧洲国家（包括法国）授予他荣誉博士头衔，是心悦诚服地承认他伟大。地球的灾难与繁荣也许是一对共生矛盾，德奎利亚尔先生善于平静地化解灾难，恪守没有输家的彻底和平。他的确伟大，他不伟大谁伟大?!

全球化伴随灾难，这使 21 世纪各国首脑处理事务，与 20 世纪相比，已大有不同，即世界格局理念不同、知识结构不同、执政风格也不同。但可以肯定的是，一些国家元首的行政风格也越来越个性化，这也提升了他们的世界关注度，仅从这次处理疫情灾难看，法国的政治精英马克龙，敢于冲破传统，拥抱欧洲文化，网红指数一路攀高。德国的人气总理默克尔，坚定担当，能量不容小觑。他们在疫情危机时刻返本开新成为新型领袖。他们讲科学、重历史、要团结，让自己的国家与其他灾中国家再结患难之交。他们的讲话就是他们的才华，他们的才华引领了他们执政的高度。

39. 希腊第一位女总统

董晓萍

希腊新任女总统卡特里娜·萨克拉罗普卢（Katerina Sakellaropoulou），名字太长，中国人为了好记，简称"萨大姐"。她深耕法律 40 年后登临政坛，就任仪式就在新冠暴发期间举行，所处理的第一件国务就是抗击疫情。试问法律与疫情有关吗？看守国门需要法官吗？当此之时，暂无他论，但回答应该是肯定的。现在欧亚国家对抵制防疫事件的处理越来越严，违者施之以法，法律的尊严与生命的尊严前所未有地结合在一起。法律的词义要素也在增加。希腊的法官总统萨大姐，就总统而言，法官是符号，但这条登基新闻通过网络传输出去，就会在全世界的范围内，将总统、法官与疫情三个词共同传播，未免不在异国他乡发生文化转场。我是说"未免"。

40. 千字文

董晓萍

同学们写得不错。我来谈谈千字文。大家在"群"里的发言，看似业余。但在疫情期间，大家抽空儿做每日对谈也有所得。收获大概是多方面的，也可以简化为两方面，一是交流，二是练笔。练笔对于文科生来说尤为必要。费孝通先生在晚年发表过一篇文章说，抗战期间，他在西南联大教书，炮火连天，衣食难继，经常撰文赚稿费补贴家用。到了晚年，有报刊找他约稿，要求每天写千字文，以飨读者。他开始没答应，因为年纪大了，工作又忙，杂事又多，怕不能坚持，不过后来还是答应了。他说有年轻时养成的写作习惯，未免技痒；他还想考验一下晚年的脑力，看看能不能做到心到手到。费老的《江村十日》《乡土社会》等多部著作脍炙人口，专业内外都有广大读者，看了此文才知道，他的笔头天才得益于"千字文"的好功夫。"幼吾幼，以及人之幼"，疫情期间，我们学习费老的经验，每日来群里写写聊聊，应该也不亏。有的同学还提高很快，让我感到这种做法可能是正确的。当然不勉强，累了倦了也可以随时停笔。

换个角度说，写好千字文也需要增广知识。对民俗学专业的人来说，提到"知识"二字，应该眼前一亮。民俗学的概念里就有"知识"（lore），我们入行伊始就知道。它诞生在当时日不落的大英帝国，曾吸引了英法德民俗学、人类学、社会学各路好手。它还是一种贵族语言，为之卓越贡献的班恩，就曾华贵群伦、驰骋马上，是博学多才的贵族女性。那时的"民俗'知识'"要比"学校'知识'"的含义宽泛得多，覆盖初民社会的哲学、法律、经济、文化、艺术、故事、宗教信仰、习俗惯制和物质文化等全方位，其背后有泰勒《原始文化》、弗雷泽《金枝》、摩尔根《古代社会》，作者都是世界名人，其解释知识的影响力剑指全球而近似百科。

现在的"知识"概念不同了。仅以这次全球新冠疫情大流行期间的"知识"为例，谭德塞谈的世界公卫知识，钟南山谈的中国公卫与健康知识，陈薇等在率队攻克的疫苗知识，都是非常专业的知识，但也需要合作，此指多学科合作和国际合作。我们在高校教学科研的对象是专业知识，分科很细，钻井很窄，但今天的师生都应该知道，仅凭专业知识而对其他不管不顾，一旦离开自己的专业书本而入行世界，就插不上嘴，说不上话。过分恪守某专业还很"冬烘"，很"刻舟求剑"。

"知识"的含义的变化和应用水平的变化之大之快，反映了整个世界科技文化水平和组合格局的变化，反映了全球公共事务结构的变化，当然最高层的变化是各国政治权力决策构成的变化。领导中国这场伟大战役的习近平主席在战役各阶段都充分听取医学科学家的意见。法国总统马克龙、德国总理默克尔宣布国家紧急状态的讲话，都表示事先咨询过科学家的建议。英国首相约翰逊确实很特别，但在疫情讲话的关键时刻，就要扭脸让医学家去挡箭。培根说"知识就是力量"，曾成为近代启蒙主义思想运动的经典金句，而在今天全球蒙受疫情灾难时，我们要问，昔日的经典已经下线？还是正在转身变形？连苏东坡都说过，死读书不如不读书，苏老比培根还老呢。

跨文化每日谈

刘修远

近代世界的转折时期都伴随着瘟疫的身影，如西班牙开拓美洲、第一次世界大战后的西班牙大流感和21世纪初的"SARS"，每次瘟疫事件都或多或少影响着人类世界发展。这次新冠病毒，暴露出各国政府在社会治理和紧急动员上的差异，而更深层次的问题则是法国总统马克龙所谈到的那样，反映了区域文明和区域政治在世界格局中的变化。疫情的灾难政治也是一个国家自上而下方方面面的综合实力、政治动向、反思能力和国际合作能力的综合反映。中国正在向世界输出防疫经验，派出医疗援助，而之所以能做到这一点，不只是因为中国的情况控制住了，背后的深层原因是尊重科学、懂得分享和团结抗疫的精神指引。世界格局也许会因为疫情发展和疫情救治发生改变，但不变的是对科学事实的尊重，对信息和资源的分享，以及对和平与合作的追求。

谢开来

老师说起千字文，我现把自己的感想和大家分享一下。我毕业之后进了广东社会科学院，虽然这里也在社会学下设民俗学硕士点，但专业氛围比较淡薄。社科院的工作语言从属于政府的行政语言，所内用学术语言交流的机会其实不多。政府和企业项目做多了，有种荒废学术的失落感。当然，我们也参加学术会议，但对专业论文耗时日久，平日里的学术交谈确实不多。在这样的情况下，本群给我提供"千字文"的对话空间，我是倍感温暖和珍惜的。在我看来，这种"千字文"有以下几个特点。

第一，群里的"千字文"是网络时代的短文，但在学术界恐怕还不够。我读研时，董老师常引钟老名言，说"写下来才是你的"，提倡思考和写作合一。我们会发现，当思考在原地打转时，动手写作是推进思维进步的有效方法。无论是现在的微信群，过去的 QQ 群，还是各大论坛，许多成员都是通过"写"来存在的。乱写的东西叫灌水，正经写的好东西就可视为干货。我在进入高中以后，也长时间地生存在这种逻辑之中。到我进入学术的大门后，网络存在逻辑和"写下来才是你的"学术逻辑突然就对上了。现在董老师建这个群，把这个逻辑反过来用，把"写下来才是你的"这个学术训练目的，放到以写我存在的微信群里，又给我这个离开学校的老学生提供了一个"刷存在感"和"学术进步"的机会，我心存感激。

第二，"千字文"和"学术随笔"。我上学的时候听董老师多次谈起"学术随笔"。那时我的主要任务是写读书笔记、课程论文和毕业论文，有时候还有课堂笔记，实际上不太重视学术随笔，甚至有些讨厌它。有时候论文写着写着就被老师批评成学术随笔，说学术随笔可以这样写，但论文不行；但我觉得我挺认真的，所以对学术随笔还有点负面印象。这是因为那时候我还做不好学术规范。今天回头看，学术随笔有学术随笔的用处，尤其是它跳过许多规范以后，也显示出它自己生动活泼，充满灵感的一面。人的思想发展是条道路，不能一下子走进学术规范，那么学术随笔就能够把这些脚印留下来，以后有机会翻一翻旧账，就又可以接着走。还有的时候，它也记录一个学者治学的心得体会，包括最近兄弟姐妹们在群里谈到的真心诚意一样。不忘初心，也得记下来。

第三，是"千字文"和"对话"。最近几年大家都在说跨文化对话，但我接触对话似乎不是近年事。最近由于教学之故，我又返回《田野民俗志》，发现在学田野民俗志时，董老师就已经在谈相关问题，如说给自己和田野对象定位的问题。其中有人类学对民族志写作两次反思的学术背景。然后过了几年，我们才从国别化的角度进入跨文化对话之中，但定位等基本观点其实还在使用。我们在这个群里，实际上也在构建对话空间。我所使用的学术话语，很多是对着董老师，对着各位兄弟姐妹，才能够说得出口，有的时候甚至可以就着当时产生的灵感说下去。这样的专业对话空间，像我刚才说的，在我进入工作单位以后，其实是很少的。我想说，"人得到面前，话才能出口"。需要老师和各位兄弟姐妹在面前，我的学术对话思路才能启动。这话听起来像恭维，但它跟"酒逢知己千杯少，话不投机半句多"一样有其客观性质。甚至有的时候，对方追问之下，自己也没想到自己接下来又有话说。所以我有时候跟董老师说，感谢您没有放过我。

徐令缘

本群的写作"体裁"，或称为交流模式，是随笔。这种模式不同于短时间内即兴组织的课堂发言，也不同于长时间反复打磨的学术论文，它介于两者之间，是一种有强度也有张力的"训练体"。在这项训练中，我们每天都在进行资料阅读、观点确立与斟酌表达的"训练三部曲"，不得不说既有挑战，也有收获，练就了实实在在的本领。诚如费老、钟老与各位学术前辈所言，写作是对学生最重要也是最有效的训练，要求"质""量"并重，也要求"脑""手"双勤奋。就我个人而言，想得慢、写得慢、不时偷懒、畏难情绪都是我一直以来的弱点，群内写作对于我来说是一次非常有针对性的专项训练。再次感谢各位老师同学们的倾情分享与无私付出，我愿与大家共同学习，共同进步。

罗　珊

在微信群中大家共同写作，也让这一练习方式迸发出新的能量。对个人而言，首先，日常写作训练非常实用，无论是做研究或是未来走向其他工作岗位，好的写作能力是文科学生不可缺少的技能。思想需要表达，再伟大的想法若不能准确、有效地传递，也无济于事，因此技法的训练和磨炼非常重要。而如何又快又准确地从材料中提取观点，构思脉络，形成对话，是近日老师对大家训练的重点。其次，现在属于疫情特殊时期，大部分人尤其是老师和学生，仍然坚守家中，人与人之间的社会交往方式和频率都大大减少。但人始终是社交性动物，孤岛之中需要情感抚慰。每日在群里的交流，给了大家畅所欲言的机会，也让我们彼此有情感上的链接，感受到集体的存在，感受到师生、同学的情谊。最后，从对话交流的角度来说，自我学习和写作是一种训练，了解其他人对同一材料的不同解读更是一种学习。人在对话中、在他人的映照中认识自我。近日的学习交流，既能让我们体察到自己或许存在某种固定的看问题的方式，从而导致思维固化，总在一个框架体系内进行讨论；又能迅速帮自己开阔思路，开阔视野，及时学习老师和其他同学不同视角的看问题的方法，达到高效的提高。再次感谢董老师对我们的培养，疫情期间又开辟了新的学习模式，帮助大家把握机会，抓紧时间，互相激励，共同进步。

李华芳

"千字文"训练很受益。"业精于勤，荒于嬉；行成于思，毁于随"，每日跨文化战"疫"微信群写作为疫情防控期间的"师生对话""生生对话""理论与实践对话"搭建了平台，丰富了我们"宅家时光"的学习内容与形式，培养我们以跨文化的专业学科视野阅读、思考和解读全球防疫资讯，对提升材料阅读能力、文字表达能力以及学术思辨能力大有裨益。第一，师生对话，是启迪也是思辨。老师与我们进行的方法论对话、思想对话与情感对话，不仅扩展了我的学术视野，也让我学习了如何在众多的材料中进行研读、整理、提炼与深化，如何利用发散思维、聚合思维、逆向思维等思维方式将材料与专业知识有机地融合。更为重要的是，在与老师的对话中我找到了自己在材料处理、思维方式等方面存在的不足，明确了自己需努力的方向。"知不足，然后能自反也。知困，然后能自强也。"第二，与同门对话，是讨论也是争鸣。与同门的对话让我看到了对于同一材料的不同思考方式与解读方式，同门的争鸣中不乏与众不同的观点、新颖独到的见解，它们突破了我思维定式的局限，让我在积极思考中把研读导向深入、主动设问推敲、发现新的矛盾、触发新的见解。第三，理论与实践对话，是认知模式也是教学方法。实践是认知的来源，跨文化战"疫"微信群写作模式既重视学习结果更注重学习过程，让我对民俗学、跨文化学的实际应用有了更深入的思考，提升了自己理论联系实际的能力，也为我开展今后的教育工作提供了很好的方法论依据。

吕红峰

病毒不讲政治，但政治家必须运用行政力量领导民众抗击疫情，危难之时人类社会确实应该由松散社会变成紧密社会。政治家的决策就无比重要，他们必须尊重科学规律，团结国内外力量，而不是转嫁矛盾、动其他歪心思，同时也要行使霹雳手段，惩罚扰乱秩序、破坏统一战线的人。德奎利亚尔是我小时候在广播中听到的除美国总统老布什以外最多的外国人，那时以为联合国秘书长的权力很大，现在回想起来，在纷繁复杂的国际局势中开展工作是有多么不易，看到今天这份材料，更是感受到了联合国和平价值观在他身上的充分体现。向德奎利亚尔致敬！

李　岩

由于新冠肺炎疫情的影响和学校的统一安排，我们暂时无法回到学校上课。但是，正如这个群名所说的，"延期开学不停课"，我们没有停止学习，没有停止思考。作为一名公民，我们每个人都应该关注疫情的信息，但是，面对网络上这么多的信息，如何选择呢？董老师做了十分精心的选编，可以让我们很方便地了解疫情有关的动态。不仅如此，董老师也做了导读，引导我们从跨文化学的角度进行思考。面对这么多信息，如何整合、如何提炼，用跨文化民俗学的观点来看，可以说是第二课堂、理论知识的灵活运用。不仅要想，还要动笔写下来。虽然篇幅很短，但是不要小看"千字文"。不写，灵光一闪就无法记录；不写，就没办法把思路理顺；不写，慢慢地就会手生。费老如此重视"千字文"，说明学术随笔并非雕虫小技，具有不可低估的精神分量。写完之后分享出来，群里的讨论也是教学相长的过程。因为一个人的阅历总是有限，看到师兄师姐的发言，我觉得思路开阔了。特别是谢开来师兄，他比我们都要年长，也走向了工作岗位，对于学问、对于社会的看法，给了我很多启示。"独学而无友，则孤陋而寡闻。"

2020 年 3 月 22 日，星期日

主题词：我们一直在努力

导读语：（171）外交部坚决反击

           （172）宜家让日常生活简单而美好

           （173）全球灾难平等相助

           （174）中国援助到达塞尔维亚

           （175）中国援助到达巴基斯坦

           （176）中国援助到达菲律宾马尼拉

           （177）旅欧华侨倾力为国捐助

           （178）旅日留学生寄语国内亲人

           （179）历尽劫波需冷静

           （180）公共卫生医学全球化原理

           （181）灾难中加强科学与人文思考

专题聚焦

41. 节约出来的"宜家"

董晓萍

瑞典宜家是名扬世界的跨国企业，也是近年快速引领中国人家居观念的西方企业。现在的中国，谁家没有"宜家"家具？宜家创始人坎普拉德经历过的艰苦生活，同时代的中国人也经历过。但直到今年 3 月全球疫情恶化，宜家与阿里巴巴签约电商合作，几乎是最后一个放下身段走向数字销售平台，我们才意识到宜家过去 70 年顽强秉持节俭理念的价值。

在西方叫第二次世界大战、在中国叫抗战的 20 世纪 40 年代，失去生

命、家庭、教育、财富是普遍悲剧。即使到了 60 年代，在我们认为是西方发达国家的法国、英国、瑞士和瑞典，普通人的生活仍很拮据，初中毕业即辍学就业，多数人没念过大学。抗战时期，梁思成和林徽因在云南自己造房子，钟先生和夫人在日本自己烤紫菜，费孝通、丰子恺、汤用彤在战火中逃难。总之，当我们把宜家创始人坎普拉德的极端节俭与这些背景相联系时，我们会找到这种观念开始与终结的时间。战争灾难是引发贫病疾苦的万恶之源。然而，在宜家创始人坎普拉德身上，节俭的理念又并不这么简单。

中国农业文明是节俭文明，历代古训俯拾即是。孔子的第一好学生颜回追求"一瓢饮"的极简生活。中国家庭把"盘中餐"与"粒粒苦"相联系。唐宋名画中的一棵柳，一对夫妻、一姑荷箪食、一童携壶浆，被誉为至简之美。其实我们的同事同学中的大多父母辈和祖辈也都有这类节约观，在我小时候，节俭还是全社会的美德，谚曰"新三年、旧三年、缝缝补补又三年"，大人都这么说，小孩也都听话。很多缝补衣裳的场景还出现在国内老电影教科书和洋镜头中。"文化大革命"中搞大批判，弟弟同学的工程师妈妈在厨房里倒掉一碗发馊的豆腐，被保姆的无产阶级儿子发现了，检举了。红卫兵气愤地说，她是上海资产阶级大小姐，浪费粮食是资产阶级的本性。祖国恢复高考后，弟弟的同学去美国留学，他的妈妈和爸爸都回了上海，后来我们都没见过他们。宜家创始人坎普拉德的极端节俭与中国人的节俭观相似，看他平日穿用全是二手货。但是，中国的节俭曾是农民阶级和无产阶级的性质，坎普拉德的节俭是他的资本家经营原则。改革开放前，我们曾认为工农阶级与资产阶级势不两立，而在坎普拉德的世界观里两者是统一的。

中国实行市场经济改革以来国情大变，节俭观从一个极端走向另一个极端。很多中国年轻人认为节俭是穷人心态、穷人文化，采取了摒弃、远离的态度。中国现代化进程所伴随的浪费、挥霍、腐败滋生，其中也不乏侵吞公财者受到惩治。但是，这种两极分化，都不属于坎普拉德。让我最惊讶的是，他的节俭不只是个人选择的生活方式，更重要的是，他把节俭做成了让普通人买得起、高品质、适合搬家移动，可以自己组装、优化日常生活的简单而美好的理念，他让全世界的人们都过得更美好。他有很多经营策略和销售胜算，每成功一步都会引起疯狂的攻击，但他会用更新的高招去发展。我家有好多宜家产品，大的小的，有用的没用的，用坏的新添的，它们都代表了我对坎普拉德的敬礼！

再说宜家节俭之道，还要谈谈中国大学者的至简作风与治学风格。这是个经验性的问题。我再补充几点：

第一，研究中国传统优秀文化与学者生活状态，是当今海外汉学关注的一个问题。就我个人有限的接触看，中西学者在这个问题上差别很大。西方学者把享受生活（enjoy life）与严谨治学两分开，而中国学者把学术工作生活化，其简约生活方式是其治学活动的一部分。汪德迈跟我说，他受到中国老师饶宗颐的影响，生活简单，不要复杂，但在法国只有一个汪德迈。

第二，中国优秀学者崇尚至简的生活是一种群体自觉，而且无师自通。这里有儒家"君子固穷"的观念影响，但也不全是，也有生理规律和发现事物规律的问题。全心治学要求心无旁骛，发明发现要求专注，反映在生活安排上必然"至简"，不会罔顾左右而言他。这种观点在亚洲汉文化圈中也有影响。现代社会经济条件好了，但"至简"与质量也不矛盾。日本著名指挥家小征泽尔说，他一天不吃肉，就没有充沛的精力，即指在最简时间内达到最高饮食质量，以发挥最美指挥艺术。试想重大攻关课题组个个如蒲松龄《聊斋志异》所说"面如菜色"，怎么坚持到底？

第三，大学者的"至简"与阶层品位。他们的品位是个性化的，但绝不是工业广告，也不是农业牛织。他们的"至简"是最土与最洋化合而成的最简形式。你们看，很多西方学者写中国大学者家庭（包括钱锺书、季羡林、钟敬文、王瑶、汤一介和乐黛云）"普通的家具，没有多少装饰的墙壁，简单的布置，几乎到处都是书"，看似简易，但就是那个味道。

跨文化每日谈

刘修远

新冠病毒的蔓延体现了疾病平等与不平等的两面性。新冠病毒的可见与潜伏使得它可以轻易地扩散并打击着地球上任意形式的政体，无论其经济水平高低或地缘优劣。如果说全球化和地方性的不平等构成了现代瘟疫，那么新冠病毒重新分配了不平等——权力集中与隔离封锁成为应对疫情的重要"资源"，谁掌握了这种"资源"，谁就能及时有效地应对。在这种集中的背后也潜伏着去全球化的隐忧：在中外医疗物资交换援助的同时，许多国家也开始反思将制造业等产业带回本国或转移风险的可能——西方所谓民主国家开始认识到他们引以为豪的尖端科技与政体不足以应对风险社会，或者说那不是应对风险社会的最好资源。对传媒和大众而言，疫情在新闻、数字和摄影的配合下得到极具说服力的强化、重演和客观化，事件成为可以被分享和拥有的共同语言：比如抢购厕纸和囤积食物。再比如在海外机场和国内机场排队的归国华人通过照片和视频成为中文世界的"全球"景观和叙事：疾病在内部被瓦解的同时，正从外部包围和渗透着中国。

　　这里的"中国"，借由海外疫情的蔓延和恶化而强化了其共同体的属性，这又和最近湖北人返工遇到的不同地方的阻力异曲同工：瘟疫的发生让地方共同体更为紧密、团结，而瘟疫的扩散则被指认为外来的入侵。通过将瘟疫"固定"于他处，地方社会借此获得对他者的想象。最后一篇宜家创始人的故事，我认为他的节俭在宜家家居中的体现，在于做到了一个很好的平衡：既了解人们的居家需求，又了解人们的住房需求。仓库与卖场合一在降低成本的同时，让仓库/卖场的"应有尽有"提供"家"的图景。而宜家产品的环保、轻便和廉价也越来越符合年轻人租房的心理：随时搬走，不用为搬家担心，但产品质量足够维持几年的租房生活。

徐令缘

　　瑞典企业家坎普拉德经典个案，从中国的视角看来，朴素的生活方式是中国农业文明的传统美德，这种生活理念因为其与自然之"天道"相辅相成，与"修身"的道德理想同体同构，也在一定时段内受到古代文人的追捧。这种传统美德，与现代中国的社会主义价值理念相结合，打造了如钟先生、季先生等新中国第一批知识分子的传奇人生。由于家庭的关系，我也有幸目睹过一些大知识分子的日常生活，他们几乎无不衣着朴素、食宿简单，他们的住所有大有小，但几乎所有的房间都被书柜与一摞一摞的图书堆满。人生的大部分时间，这批知识分子生活在物质条件并不丰富的环境中，但随着国家经济实力的崛起与市场经济的高度发展，当他们有了更好的物质条件，这种朴素仿佛也成了他们生活的一部分，与他们的学术成就一同铸就了一个时代的传奇，成为令我们无限怀念的精神财富。如今，读到瑞典企业家坎普拉德的人生经历，更加令人感叹，勤奋与简朴作为一种共享价值，在全世界的不同文化系统中都有流动的空间。也许我们与前辈的成功者所处的时代已经不同，高度发展的商品经济与市场规则正在冲击着全世界年青的一代思想认知，所有人都不可避免地被消费主义的洪流所裹挟，因此此刻的我们更加需要回溯与反思，寻找那种跨文化学所强调"多极均衡，多元共存，基于生活质量而非无限个人财富积累的可持续性的文明"。

李亚妮

今天重点阅读了《宜家，花钱节俭规则简单生活美好》一文，在董老师的导读分析下，我们看到"节俭"这一概念下的文化差异，如老师所分析的"坎普拉德的节俭是他的资本家经营原则"不同于中国文化中的日常生活节俭。坎普拉德将节俭与审美相结合，达到一种平衡点，引领一种低消费阶层的新生活方式，获得更多认同与喜爱。与此相关的是，人类正面临着生活方式的革命，此次新冠疫情，与人类现有的生活方式无不相关。人类生活方式的变革背后，既有科学、技术、经济等的显现的作用，也有文化、思想、信仰等的隐性的作用。这种材料解读为我们观察社会与学术研究又打开了一个新的点。此外，今天的材料中有一部分涉及科学与人文的思考，这两个都是比较复杂的概念，但并不是相对立的概念，而是应相互融合兼济天下。在谈及与人文有关的民众的伦理责任时，还应该提及规范的社会管理，包括社会管理的规则、方式、机构、职责、可持续化等问题，当灾难来临时，不是让灾难考验个体的伦理与道德，而是社会有分流与疏通的机构或渠道。

2020 年 3 月 24 日，星期二

主题词：全球战"疫"

导读语：（193）驻美大使答问

（194）美国作家讲话

（195）谁在国际担当

（196）谁的口罩政治

（197）土漂华侨女团

（198）代价足够沉重

（199）关于四个自信

（200）测绘学家宁津生

专题聚焦

42. 伟人教育

董晓萍

在我们这次推送的伟人资料中，有的在这次疫情期间辞世，但他们的故去与这次疫情本身没有关系；有的大家根本不认识，不过大多还是认识的，至少有某种信息联系。比如，我们没见过环保登山博士温旭，但高磊可以告知这位南开校友的信息。再如，我们与"两弹一星"元勋郭永怀先生的专业相差千里万里，但吕红峰随我支教青海师范大学时参观过"两弹一星"精神纪念馆，高磊随南开团队去过郭永怀先生的家乡，我们都见过这位令人震惊的科学家的遗物，于是我们都可以在"群"里谈"四零四"那个他当年工作过的地方。我们本来也是间接者，这时其他同学就变为间接之间接者。

今天发送的测绘专家宁津生院士的资料也如此。我们不是测绘专业人士，但天赐机缘让我们走近他的功勋地点。1997 年至 2003 年，李亚妮随我参加中法合作华北基层水资源调研项目，汽车奔驰在陕西泾阳县的大地上，几次路过宁先生确定的中国原点村庄——永乐镇北流村。不记得吕红峰是否跟我去过陕西，但他后来跟我去山东调查时做过 GPS 测量。我家还有一张风云一号卫星的照片，像年画一样挂在墙上，这颗卫星也有宁先生的功劳。20 世纪 80 年代，这颗卫星在太空中摇晃，报回错误数据，眼看就要报废，变成太空垃圾。宁先生采用地球磁场、重力场与卫星相互作用原理，使用星上磁力矩器，设计了一个从来没人用过的大胆方案，又率领团队经过 75 天的艰苦努力，竟然奇迹般地挽救了这颗卫星，矫正了它的 3 轴稳定对地定向姿态，让它恢复了正常工作。

宁津生先生的老师是俄罗斯天文重力测量学大师布洛瓦尔，自己后来成为中国天文重力测量学第一人。他没有机会出国，但这个师承是很重要的。北斗系统今天已成为中国硬核技术，依靠了多少像宁先生这样的科技尖兵的努力。在英国，约翰逊总统昨天宣布，英国在某卫星基地发射 37 颗卫星，要建立英国的"北斗系统"。

疫情是疯狂的，但疫情背后的科技独立是冷静的。吕红峰当年身上挎着 GPS，手里拿着摄像机三脚架，兜里揣着手机，在齐鲁大地村野乡间找"四至"，测方位，画地图，为调查一家中华老字号的商业史提供实证数据，他能办的事，我与同行的法国学者都做不到。旧事难忘。

伟人无论在天边还是在眼前，都能让伟人精神照亮所有人的心田，这就是伟人教育的力量。

跨文化每日谈

吕红峰

习主席讲"四个自信"，自信的前提是有实力，我国四十年来的飞速发展使我们有这个底气，本次疫情我们的抗疫措施也被证明是卓有成效的。西方某些人只相信本国媒体的报道，甚至没有亲自到过中国，事实不清，再带有主观偏见，得出错误结论也就不足为怪。我联想到写论文也是这个道理，一要掌握充足的论据，论点才站得住脚；二要把材料和观点分开，才能条分缕析、清楚明白，与驻美使馆崔大使的精彩对答给我们上了一课。回过来说，任何国家都存在问题和缺点，我们应该努力把自己的国家变得更好，而不是一味指责，"十年动乱"期间依然有一大批学人不忘初心、在逆境中奋进，钟敬文、季羡林、宁津生等前辈大师都给我们树立了榜样。

前些年我随董老师去山东进行过田野调查，那时 GPS 还没有广泛民用，我们使用的是地理野外考察用的专业设备，和手机差不多大，老实说，比现在的手机难用，其实 GPS 只是美国开发的卫星导航系统的专用称呼，因为以前几乎没有其他国家的定位系统，我国也曾经向美国请求过技术引进，但美国没答应，我们这才痛下决心，终成北斗。抚今追昔，真是感慨万千。

李亚妮

机缘巧合让我在董老师的带领下，在陕西泾阳县的田野作业中，经过宁津生院士为我国建立的大地原点。从今天的材料才得知，倘若没有他在特殊时期还为国家复兴而努力的毅力和恒心，倘若没有那些日夜潜心钻研的积累，他也不可能在走出牛棚后短时间内，完成国家委托的重任。这种心无旁骛、不忘初心坚守科学与专业的精神，是这些伟人们一致的精神品质，值得我们学习。

防疫过后的次生社会问题，既有国内社会的问题，也有国际社会的问题。理性反思和系统考虑疫后次生问题解决的重要的关键词。如何用理性去反思世界体系下的全球疫情，如何更科学地去了解病毒防治，去评估疫情对经济、科技、文化及日常生活的影响，以及日常防疫的社会管理与治理现代化等。董老师分享的材料拓展了我们的知识面以及问题思考的关注点，让我们在这样的特殊时期更加深刻理解了每个人身上的责任。

高 磊

我刚刚查了一下，2020 年至今大概已有 11 位两院院士离世，包括出生于天津的宁津生院士，也包括咱们北京师范大学孙儒泳院士。这次疫情让国人们提高了科学认识和对科研工作者的尊重。宁津生院士在长期实验、研究的基础上，结合中国实际，完善苏联科学家为我国设计的天文重力水准方案，建立了我国重力测量实际作业的依据和标准。近年来，不论人文社科学界，还是自然科学、工程技术领域，都在调整评价体系和评价标准，其中重要的一点就是破除欧美标准至上，建立符合中国国情的评价体系和评价标准。比如，我前一段时间在群里谈到的科技部关于破除唯 SCI 的意见等，就是这方面的重要举措。对高校来说，"扎根中国大地办教育"不是一句空话，我们有自己的国情，建立符合中国国情的评价体系和评价标准，不仅有利于激发科研工作者的工作热情，而且有助于向世界提供中国方案，建立对话，而不是跟着人家后边跑。我们的科研成果，发表的论文解决了什么问题，产生了什么影响，是否能与别人对话，这都该是我们深入思考的，正如今天分享内容中所言要"高度重视他们解决现实问题所取得的成绩"。南开大学在建校初期就坚持"文以治国、理以强国、商以富国"的理念，以"知中国，服务中国"为宗旨，老校长张伯苓先生更提出"办土货的南开"，以中国历史、中国社会为学术背景，以解决中国问题为教育目标。钟敬文先生晚年提出建立中国民俗学派，既是扎根中国大地踏实做学问的真实写照，也通过建立民俗学的中国学派为后学建立与世界学界交流的渠道。我们听董老师讲《田野民俗志》并开展田野调查，老师带我们深入田野，访谈传承人，了解国情，剖析文化内涵，也是在中国大地上做学问。民俗学，让我们从书斋走向田野，走入社会，走进文化，俯下身子向人民请教，同时又昂起首来跨文化。

刘修远

中国驻美国大使馆崔天凯大使与美国记者的对话很有意思，这两天我在各种社交媒体都看到过，也有不同解读。两个人身份和对话语言不同，一个是外交官，讲话要采取外交策略、外交语言，首先面向国际政治，其次才是读者大众。一个是美国记者，采用的是新闻语言，主要面向大众。美国读者阅读中国驻美大使采访的不会比中国读者多，换言之，崔大使可以不对美国读者负责，但需要对中国政治和中国读者负责。由于身份和语言的不同，美国记者显得咄咄逼人而中国大使圆融委婉。阅读对话不仅要考虑语境，还要考虑对话语言、说给谁听。中国抗疫策略和局势不断变化，反过来，国外也是一样。任何一方用一个月甚至两个月以前的事实作为对今天的指责与嘲讽，都是无济于事的，重要的是过去的错误如何改正，应该吸取什么教训。宁院士是老一辈学者中的典型，勤奋认真，专注学术，这些都是身处疫情影响中的我们需要学习的品质，即便在正常的工作学习秩序被打扰的时候，也要想办法学习，这样等一切恢复正常时才能快速回到自己的岗位上。

谢开来

崔大使与美国记者的谈话异常精彩。虽我对政治与外交不甚熟悉，但也本着学习体会的态度发表几点看法。

第一，崔大使与美国记者的对话，恰好是典型的跨文化对话文本。对话双方来自不同国家、不同文化，在不同立场上说话。这种新闻对话还跟我们平时熟悉的学术对话不同，对抗与对话兼容并存，时而紧张，时而缓和，两人都在试图把握节奏和方向，谈得实在精彩。

第二，对话双方都有心理预期和对话习惯，可以类似"期待视野"的学术概念加以思考。中美新闻传统不同，记者采访的方式也不一样。美国记者的"进攻性"很强，甚至主动挑起敏感话题。这与他们希望揭露式的新闻传统有关。他们不仅想要了解中国政府的态度，也想要揭露美国政府的不作为。当然，他们也有立场，追问中国政府措施的时候往往捕风捉影。崔大使在对话过程中严格遵守外交原则，坚决维护国家形象，也牢牢把握宣传口径，最后总是把话题绕回到共同面对疫情上来，显示出了很高的职业素养，其表现堪称范本。

第三，当代媒体与外交，不可避免地会卷入民众主体，甚至成为重要的不确定因素。崔大使作为驻美外交人员，在发言上尽量绕开相关模糊因素，这是外交官的必要策略。

第四，抗疫不仅仅是医疗防护过程，也是社会意识的整合过程。美国记者的提问似乎有意无意地忽略了这个过程。对于这点，还应该做更深的研究，像崔大使说的那样，考虑还应该做哪些事，或不应该做哪些事。在这点上，我们过去讨论抗战文艺，就是其中一个问题点。这也是防疫或防灾民俗的重要研究领域。

2020 年 3 月 26 日，星期四

主题词： 共同健康

专题聚焦

43. 东京奥运会停摆

董晓萍

　　"共同健康"是人心深处的基本常识，谁都知道没有健康人群就没有健康社会，但在全球疫情暴发以来，它却成为社会表层问题，如米兰·昆德拉所说"表层的是最深刻的"，3 月 24 日国际奥委会主席巴赫与第 30 届奥运会主办国日本首相安倍晋三联合声明推迟今夏奥运会即是一个例证。召开奥运会万众瞩目，取消奥运会照样万众瞩目。国际奥委会的广告栏写出，推迟是为了保护广大运动员的生命，这对奥委会和主办国的双方是怎样艰难的决定？由此可以想见。他们为此要放下上万个合同和承担几

十亿美元的损失，这几乎是不能承受之重。他们又是如何给全社会和自己一个都能接受的理由？那就是生命无价！它的表层表述的实质，就是体育与健康的深层关系。

体育与疾病是对手，体育与健康是朋友，是敌是友，以生命划界。在我们今天发的资料中，大家去看篮坛传奇斯坦科维奇，再看网球女皇莎拉波娃，都能看到这一点。他们都是创造健康事业的英雄，里面包括身体健康和精神健康。斯坦科维奇备受爱戴，不仅是他拥有篮球天赋和好身体，还在于他的精神健康和他把健康的体育精神传遍世界，如实现篮球比赛的国际化，将篮球比赛引入奥运会项目。他支持中国举办 2008 年奥运会，让五千年中华文明首次开出这朵健康事业的大红花。莎拉波娃4 岁打网球，13 岁成为世界少年组冠军，一生捧奖之多和收入之多无人可及。她的成功秘籍被总结为三条：优异的身体条件、顽强的意志和强大的心理稳定性。三条中的第一条是健康体魄，第二条和第三条都说的是精神健康。什么是"共同健康"的深层意义呢？那就是精神健康的价值不亚于身体健康。疫情防护有文化差异，但人类也必须寻求共享文化即精神健康，它包括"兼爱与师仁"、尊重科学防疫规律、高度执行力，深入的人文社科思考。

我从小喜欢与从事音乐和体育的人打交道，上帝赏给他们一碗饭，他们却做得比别人更努力。他们从挥汗如雨、血泪浸泡之中，创造超越常人之美，这不容易。工作得太难、太累、太苦之后，其实都不好看，他们却能在苦水里绽放奇葩，像莎娃。运动员们的性格也好，与人分享阳光。

跨文化每日谈

刘修远

莎拉波娃是我最喜欢的女子网球运动员，她的退役让我无比遗憾。她最鼓舞我的就是顽强拼搏的斗志。不管场上比分如何，她都会努力去拼每一分。这也是我多年观看她的比赛所学到的：平时努力准备，上场后全力发挥，这样自己就是无悔的。遗憾的是顽强如她也输给了伤病，在经历肩部手术后她始终无法找回巅峰状态，再次治疗后在今年无奈退役。一个健康的身体搭配自信的内心才能成功，二者相辅相成缺一不可。体育比赛被全世界人民喜爱，也是因为体育传递的信息就是强健体魄和向上的精神。希望疫情结束后，人们可以重新回到体育世界中，让体育的澎湃激情驱散病毒的阴霾。

司　悦

今天主题是"共同健康"，老师提出"共同健康"的深层含义是精神健康与身体健康，这次疫情是病毒对人类身体健康的破坏，同时也是在社会环境下疫情带来的诸多问题对精神健康的打击。北京师范大学心理学部在1月27日上线了全国新冠肺炎心理支持热线，为民众提供线上心理疏导服务。随着病毒全球大流行的蔓延，3月19日北京师范大学心理学部又面向海外留学生/华侨开通了心理支持热线和网络疏导服务。这次疫情不仅是对受到病毒感染的人群造成了身体健康的影响，对于前线的医护人员、病人家属，受到疫情影响、关心疫情发展的部分人来说，精神健康的冲击远大于身体健康，精神健康同样是全球抗击疫情过程中需要引起重视的。董老师总结的莎拉波娃的成功秘籍对我们也很有指导意义，健康的身体、顽强的意志和稳定的心理，是我们在校学习以及一生受用的宝贵财富。董老师之前也经常教育我们每天去操场跑一跑、走一走，保持良好的身体健康和稳定的心态才能更好地学习，而顽强的意志可以帮助我们走得更远。

高　磊

今天的主题是"共同健康"，疫情让人们深刻认识到人类命运共同体的含义和意义，守护生命健康，维护生命安全，是每个人的期待。团结合作是应对全球性风险挑战的出路，有团结才有共同。"紧密型社会"的一大特点就是行动力强，今天阅读资料中讲12岁男孩的行动力、执行力令许多成年人都汗颜。行动力和执行力的目的是把事办成，高校管理人员的行动力和执行力就体现在坚持"立德树人"的根本任务，为学校教育教学、科学研究、人才培养大局服务，把老师、学生们的事办成。

李亚妮

今天的材料主题是"共同健康"。共同健康包括身体健康和精神健康。健康一直是联合国致力的全球人类社会发展的目标。联合国于 2000年制定了千年发展目标（MDGs），在此基础上，于 2015 年又提出 2030 年可持续发展目标（SDGs），"良好的健康与福祉"是 17 个目标中的第三个重要目标，力争确保健康的生活方式、促进各年龄段人群的福祉，在这一目标下制定了更为详细的监测指标，如结束艾滋病、肺炎、疟疾及其他传染性疾病的蔓延，普及医疗服务，为所有人提供安全有效的药物和疫苗；确保精神健康等。中国在 2030 可持续发展目标中也做出了历史性承诺。传染病防治及精神健康是其中的具体指标。

尽管各国政府都承诺增加卫生系统的人才队伍建设和卫生资源的投入，但本次疫情也暴露出医疗资源的匮乏，特别是公共卫生事件的突发将这种资源不足的全球挑战更加激化。新冠肺炎在打破人类生活的日常，包括政治格局、经济规则、文化模式、社会组织管理等，但是，中国在阻断疫情的发展和恢复社会正常运行方面确实积累了经验，也将更加推动加强卫生服务的基础设施和体系建设、改善卫生筹资体系，促进更广泛的医疗服务，造福更多的人，推动 2030 年可持续发展目标中良好健康与人类发展福祉的实现。

谢开来

今天我回所开会，听到一个提法，叫后疫情时代。这个说法符合我们今天材料的主题，弗里德曼的观点对这个概念也是支持的。但在现在的环境下，这个说法还在争论。就目前的情况能不能叫后疫情时代。最近几天有专家警告北上深广杭五大城市，要避免二次暴发疫情，必须控制外来个案。一方面，民航据说也发文限制国际航班。中国目前的跨国民用交通已经开始严防死守，准备应对世界性疫情。从数据上看，今天全球性病例已经达到 30 多万例，远超我们自己国家的病例数量。另一方面，我们同事提后疫情，是为了总结经验教训。中国的国家能力在本次疫情中有目共睹，显示了强大的社会整合能力和建设能力，为国际社会所称道。但接下来抗疫的问题马上就要转换，主要考验国家的外交能力和国际整合能力。病毒是全人类共同的敌人，只有全球团结才能应对全球疫情。在这方面，转移视线或甩锅都不是治本之策。但怎样把国际视线拉到最根本的问题上来，还需要考中国的外交和媒体工作。

董晓萍

现在下什么结论都为时过早。这次全球疫情是全球大考，对中国是大考，对欧洲是大考，对美国也是大考。中国上半场考得相当优秀，欧洲还在迎考，美国烤煳了。下半场大考接踵而来，考什么？就是你和同事聊到的，外交能力、抵抗外输能力、经济复苏能力、媒体能力、国家与国民思考力和执行力。这种大考，对谁都是全新的，核心是考验"创新能力"，明天我会发文说这事。另外，现在回忆什么历史经验也都不过分，因为创新离不开历史基础。

2020 年 3 月 27 日，星期五

主题词：凝聚力量

专题聚焦

44. G20 视频峰会

（1）G20 视频新模式

徐令缘

　　全球首脑 G20 视频峰会的召开，为紧急状态下各国政府领导人的讨论决策创立了新模式，也将我们的抗"疫"视角转向公共卫生安全以外的另一个重要战略领域，即全球经济的复苏问题。虽然在疫情防治的重要阶段，社会生活的一切其他领域都在为我们的共同安全让路，但经济问题紧密联系着全球民生，作为疫情带来的次生灾害，全

球经济停滞所带来的各类社会问题不容小觑。从我国宏观发展的视角来看，可持续的经济增长是我国国策重中之重；从民俗文化研究的视角来看，经济生产是整个社会运作中具有决定性作用的一环，它深刻地影响着人们的社会组织形式和民俗文化结构。因此，我们虽非此领域的专家，但对我国经济发展的历史和整体经济形势应当保持持续关注。我们是生长在改革开放市场经济中的一代，享受着市场经济的红利和伟大成果，却对我国艰难的经济转型之路，对何为真正"有中国特色的社会主义市场经济"知之甚少。我国经济转型发展的过程，是一场上下互动、广泛参与的大型社会实验，也是一次关于技术与制度的学习和创新过程。正如同此次中国在疫情抗击中所展现的出色应对能力，中国的经济模式同样是可与世界共享的宝贵中国经验，值得我们每个人了解它的历史，并思考它的发展，尤其是在这特殊历史时期能够为世界带来的现实意义。

（2）G20 凝聚力量

高 磊

今天的主题是"凝聚力量"，大家近期的发言都围绕这个方向展开。G20 峰会就是在这样的背景下召开，各国元首、政府首脑搁置争议，就合作控制疫情，加快经济复苏交换意见，让国际社会看到希望。峰会过后，习近平主席应约同美国总统特朗普通话，交流意见。

这次 G20 峰会的一大特点就是利用网络召开视频会议，既安全又高效。20 世纪 90 年代，美国学者、麻省理工学院 Negroponte 教授的《数字化生活》一书描绘了数字技术为人类的生活、工作、教育等诸多方面带来的冲击和变化。随着信息技术日新月异的发展，作者在书中的预言早已成为现实。

我结合工作谈想法，党的十九届四中全会通过《中共中央关于坚持和完善中国特色社会主义制度、推进国家治理体系和治理能力现代化若干重大问题的决定》，各高校提出提高学校治理能力和服务水平的发展目标。疫情突袭，为防控疫情，保障师生生命安全，学校要求优先使用互联网远程办公。加强办公的数字化、网络化、信息化建设，既是支撑学校提升治理水平和治理能力的重要举措，也是服务师生、提高办事效率的重要方式。

45. 远程网络课

董晓萍

　　远程网络授课，我也是第一次，有一种全新的感觉。教师不用看学生，只沉浸在自己的思路里，省时间，也很舒服。但互动这块差点，教师与学生"隔离"着。教师"隔"着"门帘"说，这是开天辟地头一回。我说的"门帘"，是指教师与学生处于不同的实体空间中。我有一门研究生课，课上6个人，分布在北京、吉林、福建、安徽、山西和山东6个省市，按我的说法就算有6个门帘。我提个问题，学生从福建回答，从安徽回答，从山西回答，非常有意思，如《庄子·齐谐》所谓"野马也，尘埃也，生物之以息相吹也"，彼此远隔千里，而声音相近、气息相通，这种感觉奇妙极了。我的好几个外国同事在他们的外国大学里第一次使用网络授课，虽无人激捧，但都承认方便。我看网络视频被这次全球疫情捧成了一个大普及的成功个案。什么叫成功？人人用它，别无选择。

　　这次全球疫情打击最大的行业是旅游业和体育业。旅游是个出门在外的事业，万万不可"宅"在家里，但这次又是必须"宅"的，而且"宅"也"宅"到全球化，别无选择。体育就不用说了，流年不利，"关停并转"。东京奥运会延期，带来的后续影响不是一星半点，殃及池鱼也有中国。这次全球疫情最火的行业是什么？是网络。能上网办事的，都能找到回家的路。有些著名艺术家的表演也不受全球疫情的影响，挽手民俗，唱响金曲。可喜之处是在"宅"中呼唤经典，拿到网上晒的好东西很多，于是人们又要挑一挑。可是罗大佑又说了，网络时代的人平时太忙，没工夫挑，音乐太多，也挑花了眼。现在"宅"居有了时间，方家出手又净是经典，可供人们从容排选。网络共享的概念也很有力量，能让经典上网流行，不取分文。"旧时王谢堂前燕，飞入寻常百姓家"，并非经典云中落，经典、网络两赢家。然否？

46. 卡拉扬指挥《蓝色多瑙河》

董晓萍

当年卡拉扬的逝世引发了一场世界波，当时国内的中英文报纸都报道了。那时我的博士学位论文刚刚写完，正在打印，钟老的一位老朋友把我带到外文出版社的打字车间，把我介绍给车间里打字技术最好的打字员，他是外文社的老领导，群众关系好，车间里的人对他交办的事都很认真。我的论文很长，打字员打了半个多月，我每天骑车去外文社，坐在她的旁边，随时准备回答她的问题。就在那几天，我看到车间桌子上有《中国日报》英文版，知道了卡拉扬的消息。我注意卡拉扬，跟所有着迷他的指挥艺术的普通人一样，不同之处还在于他还是小泽征尔的老师，而小泽征尔同样是我十分敬佩的艺术家。在今天发的视频资料中，卡拉扬指挥演奏《蓝色多瑙河》，德国芭蕾舞伴乐起舞，德国国家芭蕾舞团也是很有名，不亚于俄罗斯芭蕾舞团。美好的东西就在那里。灾难没来的时候它在那里，灾难来的时候它还在那里。

跨文化每日谈

刘修远

《蓝色多瑙河》优美动人，流传甚广。在美国导演库布里克的科幻电影《2001 太空漫游》中有一个经典场景，画面背景是黑暗沉寂的太空，太空飞船在蔚蓝的地球上方绕轨道运行着，此时《蓝色多瑙河》的曲声响起，配合着优美的音乐，画面默默表现着太空飞船与地球。无声与有声，尖端科技与艺术审美，人类栖身的地球与无垠的太空，让人深思的对比都在这段没有台词的画面中一一呈现。这个段落让我们知道人类的科技发展有多先进，但与浩瀚苍穹相比，人类又无比渺小，甚至在地球四十多亿年的历史中，人类史都显得无比短暂。从这个意义上说，人类只是地球的一员。人类可以凭借智商和技术捕杀动物，但面对病毒，人类的生理防御机能又如此不堪一击。当动物在人类减少活动的时候回到人类视线中，我们才发现自身的活动如何挤占地球资源、如何侵犯其他物种的生存空间。疫情让人类再次意识到自己的渺小，也理应让人类意识到，未来如果希望能更好地生存在地球上，我们要尊重科学、其他物种和大自然，否则类似的打击还会惩罚人类。

谢开来

这几周由于疫情的原因，我们单位也逐渐开始尝试网络视频会议和网络视频课程，赶上了集体视频对话的潮流。上网课和实际上课的感觉不太一样。面对面上课的交流感更强些。说几个我觉得有意思的点。第一，教室里的东西现在还不能完全用电脑技术和设备模拟。尤其是课堂又有黑板，又有大屏幕，一边放课件，另一边想起什么东西了，可以直接拿粉笔在黑板上写写画画，有利于思路展开。我自己上网课，主要是依靠腾讯会议共享屏幕分享 PPT 课件，但写写画画的屏幕和设备就没有了。感觉上课的质量有所下降。第二，人的空间在场对于交流仍然很重要。身体也会传达很多信息。比如，他们的表情、动作可以看出来他们是否专注或者走心。我们的话语，实际上也需要依靠这类信息进行调整。面对面交谈时，有种气场，是网络课程不具备的。我们的身体、着装和神态，在实际会面时，也会调整到相应的状态。在网课里，总感觉自己是用在家的状态来交流。第三，网络视频交流也给了某些互动革新。我有个朋友给学生讲游戏研究，上课前十分钟，各个学生先把一个游戏玩一遍，用互动实践来体会上课的内容。这是我们过去在课堂上没有遇到的。她也善用网络软件互相交流，师与生之间可以以绘画相见。这又让人感觉到网络技术有新的力量。

2020 年 3 月 28 日，星期六

主题词：坚定信心

专题聚焦

47. 社交距离

董晓萍

社交距离（social distance）原是人类学和心理学的概念，指空间区隔所具有的意义。在人类学、民俗学和心理学的研究还都承认，社交距离有文化差异，即由文化的不同决定空间距离的意义。人类学家还做了亲密距离、私人距离、礼貌距离和一般距离的分类，根据分类的级别，开展人际关系层次的研究。此外，在不同文化之中，对空间范围内的身体接触方式也会赋予不同的意义，如握手、贴面、亲吻和抚摸，也都有关系层次的说

法。但是，在本次大型传染病发作期间，社交距离的概念发生了文化转场，转为公共医疗卫生学的概念。经过医学家们科学测算，将礼貌距离稍加改造，选取它的数值，即礼貌距离的 1.5—2 米，作为公共卫生健康距离。在疫情期间，进入这个距离之内，会有传染的风险；保持这个距离或在这个距离之外，可以降低风险或避免传染。在中国前两个月疫情流行期间，严格执行了社交距离的规定，广大居民日用购物、办理银行业务，出入医院药房和乘坐公交车等，都自觉遵守社交距离。

在中国疫情好转后，全球疫情又大爆发，中国经验又传送到世界其他国家，在那里也开始执行"社交距离"。欧洲原有贴面、亲吻、拥抱等千百年风俗，短短两个月不到，人们都改掉了风俗，以保护生命健康的名义，接受了社交距离的概念。还有反向的文化转场。来自法国的一张保持社交距离的图片，选用了一个惹眼的带有亲密概念的标题，叫《距离 2 米，爱的距离》，图片把社交距离的概念，通过一个"爱的距离"的提示，再转回"亲密距离"的概念。"亲密距离"是为两情相悦的人们所设的概念，原指夫妻和情侣的感情空间，这张图片却给了一个明显的提示，即疫情阻隔，爱不缺席。关于疫情改变了人们沿袭已久行为理念，接受新概念的例子，"社交距离"只是其中的一种，还有"测体温""戴口罩""勤洗手"。这批日常用语，一旦转为公共医疗卫生用语，就没有国界、没有种族、没有文化差异、没有民俗传统，变成人类共通词语。人们使用它们的速度越快，越能反映人们的纪律意识，越有利于构建人类公共卫生健康共同体。

《（233）远望灾后创新经济》是一个朋友推荐来的，我不搞金融投资，也没看过股神巴菲特的书，对这篇文章基本看不懂。倒是今天在电视里看到了年逾九旬的巴菲特，纽约记者在采访他，就近期疫情中纽约股市史诗般的熔断，向他请教何故，他表示见所未见，记者因此推断疫情可能会造成美国的经济衰退。阅读资料《（233）远望灾后创新经济》使用了巴菲特的理论，但不是重复巴菲特，而是预测中国灾后恢复经济的前景，提出了创新经济、创造经济需求等观点，料想应该是前沿之论。《（236）远望灾后认识中国》一文，把爱国的道理和中国援外的道理都讲得很透。例如，"我们的制度不是完美的，但是优越的""我们的民族多灾多难，所以才这么慈悲""我们的国家要直面问题，但从不放弃""我们的人民不是低等的，但是最好的"。我认为，对每个经历过这场灾难的中国人来说，选择什么话题是考验，这位作者的话题是中国式的，但也很跨文化，没有较深的中外阅历连一句也说不上来。

48. 公共医疗卫生

董晓萍

本次疫情涉及的最多的一个专业词语是"公共医疗卫生"。"卫生"是人类学、历史学和海外汉学的题目，但国内做得好的不多，他们的脑子里有惯性，就是一定要把卫生与肮脏、濒危、危险和危机联系起来。我看不一定，你们也想想。

中国防疫讲什么？预防。中国讲早预防、早发现，端口前移，把人交到人手里，人防人治，中国医学家确实有中国文化基础，你看看孙思邈的《千金方》，看看李渔的《闲情偶寄》，预防与治疗，五比五。

西方防疫讲什么？发病。发病了再说，端口后移，把人交到机械手里（手术刀/柳叶刀），这里也许有工业革命的影响。当然我这么说简单化了，西医也不是完全不做精神性医疗。但从根本上看，中西卫生是两个思路。

如果从双方角度研究公共医疗卫生，就是一篇好文章。我看过一本英文书《临床医疗人类学》，很薄，医生写的，此医生很有人类学意识，未知他是否懂得中国学问。我还认识一个西方人，写中国人的卫生观，就写消防井盖。题目很机械，很物化，中国人就想不起来。

这次疫情教给人类的东西很多，搞跨文化研究，就要做公孙龙的白马非马；田忌赛马也行，才能出戏。

跨文化每日谈

刘修远

一次全球大流行的疫情让"卫生"再次被人们所注意，"卫生"及与之有关的词语在当下正显示出对清洁关注之外的重要性。这些词语的广泛宣传结合了文化、民族乃至国家意义，承担了将民众从放松和松散的困境中"唤醒"的任务。医学事件也通过与卫生相关的行为转变获得了政治和文化含义：卫生不仅将个人卫生的小空间与公共卫生的大领域结合起来，还改变了城市的物质和人文景观。这次疫情大流行，让我们看到了中国与欧美在口罩的使用、卫生习惯和社交礼仪实践上的不同，"卫生"提供了一个跨文化跨语际研究的理想路径。通过观察这一术语及其实践，我们可以了解不同人群的生存状态如何重新确立，医学方案如何动员和补充国家机制的不足。最重要的是，卫生实践与医学防疫的过程在全球流行病的情境下，既成为身体与文化间关联的集中体现，又成为通过特定任务唤醒民族国家并实现改革复兴的中心议题。

罗　珊

今天的主题是坚定信心。这次疫情是 21 世纪发展到现在全人类共同面对的最大困难。关于疫情带来的巨大影响，不同领域的学者有不同的观点和预测，全球化进程将更加深入还是倒退，经济是暂时受到影响还是将持续性走低，人们的生活将被什么样的情绪和意识形态主控，西方各国政府的抗疫时期的紧急措施一旦收拢，更多权力是否能在疫情退去之后还之于民，等等。但我们应当坚定信心，对战胜疫情的信心，对经济恢复的信心，对政府执政能力的信心，对人民、对人性的信心。同时我们也看到，人类社会始终是需要情感交流的，疫情之下，原本人们熟悉的交往方式在强制下暂时离开人们的生活，但新的交往方式又被创造出来。贴面礼、握手、拥抱等问候方式，不再适用于当下防止传染的境况，于是人们拓展肢体的表达，采用肘击、挥手、合十鞠躬、碰脚尖等方式传递问候，这其中有新的发明，也有古老传承的重拾。只要沟通交流的需求不变，表达方式的创新并不会影响信息的传递与效果，而在特殊时期生成的新民俗也成为值得我们关注的新课题。

高　磊

中国在这次疫情中的表现正如文中所言"中华民族的集体气质里，最迷人的部分，是不屈不挠、自强不息，更是乐善好施、慈悲为怀"。中医院士张伯礼，面对严重疫情，毅然决然奔赴疫区，奋战在武汉抗疫一线，利用中药治疗患者，取得了实实在在的效果和成绩。由于过度劳累，70 多岁的张伯礼院士胆囊炎发作，为了能继续指挥治疗，他切除了胆囊，把胆留在了武汉，与武汉人民肝"胆"相照，十分感人。对待"去全球化"，我想，在坚持"人类命运共同体"的理念下，中国与沿线国家共同建设好"一带一路"，就是"去全球化"最好的反向操作。

李 岩

在这次疫情中，大量中小企业，特别是服务行业，遭遇非常严重的困难。在国务院统一部署下，我国政府有关部门大力支持，切实解决中小企业经营难题，一枝一叶总关情。与此同时，美国股市狂跌，多次"熔断"，中国股市也在持续下滑。面对复杂的经济形势，如何重塑人们对世界经济的信心？如何解决防范疫情带来的次生问题和经济压力？3 月 21 日，在国务院联防联控机制新闻发布会上，国家发展改革委员会有关人员表示，要加快推动包括 5G、人工智能、工业互联网、物联网在内的新型基础设施高质量发展。也就是说，在经济复苏和转型发展中，搞新基建，抓科技创新，而不是传统的地方举债、传统基建。自主创新，埋头苦干，转型升级，才能实现经济的高质量发展，困难是一时的，有党中央、国务院的坚强领导、长远规划、科学决策，有这么多勤劳勇敢的中国人民一起努力，中国的发展前景一定积极向好。

谢开来

跟大家交流一下对 233 号"新基金"阅读资料的几点看法。

第一，"基建"二字，既是中国特殊国情，又是网络文化热点。我国的社会主义国家体制决定了政府要管基础建设，这和许多西方国家是不一样的。美国土地可以私有，铁路可以私有，修一条高铁征地都要协调个好几年。中国体制在基建层面却可以发挥"集中力量办大事"的优势，想致富先修路，高铁网络很快就建起来了，全面扶贫的村村通公路也都修起来了。在武汉疫情最艰难时期优质建成的火神山和雷神山医院，也得益于这种体制优势，当然还有这种体制优势下经过长时间发展起来的中国的基建优势。在疫情后期重新思考发展"新基建"，是中国式经济发展道路的思路，也是中国制度优势发挥的传统渠道。

第二，基础建设和产业完整性是密切相关问题，两者互补体现中国装备制造业在现阶段下取得的优异成绩。在 20 世纪八九十年代全球化特别热烈的时期，也有一阵子要求放弃民族装备制造业，而主要利用全球大市场以节约成本。在经济起飞阶段，部分地区也高度提倡产业升级，要"退二进三"，把第二产业去掉集中发展第三产业。这些看法在今天看来都有问题。应该说，没有老一辈对中国装备制造业的坚持，就没有现阶段全球瞩目的基建能力。香港过去产业升级，把工业化都迁移到内地沿海，广东经济因此起飞了，但香港经济却变成脱实就虚，人人都去玩房地产和金融了，人口素质跟不上产业升级。结果是年轻人挤不进这些"高端"行业，集体找不着工作，然后就变成社会割裂了。

第三，一个国家的产业结构和民俗社会密切相关。我们国家在解放战争时期，共产党大量利用工农兵文艺成果开展社会动员，其中农民文艺最好，士兵文艺次之，而工人文艺薄弱。那个时候看苏联，其实苏联就有矿山工人的民间故事，20 世纪 40 年代就被引进中国，叫作《宝石花》。到现在半个多世纪过去了，中国工业化水平和城市化水平达到了新的高度，也引起部分社会学家的关注。作为第二产业的工业（包括建筑工业和基础建设）要解决我们国家一大批人民群众就业问题。从这个角度说，退二进三不能盲目，也不能过激。我最近的看法是，文化产业 GDP 占有率不能过高，也不能照着美国的文化产业占有率去攀比。他们国家的版权产业前几年就占到 GDP 的 28%，结果疫情一来就出了问题。所以，作为国家而言，还要考虑升斗小民的生计和第二产业的战略价值，考虑一个国家产业结构的完整性。

2020 年 3 月 29 日，星期日

主题词：向经验学习

专题聚焦

49. 想起雅尔塔会议

董晓萍

1945 年的雅尔塔会议对第二次世界大战后的世界格局产生了深远影

响。G20 会议在雅尔塔会议的 75 年之后召开，两相比较，至少，有一点相似、两点不同。相似之处在于，G20 会议在全球疫情造成不亚于第二次世界大战重创的情况下召开，被寄予疫后重组世界格局的厚望。两点不同表现如下。

第一，雅尔塔会议只有 3 个国家参加，而 G20 会议已有 20 个国家参加，元首多了 7 倍，合作与纷争的问题可能多了 70 倍。

第二，雅尔塔会议只开一次就能解决世界问题，G20 会议之后还要召开数次会议才能步步为营向前推进。第二次世界大战后的和平、冷战、东欧剧变、北欧开门、欧盟、申根、全球化、网络信息化、美国霸凌、欧洲影响下降、中国崛起……阳光与雾霾同在。雅尔塔会议催生的联合国，其秘书长，其下属的 WHO 总干事，这次都坐在 G20 现场。战后发展带来繁荣，过度繁荣又滋生了危机。危机能把人类自动变成四海兄弟吗？不能。但中国要坚定信心，用好中国力量，百折不挠地与有志同道挽手，把耐心、意志、技术、跨文化和友爱绑在一起，结成最广泛的国际统一战线，打赢抗疫与经济这两场战役，如此人类就可能从危机中脱"危"借"机"走出困境。

今年的烟花三月未见烟花，祖国还在防疫中。日本内田教授说可赏樱花，然日本奥运会已经停摆。中外 200 余个国家都在隔离，不出门、不赏花、不知月。这次 G20 会议还告诉我们几点：抗疫是国家行为，是公卫事业，它考验人民的执行力、检测国家医疗卫生资源储备、要求组织性与纪律性，缺其中的哪两条，这三条都崩溃。法国来华订 10 亿只口罩，特朗普给英首相约翰逊打电话问检测阳性结果，对方回答的第一句是"你有呼吸机吗"？意大利、西班牙自由世界的瞬间陷落，美国股市的史诗级熔断，连大股神巴菲特都不知如何是好。当然美国政客与美国学者不是一回事，安东尼·福奇也是白宫官员，但他有学问、讲实话、敢作为，极可钦敬。

50. 农夫与蛇

董晓萍

全球疫情中某些西方政要的心机怎样识别？祖宗千年前就留下了经典

验方，编为故事类型叫"农夫与蛇"。记载它的历史文献远溯先秦晋国。现在本群中的石鸿雁做《战国策》的硕士学位论文，会经常碰到活跃的晋国。汉代的《史记》、魏晋的《续搜神记》都记录过它，明前七子之首李梦阳也记过它，明寓言文体家马中锡也记过它，还直接呼为"中山狼传"。在远方，古希腊的《伊索寓言》也有这个故事，据说作者是埃塞俄比亚人，当今世卫组织总干事谭德塞的老乡。《伊索寓言》现在是李岩的硕士学位论文的主攻方向。毛泽东著作也使用过这个典故，批评在政治上和外交上出尔反尔的政客。"蛇"也好、"狼"也罢，其道德水准为方家所蔑视，然其投机指数和风险系数却不可不理。在激烈竞争的时代，这是一种狼性的生存之道。至少至少，可怜之人必有可恨之处。大流行疫情为病毒作祟，需要高度的人文化、道德化的投入，但也会出现高度的政治化的不和谐声音。

我寄给同学们很少量的这方面资料，意在让大家了解，分辨真假是必备之智慧，大家学会在否定中成长，并始终保持阳光明媚、积极进取的心志，是可贵的现代品质。清人龚自珍诗"落红不是无情物，化作春泥更护花"。兹改为"疫情虽是无情物，吸取教训更醒人"。当然，西方国家的人民是善良的。善良的人能看见善良的东西。现代社会集体善良还需要高质量的政府和高素质的国民。

我在牛津大学布莱恩图书馆看书，每次要填写借书条。我除了填写书名外，有时会写版本和要点的提示，希望能为图书管理员查找书目提供方便。布莱恩图书馆的人开始不说什么，只给找书，后来就主动说话了，还给我找阅览室的位置，问我书要不要多留几天。有一次，他拿来几本硬皮封面小书，啤酒价的书，通俗便宜书，我一看是安德留·朗写中国的书，是安德留·朗送给某朋友的，还签了字，是19世纪末签的，某朋友后代的后代捐给图书馆了。又有一次，他拿来一本中国故事书，清朝时英国驻宁波领事写的，此人返回英国后当了剑桥大学教授，教中文，今天应该叫汉学家。我很快就看完了，对他说，这本书有意思，可是也有不少胡说呢，我就把老子住罗马监狱的那段给他看，他也乐。你们知道我们有多高兴吗？掩饰不住的，再矜持的人也懂我们的欢乐，爱书的欢乐。我们彼此说的不多，但都能感受到来自对方的善意。后来我写文章时引用了这些小书，在注释中提到来自布莱恩图书馆的帮助。

跨文化每日谈

刘修远

不知道这次的 G20 峰会、甚至是之后的会议，是否会成为新时代的"开罗会议"或"雅尔塔会议"，但有一点是可以肯定的，疫情之后的世界格局将是多元而广阔的。各国元首讨论如何救灾减灾，刺激经济发展，但不会再像之前一样，诞生超级大国和霸权主义，各国共建人类命运共同体应该通过此次疫情危机成为主流共识。大国有大国的担当和使命，小国也会为和谐国际环境的建立做出自己的贡献。解决疫情、恢复经济，不仅要靠大国的带动作用，还要注意援助部分发展中国家和医疗资源匮乏的国家的善举，包括为他们提供基本医疗物资、宣传卫生观念、输送防疫知识和技术，补足"水桶的短板"。

我最近也在比利时的媒体和政府政策上看到了对弱势群体的关照。比如超市营业的第 1 个小时只开放给 65 岁以上老人，布鲁塞尔警察局成立了处理隔离时期家庭暴力和保护妇女儿童的小组，以应对因疫情而造成的家庭问题，比利时一个行政省的教育部门联系了一个志愿者组织和零售公司，为一万个因为没有电脑而无法网络学习的学生提供二手电脑。超市外排队的人们也都自觉地隔出一段社交距离。这些都让我看到了，即便是在危险的疫情中，这个世界仍然是文明的，人们仍然是关注弱小人群的。

罗　珊

疫情发展到全球大流行的阶段，理性思考的结果都指向合作，才能共赢，这也是全球化合作催生出的各类国际组织倡导的方向，以维护全球贸易的稳定、药物的研发、减少对供应链的干扰。但在现实实践和舆论中，紧密合作仍然举步维艰，这其中中国又承担着尤其沉重的负担和压力。作为疫情最先暴发的国家，中国正不可避免地成为舆论中心。需要认识到的是，全球化背景下，确实存在差异巨大的各种文化圈，这也造成不同文化圈的对彼此的误解。中国网友常说其他国家不会"抄作业"，但事实上照搬才是不可取的。国外舆论指责中国抗疫过程中存在的各种问题，但实际上他们也从中吸取了很多经验和教训，包括对医疗资源挤兑的警惕、方舱医疗的使用、大规模检测的应用等。作为全球最大口罩生产国和出口国，我们一方面大量对各国支援口罩等医疗物资，另一方面又承受了巨大的质疑声音，对中国制造的质疑和对救援动机的质疑。理想国之遥远，不及眼前实际利益触手可及。如何更好地展开国际对话与合作，这其中暴露的矛盾也是人类目前面临的最大危机之一。

吕红峰

向经验学习，意味着只要是正确的方法，不论它属于朋友还是敌人，都要学习，何况当代世界国家间真正的敌人少之又少，更多的是合作与竞争并存的对手，所以 20 个最强大的国家能坐到一起，达成共识。和平与发展还是主流。正确的经验来自科学的研究，科学家只认事实，钟南山、福奇、《自然》《柳叶刀》等都代表了科学之光。

2020 年 4 月 1 日，星期三

主题词：动态调整

专题聚焦

51. 纽约蓝蓝

董晓萍

今天发给大家的第 290 号阅读资料出自华裔女作家张兰之手。张兰毕业于美国密苏里大学堪萨斯分校，艺术硕士、媒体页面设计者，北美华人作家协会会员。她在疫情暴发后热心地创办了《纽约蓝蓝》专栏，每天描写纽约疫情期间的日常生活并对外发布，引起外界无数关心纽约的读者的关注。现在纽约已不幸成为美国的"武汉"，张兰也无意中似乎成了"方方"，但双方其实是很不相同的。

首先，纽约与武汉的地位不同。这好比中国首都北京与金融重镇上海是国之双核，美国的纽约与首都华盛顿也是国之双核。它们都有世界著名人文地理景观和历史文化，都是本国最具领先性、榜样性和创新活力的城市，在世界上也都有重要影响。纽约始建于 1626 年，比华盛顿还要早 100 多年。美国 1776 年宣布独立，1796 年将华盛顿定为首都，而此前的首都就是纽约。纽约有自由女神像、联合国总部、大都会博物馆、帝国大厦、《纽约时报》、百老汇剧院和曼哈顿岛的中央公园等，均闻名遐迩。大都会博物馆收藏了很多中国艺术珍品，是美国人认识中国的窗口。启功先生曾应邀去大都会博物馆鉴定国画，临行前钟老带我去他府上辞行，我看见行李箱里已放了领带和洗换衬衣，还有启老的中国自信。纽约的世贸中心大楼曾是美国最高的摩天大厦，吸引了全世界的商界精英。华尔街的股票交易所、道·琼斯指数和联邦储备银行为纽约三大经济动脉，被视为美国的心脏，也牵动了世界经济的命脉。据统计，地球人知道纽约的人远比知道华盛顿的人还要多。

其次，是美国的防灾减灾应急系统居世界第一位，纽约应急响应水平也排名靠前。毫无疑问，武汉是中国的英雄城市，纽约此番只因疫情失控而情似武汉，但纽约又不可能仅仅是武汉。人们对纽约的失而复得不用担心。退一万万步问，纽约会城陷吗？不会。《淮南子》说"天维绝，地柱折"，没说地点，那是对古人手无寸铁的形容，不能与纽约的顶级能力匹配。但我现在想知道的是纽约如何抗疫成功？这就要从新闻里看特朗普怎么说，纽约州长怎么说，张兰又怎么写。再次，我在群里几次发了纽约的材料，但没有发过张兰的，今天是第一次。张兰不是方方。方方只写武汉，张兰要写跨文化。跨文化不能情绪化、怨怼、灰色，而是要上善若水，地久天长。纽约的华人很多，但现在只能看见张兰一个人在写。我总觉得日子还长，可以再看看，没想到张兰突然就走了，此文竟成绝笔。纪念张兰！

52. 大数据

董晓萍

大数据，全球化信息爆炸时代的产物。这个概念很有学问，无论是从美国进口也好，属中国时尚也好，在智库、软实力、重大评估、战略决策等方面，大数据都有不可替代的优势。

但是，数据比天大，也要人设计。在当下，全球化大数据与人文文化要双建设。举个典型的例子说，在人文鼎盛、历史悠久之处，往往有圣城遗世独立，如法国的巴黎圣母院。然而它的影响就不是任何大数据所能计算的。巴黎圣母院被烧，引起了全球的轰动。人们不为法国哭，只为圣母院哭，什么云计算也算不出这种哭的悲伤。沧海桑田孕育中华文明，这种文明适合伦理的养成、团结的养成。这次中国战胜疫情，就不是靠财富而是靠团结，日本导演竹内亮在《南京疫情现场》的纪录片中感叹中国人在抗灾上特别团结。"团结"二字的分量也不是靠大数据与云计算就能算出来的。

中国人做事，先想别人后想自己，这也是中华历史文明养育的优点，西方文化比不了。西方价值观是个人利益至上的，西方人不知道什么叫团结。西方很早就建立了强大的城邦制度，中世纪以后到处侵略积累了巨大的财富，第二次世界大战后又建立了优越的社会安全体系和福利保障系统，所以老百姓把自己交给社会就行了，不用依靠私人团结。西方人很独立，不啃老，不矫情，这些也都是西方文化培养的优点，用不着大数据、云计算，就摆在那里。刘修远说，每晚八点，他的外国邻居都会为奋战在抗议第一线的医护人员自动鼓掌，比利时的"此处有掌声"也不是用大数据管理出来的，而是发自国民内心，是潜藏于社会契约规则中的伟大力量。

中西文化要互补，不要互相不理解，不要互相瞧不起，这是没用的。从事人文科学的人能为大数据时代做什么？要与科学家携手，要加强人文基础研究，找到数据与人文的匹配值，让社会变得更安全、更美好。这很重要，我看高磊和谢开来的观点大致如此。

53. 一尘不染的布隆迪

董晓萍

巴黎第五区索邦广场坐落着世界瞩目的先贤祠，那是居里夫人、大小仲马和《国际歌》作者欧仁·鲍狄埃等举世瞩目的科学家、文学家和艺术家长眠的地方。2012 年我去讲学，一位热爱环保的法国朋友约我在那里见面，然后带我去了一个店，从店里给买了一包茶叶送给我。茶叶 2 两装，装在行李里的什么地方都行，不增加航空行李的分量，这位朋友是懂得飞行知识的。但中国盛产茶，欧洲人是知道的，马可波罗早在七百年前就都写了。普契尼在《图兰朵》里用了《茉莉花》的时曲小调，此花正是中国的制茶原料。丝与茶皆为中国文化符号，法国朋友也知道，然而这次他的送茶理由却让我吃惊。据他说，自 2011 年日本福岛核电站泄漏之后，布隆迪就成为世界上唯一没有被污染的国家，布隆迪茶叶也是世上仅存的纯净茶。日本福岛核辐射的微尘进入雾霾团，飘过世界屋脊，飘进蓝天大海，几乎覆盖了全世界，就剩下布隆迪一块好地方了。

　　我家几代人搞化学，故对方的话能马上进入我的思维，用俗话说"懂我"。此茶虽不足斤两，在我已是情重意重。这么跟你们说吧，我回国后，从未舍得喝过此茶，甚至连包装袋都没舍得打开过，但我从此记住了这个纯净国度的名字：布隆迪！布隆迪是非洲高山之国，资源乏匮，贫穷安静。历史上的德国和比利时都曾进入这个国家而后扬长而去，现在这个国家没有抵抗自然灾害的能力，有令人称道的零污染，但其脆弱度也孤悬一线。今天偶尔从新闻中听到新冠病毒入侵布隆迪的消息，我难过极了。巴黎先贤祠的伟人团队可否重生？让"倾巢之下，焉有完卵"的隐喻成为过去？可否用你们的高科技和高尚文艺解决人间的难题，挽留弹丸之地布隆迪？我不知悲去何处。

　　近日"群"资料中插入少量负面新闻，目的是让大家观察全球风云、磨炼心智、习惯辨识、深刻理解优秀中华文明，长气魄接纳多元文化，而后坚定学术理想，兼擅求真务实的行动，正所谓"砥砺前行、不忘初心"。在这当中，增长动态思维是很重要的，动态思维不是简单的比较思维，不是我好你不好或你敌我友，而是过程思维。全球防疫形势、各国实力较量，每天每时都在发生着动态的变化。囿于静态思维是不能融入世界大家庭的，除非自讨苦吃且无果而终。民俗学以其多元文化背景和多元方法框架属于动态思维学科，正应该在风雷激荡的世界中找到新的定位，施展功能。至于居里夫人等之于我们，用王邦维先生季老的话说，他们都是"大地的装饰"，我等当不了，但我们也不能当"大地的累赘"。对当前的疫情局势，北大张玉安先生的弟子史阳副教授在微信中写了一段感想，我抄给大家："伟大的祖国有英雄来捍卫，英雄的人民不惧艰难，更不怕别人聒噪抹黑。不就是不服气我们的成绩和成果嘛。只要我们实事求是地走好自己的道路，我们的征途便是星辰大海"。史阳的家乡在南京市，就是日本导演拍摄纪录片《南京疫情现场》的那个地方。他从本科起就孤身登上菲律宾的吕宋岛，在高山大海之间，在原住民部落里搞民俗调查。

跨文化每日谈

刘修远

奥地利政府强制要求顾客进店消费戴口罩，体现了公共卫生防疫文化在跨文化语境的实践，而这种实践也是和科学分不开的。从文化传统上说，西方人认为生病的人才需要戴口罩，但现在科学证明了飞沫传播的可怕，也就使得奥地利政府不得不转变防疫对策。还应该看到的是，奥地利要求进店必须戴口罩的同时，还派员在商店门前发口罩，这就避免了部分人因为没有口罩而无法去超市、去药店买东西的问题，这种与政策配套的措施和关怀既保证了政策的实施，又关照了弱势群体。作家张兰的离世让人遗憾，无法再看到她对疫情下的美国的跨文化书写。但更多的美国华人正接过她的笔继续写。这篇美国疫情日记里盛放了满满的正能量，没有口号宣传，只有生动的战疫细节，鼓舞人心。

徐令缘

格陵兰岛与非盟国家在新冠病毒面前的沦陷，使得人类"失去了最后的净土"，整个地球在没有任何地区能够置身事外，辅车相依，唇亡齿寒。非洲的酷热不能使病毒枯萎，格陵兰岛的严寒也不能冰封住病毒传播的脚步，它如此无情，无论是全世界最重要的经济中心，还是拥有千年历史的古城圣地，都不能得到神的垂青。"从来就没有什么救世主，也不靠神仙皇帝。要创造人类的幸福，全靠我们自己。"在中国为世界争取到的宝贵"备战"时间中，一些国家政府延迟采用防疫措施，这种行为无异于将自己的命运交到不可抗力手中，最终导致的结局是，人们不仅失去了部分自由，更使许多无辜的人失去了宝贵的生命，其代价无疑是沉重和令人警醒的。

疫情的残酷让全世界的人们有了共同思考的议题：自由的含义是什么？社会的规则应当如何构建？人类如何在此次以及未来可能面临的其他危机中保护自己？正如老师所言，"中国战胜疫情就不是靠财富而是靠团结"，唯有"团结起来到明天"，我们才有可能真正把握自己的命运。这种团结是受到中国传统文化滋养的，在文化理解与社会认同基础上形成的团结是一种更加致密的团结。如果现在在世界范围内寻找这种人类认同的团结，那么唯有以医护工作者为核心的团结能够达到如此高度。中俄演艺明星与主持人倾情翻唱的歌曲《天使的身影》，将医护工作者比喻为"白衣天使，白衣长城"，颇有一番意蕴，无论是天使的文化，还是长城的文化，坚定的守护能够激起多元文化的共鸣，也让所有人看到万众一心、我为人人的力量。

2020 年 4 月 2 日，星期四

主题词：人道主义的特质/因疫之名

导读语：（293）重温 G20 云会议"中国策"

（294）习近平按下启动创新工业键

（295）习近平按下启动绿色农业键

（296）留学生安全关切中国国航起飞

（297）留学生安全是我国使馆使命

（298）纽约接待俄罗斯军机

（299）华为投身全球抗疫

（300）美《科学》杂志音频中国

（301）哈佛学者书斋碰撞疫情

（302）马克龙视察法国口罩企业

（303）反击美国霸凌者种族歧视

（304）反击英国霸凌者种族歧视

（305）《柳叶刀》英霸凌者早知道

（306）世界各国机场悲壮停飞

（307）中外手风琴云合奏拉德斯基进行曲

专题聚焦

54. 人道主义的特质

董晓萍

人道主义的特质是什么？是尊重生命。国务院新闻发布会和北京市疫情联防联控新闻发布会连日来的共同话题都是"留学生安全"，世界各国

封城期间飞机停飞都是尊重生命使然。救人？还是救市？无不拷问各国政府行动是否尊重生命。进入 21 世纪之初，人类就遭受了金融风暴、海啸地震等重大灾难的袭击，在汪德迈所说"新汉文化圈"的亚洲国家内，首次出现了"不惜一切代价拯救生命"的抗灾救灾理念。世界很多国家对此给予人道主义的响应，意大利救援队奔赴四川汶川地震现场实施援救让中国人民至今不忘，滴水之恩、涌泉相报。大家知道"不惜一切代价拯救生命"的含义是什么吗？是为了抢救掩埋 72 小时，乃至 120 小时尚有生命体征者，去宁可花费十年二十年市场经济的盈利；是《唐山大地震》中"徐帆"母亲为了"要儿子？还是要闺女？"所承受的生不如死的痛苦。中国的国家、军队、工厂、田园，则宁愿为此退回那个 GDP 低下的年代，也要抢救生命。中国人为此还会有勇气"向苍天再借五百年""从头再来"。这方面的数据，在史培军、王静爱教授那里都有，其科研团队完成了 863 和 973 多个重大项目，是我国灾害学理论的常年践行者。中国历史悠久，就会包袱大，缺点多，灾难重重，这不必遮掩，但我们甩锅了吗？污名了吗？中国说不。尊重生命在中国文化传统本身有整体含义、集体含义和价值含义。因"疫"之名，中国对外来的政治霸权、外交打压和经济垄断的行为必须坚决反击，同时要他们明白，生命共通、美美与共，才是正道。

跨文化每日谈

罗　珊

阅读材料不到两个月时间已经突破三百条，每天跟随老师的步伐，以疫情发展为中心发散，关心国内国际各方面的情况，做一个灾难之下清醒的亲历者。今天的主题是人道主义，物伤其类，对全世界的人类，无论是哪种肤色、哪种信仰、哪种语言、哪种政见，在"人"的意义上，我们是同类，对同类抱有同情、尊重、关怀、帮助，这是文明的底线，也是人道主义精神的体现。今天看到老师分享的手风琴云合奏，非常感动，感谢互联网新技术，让我们虽不能面对面，却可以心连心。虽然国际上不和谐的声音和感谢的声音同时存在，但我国的外交原则不会变，世界工厂的责任和义务不会变，人道主义的援助不会变。与此同时，中国经济在停摆了一个季度之后按下恢复键，这是内部经济的恢复，也是维持世界经济稳定必要的一步。全球化加深了各区域间的往来，瘟疫之下加速病毒传播，重创各国经济，并带来潜在的粮食危机，也更深刻地影响全球经济发展链条。中国作为许多原料的出口大国和生产制造大国，是这个链条上至关重要的一环，我们经济的逐步恢复，一方面给予国际社会对抗瘟疫的信心，另一方面也是保障国际贸易链条顺畅运转的举措。

吕红峰

中国致力于构建人类命运共同体，既是这么说的，也是实打实这么做的，尽管西方国家部分人污蔑诽谤我们，但为了人类的未来，也是出于人道主义精神，我们还是尽可能施以援手。尤其美国现在成为疫情震中，中俄仍能前往支援。同时，外交战线坚决回击，维护了祖国尊严，他们都是最可爱的人。应该做而不愿意做的事是最困难的，然而中国做到了。此时复工仍有一定风险，但为了国家乃至世界经济的稳定，仍然是必要的。《拉德斯基进行曲》一直是维也纳金色大厅的保留曲目，每次新年音乐会的最后观众都会鼓掌应和，可算是一种新民俗，6 位手风琴家连线齐奏，加强了文化认同，鼓舞了抗疫士气。

徐令缘

至今已有的 300 余条学习材料，为我们展示了一个在疫情这面镜子映照下的立体与多元的世界。所有人都是这场疫情的经历者与讨论者，所有的行业与领域都涉及其中，我们同处于一个世界，面对着同样的病毒敌人，但人们的声音如此不同。不同本不可怕，重要的是人们对待不同的态度。跨文化学教给我们运用"对话"的方法处理不同，而对话必须拥有一个共享思想空间作为前提，也就是对全体人类的基本尊重。在这一基础上，对话才能真正展开，而不是充满歧视与偏见；我们的话语才能表达意义构建理解，而不是增加人与人、文化与文化之间的隔阂。每日的阅读中我们都能看到大多数国家、人民彼此的理解与祝福，优美的旋律飞扬在天空；而那些排斥、误解与偏见，也在提醒每一位践行跨文化理念者的心灵，让我们认识到，跨文化的理念虽然那么美好，但在现实中还有那么长的道路要走，要坚定地走。我们每走一步，历史的秒针就会微微跃动一格，虽然在历史的进程中它显得那么微小，"缓慢得让人难以忍受"，但不积小流无以成江海，我们盼望着跨文化友好交流的理念能够真正成为人类基本共识的那一天。

李　岩

今天的主题是，人道主义的特质。疫情是全人类共同的敌人，但是抗击疫情需要付出经济成本，不同国家、不同地区的科学卫生水平不同，资源紧缺时如何分配优先顺序？这些都和公平正义联系在一起。G20 特别峰会发表的共同声明说，我们承诺采取一切必要公共卫生措施，争取提供足够资金来抑制此次大流行病，以保护人民，特别是最脆弱群体。我们对各国特别是发展中国家和最不发达国家，尤其是非洲和小岛国，面临的严峻挑战深表关切。这些国家的卫生体系和经济恐难应对挑战。一方面，需要团结协作，攻克共同难题；另一方面，关注世界欠发达地区、关注社会弱势群体。习近平总书记在讲话中说，面对突如其来的新冠肺炎疫情，中国政府、中国人民不畏艰险，始终把人民生命安全和身体健康摆在第一位。直面挑战、迅速行动、同舟共济、守望相助。人道主义的价值观是跨越贫富差距、反对歧视和偏见、跨越文化隔阂的。人道主义把人的生命、价值和尊严放到首位。

刘修远

疫情之下，很多活动被迫暂停，转到网上，有网络会议、网络教学，现在又有艺术表演类的视频云合奏。云合奏没有在音乐厅里听交响乐那么严丝合缝的完整感和震撼的听觉感受，但其中所承载的精神力量是与坐在音乐厅欣赏不能比的。坐在音乐厅，是在放松的心态下欣赏艺术，而在当下的疫情肆虐紧急时刻，艺术的生命力量在人类不惧怕危险的合作中得到体现和升华。因为疫情，人们不能再坐在一起讨论问题、切磋技艺，但人们想坐到一起的决心是不会变的，这个趋势也不会消失，新的网络"聚会"形式反而体现了人类的勇气，用视频同步的办法把不同文化、不同的心联系在一起。

石鸿雁

古有《战国策》，描述的是战国时期中华大地上各诸侯国的外交策略。今有"中国策"，描述的是 G20 峰会上提出的全球各个国家应对疫情的"战时"策略，分别为：加强团结、加强合作、加强协调。两个"策"，时空遥远、天差地别，反映了中华历史文明的巨大变化，但讲究的都是人类共同体与跨越自我的对话，即各个文化主体、行政主体之间，不是一座座孤岛，而是有关联的。哪个国家想一意孤行，不管不顾其他国家与人民的利益，都是行不通的。加强合作，谋求共赢，才是王道。中国慷慨支援他国人力资源与急救物资，中外手风琴云合奏拉德斯基进行曲，都是当今世界从不同角度阐释跨文化对话的实例。

谢开来

我想来谈一谈《中外手风琴云合奏拉德斯基进行曲》这则材料唤起了我的很多回忆。这个视频看上去是由世界各地的演奏者通过视频会议软件和互联网凑在一起做的合奏，演奏者们都也不年轻，看上去应该是我的老一辈人。这让我感觉到在这次疫情中，我们的老一辈人加速了他们的互联网化。另一个例子在我自己的单位里。我们院领导和所领导年纪大了，都是不喜欢用电脑和互联网的老一辈，但疫情下也接受和学会了怎样搞网络视频会议。学会了这些之后，感觉和我们年轻的一代隔阂又少了一些。疫情，作为危机，正在整合不同的世界和不同的人群——这种整合不仅仅是跨过的，也是跨越年龄层的。在疫情期间，老一辈的再社会化过程，被重视和被凸显，这不仅仅是网络会议等技术所致，还有疫情期间的社会规范等带来的变化。这种现象也让我想起抗战时期，那些离开城市到农村去，后来学会了民间文艺的知识分子们。社会的动荡反而使他们在那个时代爆发出了辉煌的创造力，希望这种创造力也能够在这次疫情之中爆发出来。

董晓萍

明天我会再选发一个经典艺术表演的视频，比拉德斯基进行曲还有名，但我拿到的是一个完整版，容量大，放到微信里不合适，现在吕红峰正在协助做剪辑。从近两个月的发言看，本群师生分三类：第一类，传思想。通过阅读密集的新闻资料，名人从中选择话题，用自己的话发表议论。研究生能传递思想就不错。第二类，写思想，即归纳导读要点，产生个人观点，再行提炼，加以概括表达。能写思想的就能写博士学位论文。

第三类，做思想，即纵观新闻，对有个人经历的部分阐发观点：过去怎么看，现在怎么看，即资料怎么看，理论怎么看。新闻的特点是迅速扩散，触动个人经历的新闻则能改变人的观点，深刻有力的新闻还能改变行动的方向，成为舆情的风向标。这种作者往往是思想事件的经历者。最后，发给大家的新闻资料的影响是短时的，伟人传记类资料的影响是长期的，我这次把这两种资料都发给大家，算是长枪短炮一起用，希望都能发挥作用。

2020 年 4 月 3 日，星期五

主题词：我们与地球一起呼吸

导读语：（308）国务院决定清明节全国致哀

（309）抗击新冠疫情牺牲首批烈士

（310）李兰娟院士谈武汉封城始末

（311）国新会华春莹六问美国

（312）中国百名学者致信美国

（313）普京总统再就疫情讲话

（314）美德两国已启动口罩令

（315）英国疫情中启动口罩令

（316）美国阿拉斯加封城空场

（317）美国当前应急防控对策

（318）加拿大通知封城至 7 月

（319）留学生日记：疫情南非

（320）云毕业：日本大学

（321）云非遗：民歌中国

（322）云芭蕾：俄《天鹅湖》

专题聚焦

55. 云芭蕾《天鹅湖》

董晓萍

今天我从跨文化民俗学的角度，就《（322）云芭蕾：俄〈天鹅湖〉》与大家聊。为什么？因为柴可夫斯基的《天鹅湖》故事即钟敬文

先生所研究的天鹅处女类型故事，而两者的联系却鲜为人道。莫斯科大剧院上演的俄罗斯百年经典芭蕾舞之"柴本"，与钟敬文《中国的天鹅处女型故事》之"钟本"，都源于民间故事。柴本用的是德国故事并转为艺术，钟本用的是中国故事并转为理论，两人都完成了各自再创造的杰作。

钟本对天鹅理论做了十要素，赢得国际关注，柴本又有所不同，比较如下：（1）变形。都有。（2）禁忌。都有。（3）洗澡。都有。（4）动物助手。都有。（5）仙境淹留。钟有。（6）季子胜利。钟有。（7）仙女留居人间。都有。（8）缘分。钟有。（9）术士的预测。钟有。（10）出难题，都有。柴本缺的是：（5）仙境淹留（因为天界只有上帝）、（8）缘分（佛）和（9）术士（道）。

用跨文化学分析柴本与钟本，可知中西文化差异。（1）社会观，柴本是西方模式，姻亲婚，王子与公主爱情至上。钟本是中国模式，血缘婚，以家庭为基础。（2）思维模式。柴本是魔法观，恶魔与女妖出场，爱情战胜邪恶，钟本是巫术观，天庭人间对话，家庭大于个人。（3）婚恋观。柴本中的爱人湖畔采花，二人世界。钟本中的爱人男耕女织，儿女双全。（4）政治观。柴本写皇室王权，王子是世袭制的争夺对象。钟本写普通家庭，弟弟是长子继承制的对立物。（5）艺术观。柴本以音乐大师的巨匠之手变为世界经典样本，中国天鹅经中国民众的"匠"手变为地方戏《天仙配》。"夫妻双双把家还"成为当今国内跨界才艺的保留节目，但不知出国演出的反应会怎么样。

从跨文化学看人类共同文化。（1）人类史。西方叫天鹅，中国叫女鸟，都是达尔文进化论研究的第1号。（2）方法论。柴本使用一系列高技术跨文化，使用了德国作曲家莫采乌斯的创作因素、意大利芭蕾演员皮瑞娜·莱格纳尼的32个单足立地旋转绝技、圣彼得堡音乐传统、完美诠释故事。钟本使用了中、日、印、法跨国资料。（3）语源学。鸟的高科技是飞机，至今世界航空史上将飞机首飞叫"Maiden flight（处女飞）"，飞机还背着故事飞，钟本的天鹅处女故事叫"Swan Maiden Tale"，柴本的天鹅湖故事叫"Ballet Swan Lake"。

余论：钟本理论发表于1932年，柴本完成于1876年，钟本比柴本晚了56年，历史进步了，但理论影响力不及艺术影响力。钟本的十要素论很重要，但当时在宝塔尖上，现在还在宝塔尖上。柴本为全世界任何有听力的人所接受，上网后更加全球化。当然两本也不能这么比，不细说。我最后提个问题请大家思考：艺术能背着故事飞，理论能背着故事飞，科技能背着故事飞，这些都已史有定论。请问：艺术能背着理论飞吗？

跨文化每日谈

刘修远

疫情蔓延至今，关于民众日常生活的侧写或报道层出不穷，但大多集中表现这样两个方面：欧美隔离在家的人如何自娱自乐和医疗资源匮乏或国家局势动荡的地区普通人如何挣扎。对中国和欧美国家的大多数人来说，在两个月的时间内陷入灾难境遇。那些家中的自娱自乐和云端分享的文艺、科学资源在不经意间完成了这样一个成就：在越发碎片化的世界里，人类拥有了作为集体记忆的共同情感和行动的连续性。从这个角度来说，封城、戴口罩、自发生产医疗用品等行为，不仅是应对病毒的防御机制，还表达了对集体行为和共同体的呼唤。社会问题让人们不安——机器生产正在取代工人，移民和难民大量回流本土，经济衰退、区域局势动荡，等等。但面对这些问题，人们无法找出一个罪魁祸首，人群因此而敌对、拒绝沟通，并产生各自对"家园"的重新想象，也有政治阴谋论者将"家园陷落"的原因归结于外部危险。

新冠病毒的全球大流行，可能在促成了共同体的回归，但同时又加剧了隔阂：人们会因为疾病流行，而意识到由强有力的政府领导集体行动的重要性，对自由移动、不戴口罩的谴责，与其说是防止病毒传播，毋宁说放弃对他人责任的谴责。而这正是之前，某国政要只对能拉到选票的群体负责，而忽视其他群体，流行病现在让国家必须重视被忽略的群体，因为他们才是结束疫情蔓延的关键。但流行病也会暴露更多的不平等：当很多人在社交网络上为如何打发居家隔离时间发愁的时候，还有很多人没有可以上网的资源，即便是在发达国家——昨天安特卫普市政府联合某志愿者组织捐赠了 1000 台二手电脑给无法上网学习的学生。面对疫情，也许还需要思考的是如何避免让全球性的景观单一、片面化，避免在连续与共同的行为中产生人为的断裂。

谢开来

我来谈谈云非遗。湖北恩施在我们老家湘西隔壁，算是湘西的老邻居。话也相近，俗也相近。这个视频我看了多遍，有亮点也有问题，现分几点说明。

第一，歌曲部分基本遵循民歌的体制，像模像样。在结构上，首尾两段相似并反复，中间四段相似并反复，把原来散碎的民歌材料拼到了流行歌的长度，形成现代条件下的完整作品。歌词里方言土语用得也到位，如"扯起喉咙""土铺盖""糯糍粑"等词语，让我听了也有亲切感。演唱也很专业，应该受过科班训练，唱民歌能唱出那种"我和老百姓唱一样的歌，但还能比他们唱得好"的效果。单纯从艺术角度来讲，我听不出什么大问题，感觉挺成熟的。

第二，歌词有些地方还是经不起推敲，有的让我有些困惑。比如，"女人头缠长丝帕"，不太像老百姓的生活。关键是我们那边也不产丝绸，土布倒是很多。土家织锦其实不太用丝绸，所以用"丝帕"就显得不太合适。也有可能是表现人民对美好生活的向往，毕竟蒙古人唱歌也老是唱"金杯"，但实际上没几个人真用金杯的。又如"跳的是摆手舞，唱的是哭嫁"这两句显得有点硬拼，其实现实是两个场景，于是 MV 里面也只好分开两段来展示，两个东西在情感上不太好搭在一块儿。"做的是土铺盖，打的是糯糍粑"同上理，连接上也显得硬。打糍粑其实是个很重要的场景，挺盛大的。我们湘西，过年就要打，好多人凑在一起；和"做土铺盖"放不到一起。所以在句子上用"打"，不如用"吃"。但前文已经用过"吃"字，故此处只有用"打"。我估计，词作者在创作的时候，光想着往上贴民俗符号了，但在具体场景和情感衔接上，考虑得不周全，显得杂乱。

第三，场景和服装一言难尽，似与不似处都有。似的地方，包括摆手舞，哭嫁的场景，都像那么回事。雄壮的山水，以及那边特有的喀斯特地貌，也体现出了当地的独特风景。但不似的地方，如说歌手唱土家族的歌，非要带得满头满胸的苗族银饰，民族意识也淡漠了。歌手穿红色的衣服，宽袍大袖，感觉像汉服，也不是民族服装。不过另一身白色的衣服，上面的图案和土家织锦很像，很有土家族的民族风味，颜色也鲜艳，都亮出来可能视觉效果好。可惜上半身的织锦被银饰遮住了，让人感觉苗族味和混搭风用错了地方。当然，土家族的东西硬要用苗族银饰，现在其实挺常见的，在演艺界挺普遍，但老前辈看着也会生气。

总的来说，这首歌在旅游区的大喇叭和大屏幕里放一放，给游客们增加点热闹气氛，勾起游人的好奇，足够了。旅游区的歌曲做到这个水准，我觉得现阶段是合格的，达到了"一般化"的水平。但如果要把这首歌看成"文化旅游"的材料，可能还差些东西。主要的问题在于，这首歌曲给人的感官和文化符号都是较浅层次的体验。它拼凑符号，要的就是入门层次上丰富多样。但文化体验要加深，停在这个层面上就不行，还应该给听众呈现更具体的场景、情感，也要给予他们地方文化或民族文化的同情和理解入口。现在的地方文化产品普遍缺的是这个层面的东西。当然不是说类似的浅层的东西就不要了，浅层的东西也得要，但深层的东西要跟上来配合。在组织制度上，文化人才可能不具备最终话语权，行政精英和商业精英拍板的可能性更多。还有，地方文化人才少，可能是举国常态，能够跨地区做文化对话的人才就更少了。

吕红峰

疫情改变了人们的生活习惯，诞生了很多新做法，西方人不得不戴口罩，居家活动有中国人曾经的影子，也有自己的创新。创新一要符合科学，二要符合一定的传统习惯，日本远程大学的云毕业典礼有学校特色。互联网在战"疫"过程中发挥了重要作用，它不仅让我们能办公、上课，还能享受到优美的艺术，芭蕾舞剧《天鹅湖》取材自民间故事，是柴可夫斯基最著名的代表作之一，莫斯科大剧院能够让世界各地在线同赏此剧，实为功德一件。

高 磊

我结合工作实际，主要谈谈阅读《310 李兰娟院士谈武汉封城始末》后的体会。媒体报道的李兰娟院士介绍武汉封城细节，给我最大的启发就是专业领域专家对重大决策的作用与影响。在高校管理部门工作的一大特点是，因为工作需要，可以接触到多领域的专家，包括院士、讲席教授、长江学者、杰出青年等，特别是对综合性、研究型、高水平大学而言，这样的机会更多些。高校管理工作的落脚点是为学校"立德树人"根本任务服务，是为学校教育教学、科学研究、学科建设、人才培养服务。重要的是该怎么做，怎么落实，怎么服务，虚心听取各领域一线专家学者的建议就很重要。对个人来讲，这是一个学习、进步、提升的机会。对工作来讲，这是使政府决策科学化的重要方式。对管理者来说，专家的宏观指导、建议意见要和国家政策、制度结合。这次疫情也说明，在处理重大特殊事项时，也应该建立医学家听政制度，开辟绿色通道，做到特事特办，不能墨守成规，不然贻误大事。

谢开来

我来谈谈艺术和理论。我想说，艺术能否背着理论飞？说能或者说不能，都挺容易的。

说能，是因为艺术总也离不开思想，故此多多少少要涉足理论的边界里去。我谈文艺史和艺术史上的两个现象。一个现象来自现代文艺理论。我们前几天谈过俄苏文论，后来我继续学习，发现好些文艺理论都是文学家自己写的。比如，雪莱、莫泊桑、托尔斯泰、契科夫、卡尔维诺。他们一边写作品一边总结思想，思想和作品相互渗透，就能突破技术实践和理论思考的边界。另一个现象来自观念艺术，现代艺术家对于技艺已经没有古典艺术家那么重视了，他们更加关注艺术思想的突破和概念的塑造。我前段时间在这个群里谈过约瑟夫克苏斯的《一把和三把椅子》，当时是把它和徐冰的《鸟飞了》做对比，借艺术作品，谈中西语言的特点。后来翻《理想国》，发现理想国里面就谈，世界上有三种床：理式的床、图像的床和实物的床。回过头看，发现《一把和三把椅子》就在践行《理想国》里床的观念。也许床太大了，不适合放展览馆，于是便改成椅子。所以，你看文艺史和艺术史，就是能够看见文学家和艺术家对理论思想的运用。

说完能，也要谈谈不能。谈不能的时候涉及好几个边界。第一，艺术和理论之间的边界。尤其是艺术讲求形象，思维讲求逻辑，形象和逻辑的语言不是一回事。我老记得梁启超谈佛教时说过，比喻其实容易犯错，因为比喻性的阐述是不精确的；但不比喻的时候老百姓又听不懂。这是个两难问题，恰好就打中了艺术与理论之间的矛盾。第二，思想和理论之间的边界。艺术总能够表达某些思想，但思想还不是理论。理论是由思想系统化、完整化以后的产物。艺术限于其自身范式和篇幅，很难完全展现出系统化和完整化的思想。同时艺术也有自己的目的，有它自己的经济和意义，它不是为理论而活的。就我的记忆中，目前应该没有能够很好地展现一种理论的艺术作品。希望以后可以长见识。但就目前来看，艺术和理论，各有各的语言——有时候，两种语言就代表两种思考方式。第三，是艺术家和理论家的边界。像我爸那一辈，就是特别纯粹的艺术家，我跟他讨论作品的时候，说得稍微抽象些，他就会说，我谈的都是理论，没有落实到解决方案上。问题是这样的，艺术家和理论家在思路上、习惯上、社会关系上、经济关系上，都差别太大了。我也听过北京大学艺术学院的课，但他们的课总的来说还是在为理论建构服务的，有时候是阐释，有时候是解读，很多情况下都不能指导实践。艺术家要跟着学者走，很容易被饿死。就目前来看，艺术和理论各有山头，交流对话是一项事业，咱们得披荆斩棘。

徐令缘

钟敬文先生《中国的天鹅处女型故事》一文是民俗学专业研究生的经典必读篇目，它是钟先生给我们留下的宝贵学术财富。但钟先生的研究已是近一个世纪的成果，我们必须将经典向前发展，才是对经典最好的继承，此时董老师为我们带来了跨文化故事学的研究框架，引导我们思考：跨文化视域下的故事学研究，展开不同文化系统中故事类型的对话，具体应当采用什么方法？应当纳入哪些范畴，才能展现故事文本所从属的社会文化结构？传统民间故事的母题，如何在当代跨文化研究中大放异彩？如何在大众接受与世界接受的领域内焕发新的活力？如果说前几个问题，董老师已经运用"会唱歌的骷髅""天鹅处女"等个案研究给了我们学术上的启发，最后一个问题的答案，我想就在柴可夫斯基的作品、罗大佑的作品和今天老师与师兄师姐们的讨论之中，也就是在民俗学与艺术学的交叉地带中。

对于艺术学与艺术实践我都是门外汉，但结合民俗学的知识，我浅谈两句。自古以来，民俗学的资料系统就与文学、艺术的资料系统有某种一致性，如果将民俗学材料与文学、艺术的区别进行批判性分析是一种民俗学的研究视角，但我们决不能否认它们的同构、依存与转化，浑然一体才是这些作品存在的自然模式，而并非学者分类。从功能与传播的角度来看，大众在讲儿童故事时，无论这故事是自古民间流传的、还是现代作家创作的，只要故事有趣或有教导意义，能够满足教化或审美功能，人们就会讲述它；同理，歌谣、歌曲、小戏，只要能嵌套进功能结构，就能生生不息。这种历史的、天然的模糊边界，昭示我们，随着现代艺术体裁的演进与发展，民间文学与艺术材料也必然会继续与文学艺术材料保持同构，两者持续相互激发。进入现代艺术体裁，也会成为民间文学艺术材料走向跨文化交流的重要一步想想看，一千五百年前"唧唧复唧唧，木兰当户织"，如今的《花木兰》电影，还能配以英文插曲，这足以让我们在古今中外的穿梭中思考当下。

2020 年 4 月 5 日，星期日

主题词：深度阅读

导读语：（324）［意］费里尼的电影导演人生

　　　　　（325）［英］阿黛尔的流行歌曲人生

　　　　　（326）［中］任溶溶的少儿翻译人生

专题聚焦

56. 艺术背着理论飞

董晓萍

　　现在中国的新冠疫情已被控制，全球的疫情还在汹涌蔓延，公共医疗卫生健康的公共问题把中国放在世界之中。在中国与世界的关系讨议上，已涉及医学科学与政治、经济、外交、军事、文化等方方面面。这些讨论已远超出高校文科研究生的知识范畴。我们以往的讨论是必要的，在全球视野与中国关切的主题下，大家阅读中国和中国文化，阅读世界和多元文化，也阅读跨文化学专业与自我，收获颇多。但高校教育毕竟以专业毕业的目标为主，从今天起，本群聊暂时有个转向，向我们熟悉的专业转。转向以跨文化学为主，分五方面：跨文化学理论与方法论、传统国学（传统文史哲、艺术学）、跨文化民俗学、科技史学和跨文本翻译学。我们仍然置身全球战"疫"中，始终与人类命运共呼吸，但我们也要首先把自己训练成高品质有学问的人才，才能贡献于世。总之换个角度，继续讨论艺术背着理论飞。

跨文化每日谈

刘修远

艺术能否带着理论飞，我想就《326［中］任溶溶的少儿翻译人生》谈自己的想法。现代"儿童"概念是从晚清到五四时期逐渐形成的，但"儿童"的发现是一个历史的过程，受到社会结构、政治文化、地方传统、群体、性别等诸多因素的影响。不同时代与儿童有关的文艺作品既反映了当时对"儿童"的认识，也推动着"儿童"的形成。钟敬文先生在《关于〈孩子们的歌声〉》中提到，儿歌，包括儿童自己所作的歌谣和别人为他们而作、而唱的歌谣，但古代的歌谣常被附以谶纬之意，近代文学上许多文士所创作的"童话"投射的正是成人之生活、思想的影子。各种著名的童话故事中，有很多反映了生活生产、城市与农村风俗的内容，这些既帮助理解作品中儿童的生活情况，也是研究"儿童"的概念变迁的资源。现在不仅有儿童读物，还有儿童剧、儿童音乐、儿童用品、儿童医院等，儿童已成为社会的重要群体。对儿童文学的研究，也不局限于作品本身，而可能会涉及很多学科。现在创作适合儿童欣赏的作品，也会从儿童文学理论、儿童心理学等角度去考虑，从这个意义上说，艺术与理论齐飞。

李 岩

一个小小的故事，竟然让钟敬文先生、柴可夫斯基如此重视，天鹅处女型故事实在是一个跨文化研究的典型个案、学术研究的富矿、世界级的课题。一边是艺术，另一边是理论，董老师又给我们上了精彩的一课。任溶溶是中国孩子都很熟悉的一位儿童文学作家、翻译家，多少孩子都读过他创作或翻译的故事。今天，在董老师的导读下，走进任溶溶的学问之路。任溶溶从小打下了良好的国学基础，又学会了多门外语，这为他日后的工作助益良多。任溶溶至少需要跨越两种文化，中国文化和外国文化，成人文化和儿童文化。要想把外国儿童文学翻译好，就要做到这两重跨越。然而，正如文中所说的，西方儿童文学的历史并不长。因为"儿童"的发现，在西方是启蒙运动以后的事情了，又在现代影响了中国。

罗　珊

关于艺术是否能背着理论飞翔，我认为答案是肯定的，但不是绝对的。我想老师提出的概念中，艺术承载的理论是与文化背景相关的理论，在这个意义上，艺术可以背着理论飞，作为介质，飞向遥远的地方。人们常说艺术的欣赏是无国界的，打动人的艺术作品就是好作品。艺术的珍贵在于其传递情感和能量的方式本身是无门槛的，只需要接受者打开五感。但理解艺术、理解感动和喜爱从何而来，是需要文化常识和理论的。当东方的艺术作品飞向西方，山水画上背着"拟太虚之体""以道心观物""天人合一"的思想；民间文艺作品中更是背着民间文化强大的生命力和丰富的形式美。但回到前面的问题，并非所有的艺术作品都能担起背着理论飞的责任，一如谢开来之前回复中提到的当下文艺创作存在的各种问题。所以，我们应当追求扎根文化、吸收本土文化理论、有力量、能传递情感的艺术作品。

司　悦

老师今天分享了电影、音乐和文学领域三位艺术家的电影人生、流行歌曲人生和少儿翻译人生。三个人的成功都离不开他们的跨文化经历，科·费里尼是导演也是编剧还是制作人，阿黛尔是歌手也是创作人，任溶溶是翻译家也是作者。文艺作品的创作需要创作者有深厚的文化底蕴、了解受众的需求、一定的理论和技巧。艺术背着理论飞，需要创作者有将理论和实际相结合的能力，也考验着受众的理解和解读能力。艺术和理论的有机结合，或许会让两者都走得更高更远。

李亚妮

关于跨文化翻译。我谈谈对儿童文学翻译家和作家任溶溶先生访谈录的读后感。任先生一生致力于儿童文学的翻译和创作。任先生的翻译给我们提供了典型的跨文化翻译的个案。跨文化跨文化翻译不同于传统的语言翻译，传统的语言翻译是语言文字的转换，而跨文化翻译则是文化的转场。任溶溶的儿童文学翻译不仅仅是两种语言的转换，而且也是两种文化的转场，一种是中外文化之间的转场，另一种是成人文化与儿童文化的转场。任先生是将儿童文学的生命力融入血液的文化转场。这一点在他翻译的《夏洛的网》中特别明显。除了《安徒生童话》《彼得·潘》之外，任先生还翻译过一些民间故事，如《俄罗斯民间故事》《亚美尼亚民间故事》等，他在85岁高龄的时候还为《幼儿故事大王》开辟专栏翻译外国的童话故事，其中就包括一些以前未翻译过的外国民间故事。这些故事的翻译语言自然流畅通俗易懂，既忠实于原作的思想内容，又有中国儿童阅读的语言习惯，甚至在语调上都能有幼儿语言的韵律感。我以前因陪伴孩子阅读也很入迷这样的故事。儿童文学在中国文学中的地位一直较弱，儿童民间文学就更为尴尬了，如今从跨文化翻译的角度来重新解读别有一番意味。

2020 年 4 月 7 日，星期二

主题词：*深度阅读*
导读语：（329）［英］詹姆斯戴森的发明人生
          （330）［中］黄晖的海底种珊瑚人生

专题聚焦

57. 戴森的哲学三问

董晓萍

    自 4 月 5 日起发给大家的阅读资料，全部源自疫情期间中国国际广播电台对外播发的"环球名人堂"或"故事会"节目，人物覆盖自然、人文、社会、工商业各领域，后面我也会使用钟敬文先生的资料。这些人物的共同特点是对人类社会做出了举世公认的贡献。意大利费里尼的电影、英国阿黛尔的歌声、德国舒尔兹的数学、英国戴森的发明、中国李道增的建筑和黄晖的种珊瑚，都有国际公认的贡献。我希望大家花一点时间仔细看这些资料，要看出"热爱"是伟人共性，要看出坚持是不二法门（李道增的 40 年坚持和戴森的 5127 次试验），还要看出最难的一步各有不同，要看看他们是怎么克服难点或痛点的？我在前面不是说了"哲学三问"吗？即从哪里来，到哪里去，怎样到达目的地？在这次发给大家的英国发明大王戴森的资料里，就有明白的三问和明白的三答。

    今天的世界处处需要"公认"。当然，这些名人不仅仅是"公认"，还要"举世公认"。什么叫"举世公认"？汪德迈先生有个观点，我抄在这里："向别国人民、别国文化介绍中国自己创造的文化

形态和社会模式，不是容易的事。这里有一个条件：就是中国化的外来模式，如果是值得看的，那么别的国家也会佩服。如果只是中国内部化的对外制造，就不会引起外界的兴趣，也可能中国人自己认为有意思，但不可能是对世界的贡献。如果要对世界做出贡献，就应该提供让别人感到值得注意的东西。"汪先生的这些嘱咐，用本专业的术语说，就是做出跨文化的贡献。有了这种贡献，好东西才能属于人类。

跨文化每日谈

刘修远

戴森先生的发明与日常生活息息相关。他经过长时间坚持不懈地实验与探索，才发明了专利吸尘器。他解决的问题看似简单，实则蕴含着智慧和耐心。黄晖研究员研究的珊瑚关系着全球生态保护问题，是一个长期的研究项目，对珊瑚要进行很长时间的观察与探索。做研究，不管是什么问题，最后都要归结到坚持与反复上。

徐令缘

中国国际广播电台所制作的"世界名人堂"与"故事会"栏目，是以中国广播媒体的官方视角，以中国及中文语境观众作为受众，对中外名人的事迹进行介绍的系列节目。他们在甄选并制作这些"经典个案"的过程中，充分考虑到了这些名人对全世界人类社会所做出的贡献。这种贡献需要获得整个国际社会的认可，有利于全人类的福祉，而并不只是有利于某一地区或某一社会，这种共享价值，正是这一系列学习材料中所携带的"跨文化性"。詹姆斯·戴森（James Dyson）不仅为世界贡献了独一无二的发明专利，给人们的生活带来了更多便利，同时也在创造与书写着一种具有"学者"或者成为"探索者"精神的商业模式。商业模式的运作受到一系列现代社会影响因素的制约，但5127次实验的执着、"哲学三问"的智慧，都在筛选着浮躁商业环境中的真正价值。黄晖教授的珊瑚研究，不仅仅是她一生热爱与持续追求的目标，更是她日常生活的一部分，她背着沉重的装备、在艰难的环境中实地考察，与家人共同在工作岗位上度过春节，都已说明了研究事业在她生活中地深深沉浸。"把学问化为人生情操，实现两者完美的统一"，这是前辈学者留给后学的精神财富。

2020 年 4 月 9 日，星期四

主题词：深度阅读

导读语：（334）［美］芒格的研究生论文写作建议

（335）［中］钟敬文的民俗学研究生教育

专题聚焦

58. 钟敬文的诗教与文教

董晓萍

民俗学作为一个国际化学科，除了它的国际化出身，国际化理论与方法论，还有它与艺术的特殊的联系。中国民俗学派的特点之一是艺术结缘理论，钟敬文先生是诗人、散文兼理论家，对造就这一学派的特点起到决定性的作用。钟先生甚至表态，身后墓碑刻有"诗人钟敬文"足矣。本次发给大家的是一篇发表于《人民日报》海外版上的旧文，但在疫情中看看仍不过时。文中第一段，写了钟老带我去贵州开会遇到空中灾难，大家可以看他对于生死两字的镇定自若。前两天，我问大家，艺术能不能背着理论飞？大家都说能，我的答案也是能。但我的这种认识不是大数据推算出来的，也不是从书本上读出来的，是因为人生际遇中遇到钟老。

我自己出身于自然科学工作者的家庭，阴差阳错地跟随钟老学习和工作几十年，于是钟老的这种"艺术"特点，在我头脑中便显得格外清晰。钟老也是大师级的教育家，他的"艺术"、理论与教育三者，由于他这个人的存在，天衣无缝地统一在一起，这就是三绝。三者你背着我，我背着你，积高为高，可以羡慕，不可复制。落实到钟老与弟子的关系上，我姑且将之分为"诗教""文教"和"格教"。今天发的文章从三个侧面都谈

了。对钟老"诗教"的讨论，我后面还会谈。我说钟老的"格教"，是引用《礼记》"致知在格物，物格而后知至"，借而用之为学术教育，学术教育必须严格遵循科学与事实。至于"文教"，特指培养擅长文艺创作之才，这在本专业也是"有意而为之"的特点，我过去说得少，今天在这里先说。北京师范大学民俗学专业招收研究生是名副其实的高等学府"老字号"，但进门就说要创作，出门还说要创作的只有两人，一是严优，二是谢开来。我写过怎样看这件事，今天也把文章补发给大家，即《论民俗学小说》。

现在我接着谈钟老的"诗教"特点，大体有五。

第一，在方法上，他运用社会史与文艺学的观点分析诗学，也使用想象、意象、情感和理智等概念。

第二，在范畴上，他的诗教，有诗歌与诗学，也混合着个人体验和社会心理。这是他的人格和学格合一的诗格，是一种柔丝与金刚混合的格调。钟老等前辈还吸收了马克思主义的观点，但能实事求是地运用，否则他们这批遭受磨难的饱学之士，就不会"文化大革命"后再度爆发热情。你们随便找出什么开山宝镜，照来照去都能找到钟先生，就是因为他始终都是他自己。

第三，在性质上，他将诗学本体论与诗歌创作论进行综合研究。中华人民共和国成立后，会做旧诗的人仍不在少数，会做新诗的人也越来越多，可是会做新、旧诗的人就很少了，钟先生是能为者。科学与诗、理论与创作，在有些人是矛盾的，但在钟先生并不矛盾。在他的笔下，诗是科学的发现者，科学也是诗的发现者。当他把这种学问传授给学生的时候，学生们之所得，绝非表面的喝彩，而是中国理论与中国经验的内生深刻性。

第四，在资料上，钟先生对中国古典诗词、五四新诗、延安革命诗歌、新中国诗歌和日本俳句等各种诗歌资料勤苦搜录，而后广博展现，能把人带入一个中国文化精神的海洋。

第五，在立场上，他的诗教，不搞政治图解；而是有诗歌欣赏，也有理论独创。我们能够想象，这样一位著名诗人、这样一位成名学者、这样一位五四骁将、这样一位留洋人士，在他年富力强之际，曾经怎样雄心勃勃地发下宏愿，他在历尽风雨途中又怎样对写诗和诗学不能割舍。对诗歌与诗学彻骨酷爱的他，以此施教学生，是把满腹诗才、全部学问都奉献出来。他曾不辞万难地去走一条没人走过的路。设若没有那些莫须有的灾难，他肯定会把诗歌、诗学与诗教这本书写得更完整，可惜这本即将出炉的书在历史的某个拐点上被合上了。都说历史没有"如果"，不过在这一类的损失上讲述"如果"，还是可以增加正能量。

跨文化每日谈

吕红峰

董老师在《人民日报》（海外版）发表的这篇文章我们以前也看过，每次看都有新收获。研究生的学术培养有中外公认的标准，董老师曾经写过，当她和钟老讨论学术见解兴起时，钟老总是说："写下来！"芒格的论文写作建议，可谓实用且一针见血，也是强调首先要落在纸上，"好文章是改出来的"这句话以前董老师就反复说过。我国由于历史传统和文化背景等原因，和西方相比，师生关系超越了学问传授，钟老以其言传身教和巨大的人格魅力，教育着一代代师生，他的成功不可复制，但他留下的遗产是我们一生学习的财富。

刘修远

在我看来，这两篇互为补充，相得益彰。芒格教授谈的，更多是踏踏实实积累，所谓"图难于其易，为大于其细。天下难事，必作于易；天下大事，必作于细"。学术是一种训练，没有日积月累的基本功练习，那只能是盖空中楼阁。介绍钟老教学的这篇文章让我领略一个大学者淡泊谦和、轻松爽朗的一面。学术工作是艰苦的，但钟老的诗人气质和诗心情怀又让学术充满趣味。古人赞赏柳永说"有井水处皆能歌柳词"，钟老则是"有井水处皆能赋诗"，随物赋形，信笔挥洒，而这种创作才能又是以童蒙时期开始的深厚积累为基础的，读来深感钟老"瞻之在前，忽焉在后"。我国古代就有诗教、文教的传统，以诗入心，以文化人，钟老潜移默化的教学在一问一答之间润物无声，是中国绵延千年的教育理念的再现。

罗　珊

钟先生的艺术、理论、教育三者统一，达到常人难以复制的高度。因为难以复制，也成为指引航向的灯塔。我们从前辈学者身上，不仅仅学习"技术"，更学习"为人"。芒格的文章讲到学术写作的训练，在疫情发展的今天，我们正在老师的组织下每天进行这样的写作训练。训练我们的对世界、对事件的看法，并将想法诉诸笔端。近两个月的每日练习，已经成为一种写作惯性。董老师写钟先生的文章大家都曾看过，却常看常新。后学仰慕钟先生，不仅在治学，更在钟先生的治学之道达到"道法自然"的境界，成为生命与学问地结合。虽未能有机会亲见先生，但在董老师的叙述中，仿佛能真切感受到先生的教诲，这也是一种传承的幸运。

高　磊

钟敬文先生对研究生教育一文值得反复阅读和学习。在党中央、国家高度重视研究生教育培养、各大高校争相开展"双一流"的建设过程中，钟先生的思想值得深入学习和探讨，更值得年轻一辈继承和弘扬。大学的发展离不开"人""财""物"，但核心还是在"人"，专家型教师队伍是一所大学的核心竞争力。钟先生不仅在学术研究、学科建设、人才培养、国际交流等方面建树颇丰，钟老还曾担任大学领导管理职务，在教育管理领域的思想特别值得我在工作中进一步学习、领会。习近平总书记在北京师范大学考察时提出有理想信念、有道德情操、有扎实学识、有仁爱之心的"四有"好老师标准，钟敬文先生当之无愧。钟敬文先生的精神和故事也激励、鼓舞和鞭策一代代民俗学专业的研究生勤奋学习，励志成才。

徐令缘

钟敬文先生的学术人生是中国民俗学专业研究生心中的传奇，虽然我们未曾有机会与钟老谋面，但他的音容笑貌与人生故事已经深深印在了大家的心中，钟先生活在每位后学的尊敬与怀念之中，成为一颗明星、一面旗帜、一座灯塔，鼓舞着、指引着所有民俗学研究生不懈奋进。钟先生教导年轻学生坚持写作，写作是所有文科研究生最重要的学术练习与学术工作，是东西文化共享的思维训练与品格磨炼的重要路径。年轻的研究生更要多写，通过语言的整理与表述，零散的观点整合为概念的系统，从而习得学术化的思维与学术表达的方式，我们每天的学习心得与读书笔记撰写，都是在老师的指导下实践这一学习过程。通过不断练习，认识加深、积累增厚，这是一个逐步推进的过程，也是芒格教授所言"写作锋芒的磨砺"。只有经过千锤百炼，将学术概念融贯于胸，让语言表达驾轻就熟，才能达到钟先生评价季羡林先生的散文耐读，达到"如闻野老说家常"的境界。这是朴素语言中蕴含的深刻智慧。当然，研究生初入学术之门，无法做到如钟、季两先生般炉火纯青，但我们也要闻鸡起舞，一生追随。钟先生一生笔耕不辍，为我们留下了 16 卷 30 册《钟敬文全集》的宝贵财富，也留下了一个书斋之中伏案疾书的大师背影，他的谦和、坚韧与智慧，是让每位后学难忘的言传身教。

司　悦

有幸进入北京师范大学国家老重点学科，在导师的指导下，跟随钟敬文先生的脚步学习，感受大师建立的学科风采。钟老对研究生的培养是无私的，也是无处不在的，每一次和重要学者的交谈都注重与学生们知识共享，研究生们每次陪着钟老散步都是宝贵的学习机会。钟老本人笔耕不辍，写诗作文成就之高，是我们后学所无法企及的，但始终激励着我们向前辈学习。董老师在教导我们的时候也常常要求我们"写下来"，读书就要有读书笔记跟上，听课就要有听课日志跟上，每一次的训练都要有总结，一次次的训练都是在为论文的写作做准备打基础。芒格对提高学术论文写作的建议也在强调着写和改的重要性，尤其是文科研究生更离不开日积月累的写作训练，在导师指导下不断修改，才能写出合格的学术论文。老师在疫情期间的"千字文"训练，为我们提供了难得的平台和机会。正如每个学期开学教育观看钟老纪录片中所说"斯人已逝，历史向前，我们凝望钟老，我们自强不息。"

李亚妮

再次拜读董老师写的有关钟先生的研究生教育活动的文章，特别是在钟先生已经离开我们近 20 年的时候，无比怀念。我曾作为小辈后学在刚进入民俗学专业读硕士时聆听过钟先生的授课，现在想来是得了上天的恩惠才有此机会。当时先生已年届 98 岁高龄，在寒冷的冬季给博士生、硕士生们讲授论文选题与写作的要求，对每位博士生论文的选题都给予重要的、清晰的指导。也曾记得在炎热的夏季，一位年轻教授来我校做关于学风建设的报告，钟先生主持，坐在教七楼从头听到尾（当时教室是没有空调的）并做总结讲话，强调扎实严谨的学术作风和诚信的做人原则，民俗学专业的所有硕、博士生在场聆听。还能忆起先生在医院的病床上还每天不断修改自己的书稿（我们研究生们轮流念稿子，先生会将需要修改的内容告诉我们记下）百忙之中的先生还会抽时间跟我聊学习和生活，并在下次见面时还会记得你的家乡和你的兴趣，这些无不让我们后辈感动、敬佩和膜拜。去年我坐在国家图书馆一页一页地翻阅 16 卷 30 册的《钟敬文全集》时，这些过往仿佛就在昨日。董老师对钟先生的教育、治学与人生经验点滴的记录与阐释，读来温暖亲切，让我们在更多的学习与生活节点上与大师精神链接，警醒自己勿忘教诲。董老师也在不断地传承这种治学精神和师门传统，并教育我们不忘先贤与勿负其望。迈克尔·芒格教授给学生的论文写作建议，也是老师要求并指导我们所做的，将写作作为一种生活方式，最近的"千字文"训练就是这样一种方式，大家都有收益。

石鸿雁

芒格为研究生论文写作提出了建议，核心在"写"。这与董老师之前教导我们的"千字文"，以及董老师一贯的教学理念都不谋而合。我以前总是认为自己写作的水平不尽如人意，就不愿意动笔。但这不是进步的道路。要想有所进展，就必须动笔。董老师发表于《人民日报》（海外版）的《钟敬文的民俗学研究生教育》，以旁人接触不到的视角，叙述了钟老的学术与生活中亲切动人的一面，让钟敬文先生的人格魅力更加丰富了。

谢开来

自己也长时间思考民俗学写作，还有民俗学和小说创作的关系。大体上，民俗学与文学的关系是可以确定的。我记得严优师姐最开始用杨家将故事写小妹挂帅，最近几年她不这么干了，转到中国古代神话整理和普及的路上。我自己在入学以前一直想做的是奇幻小说，但由于种种原因却做成了网络歌曲。看过别人的经历，再从我自己的经历反思，我想说民俗学和创作的关系是相当复杂的。民俗学有民俗学的本位，文艺创作有文艺创作的本位，两者的写作要求不一致。我们今天谈学术写作，又谈钟老的文教，我感觉是两重天地。

学术写作是研究生培养的必然要求，进门要学，出门要会。我现在给研究生们上课，也看他们的期末论文；有时候也给我们院民俗学专业的学生谈一谈论文写作，看见学生写得不好，不仅会觉得糟心，也会替他们着急，其中的感受真是一言难尽。我们院从这个学期开始，给研究生开专门的学术写作课程，希望把他们的学术写作水平给提上去，可见这事不是我一个人在着急。当然，学术写作不仅得靠上课，也得靠上手。我记得过去董老师上"民俗学原理"的课，同学们每周都要写小论文，那样的训练对于我们写作的提升是很快的。我们最近在群里练千字文，也是一种练手，但更为自由奔放。写好写坏有时候看发挥，但也更能容纳同学们的"灵气"。

文艺写作，对于今天的同学来说是额外技能。没有也无伤大雅，有则锦上添花。钟老写诗跟吃点心差不多，时不时就来一首，那是他个人的天才，也是时代给予他的能力。对于他来说，诗不仅仅是作品，也是社会交往，也是高等教育。言若不能达意时，诗可以达意。有这种环境，这层功夫，才有钟老的诗教。今天回头看钟老，我这个徒孙辈已很难做到那种程度，作诗变成偶尔的闲情，也是生活和心理的调剂。在这种状态下，也能够感觉到诗对人生的作用。尤其是诗求阔达，求美丽，求坦然，故心里有什么东西若过不去，可在诗上过。在诗上过去了，心里有的事也就过去了。当然，写完诗后，该做的事情还得做。我想说的是，力道的的作用都是相互的，人创作诗，诗也塑造人。诗这样短小而精制，我们可以时不时地塑造和被塑造一下。

这个世界不能人人都作诗。我写博士论文时谈过民歌运动，那就是个倡导人人作诗歌的运动。可是这个世界上实际并无那么多的诗人，那么多的诗心。不愿意作诗的人、不喜欢作诗的人、不擅长作诗的人，他们的创作怎么能谈真善美呢？故而我时常想，作诗也许多了一条可供行走的道路，并不高于人，也不能强要他人走自己的路。在这点上，我们学科也没有强迫，也讲究了顺其自然，就像是钟老谦和的内心状态那样。北京师范大学民俗学专业主要的任务在提升学术能力而不是创作能力，这个定位也是很明确的。

董老师说，民俗学的一半是写作。这句话我极认同，主要是在学术写作的范围里去认同。民俗志的书写、民族志的书写，其实都离不开写作技能。它们有特定的框架和理论，是同学们进入学科以后需要掌握的特殊手艺。如果毕业了要继续做学术，那这门手艺就是自己的饭碗。现在看，民俗志和民族志的书写，也需要灵气和手艺才能写好，这和文艺创作是相同的。田野日志也是，要写得真实、可靠、有意义，既要求学术能力也要求文字创作能力。不能写的学生就会吃亏。

2020 年 4 月 11 日，星期六

主题词： 时间窗口

导读语：（362）世卫组织致敬人类战"疫"视频

（363）世卫组织贫穷国家将成防疫重点

（364）地球在新冠疫情阻断中环境自救

（365）英国剑桥大学溯源病毒三种来源

（366）美国纽约时报记者分析中国经验

（367）德国启用安东诺夫航线自提物资

（368）中国现代化的进程出现时间窗口

（369）作家罗琳《哈利波特》文学人生

专题聚焦

59.《哈利波特》与魔法故事

董晓萍

今年是《哈利波特》中译本在中国发行 20 周年的纪念年，出版它的人民文学出版社已准备举行系列庆祝活动，包括邀请英国女作家罗琳（J. K. Rowling）来中国，与热爱《哈利波特》的广大读者见面，但由于新冠疫情，这个计划暂时搁浅。在这期间，罗琳本人也曾罹难新冠肺炎，所幸现已康复。当然，这件事需要引发我们对《哈利波特》现象的思考才是更重要的。对我们诸多跨文化学方向的研究生来说，拥有文学学科背景，始足于民俗学专业，对《哈利波特》现象还需要长期自问，无论从事文学创作与否都要问，问什么呢？问一种纯西方思维的魔法故事小说在中国能有读者吗？中国儿童能接受纯西方思维的故事吗？这也是 20 年前

人民文学出版社引进这个小说时的问题。

　　20 年前，当罗琳在飞机制造厂工作的父亲听说她在大学里学西方古典文学时说过："这世界上最没用的就是希腊神话，毕了业连工作都找不到"，这种老辈看法在我们中国也有。在近 20 年中，我曾送唐超、谢开来、刘梦颖三位研究生去北欧名校留学，三人中只有谢开来一个人回国后问我："瓦尔克教授上一门妖怪学的课，不知为什么？"我纠正他说是"是'魔法学'"，他以为然。我还告诉他，20 世纪 50 年代苏联专家来中国高校教书就讲"魔法故事"，到 1980 年钟老主编《民间文学概论》正式出版，在第九章《民间故事》中，把"魔法故事"的概念改为"幻想故事"。1998 年钟老主编《民俗学概论》出版，在第七章《民俗信仰》中，把"法术"（魔法）与"巫术"再分开讨论阐述，为此钟老还曾特地把此章的作者宋兆麟先生找来，在红二楼老宅的书房里谈了一下午。谢开来听我说这些就去找书看。还有，刘修远写《大唐西域记》故事类型的本科毕业论文，由我指导，我也跟他谈过唐僧骑的白马为"法术"（魔法）所变，不是巫术变的。修远后来发现了新材料，把兴趣转到"烈士池"和"杜子春"故事上，没有去写白马，他可能早就忘了这段插曲。我之所以还记得，是因为这是钟老在跟宋兆麟先生谈话的例子，不是我的发明，但我记住了。

　　钟老持此观点与他留日有关，但也不全是。他留日前就发表了《中国的天鹅处女型故事》，文中就讨论了鸟女的法术衣服，但并不突出。他的这个看法，从明晰起来到坚持下去，要经历留学到回国后长期探索的历程。60 年后，钟老强调西方思维的"魔法"与中国思维"巫术"两概念的区别，成为他的中国民俗学派理论的一个点。谁知道汪德迈先生又被金丝燕教授带到北师大来了，汪德迈先生讲甲骨文占卜仪式创造的中国思维理性，与钟老正好印证。可惜钟、汪二老未曾谋面，然而有时思想巨匠之呼应并不以谋面为途。钟老与艾伯华也未曾谋面，钟老与普罗普也未曾谋面，但也都有思想呼应。回头说，我为什么在这里提及《哈利波特》现象？除了以上学术史的故事，还因为这个文艺产品的来华效益过于突出：中国用了 20 年的时间证明，《哈利波特》在中国不仅不寂寞，而且拥趸亿万粉丝，超过了所有人的想象。

　　的确，中国的花木兰和武松故事也到了西方，但花、武两人都是被改造成功的，而《哈利波特》却是原装的，是以纯西方魔法思维小说在中国照样"风（疯）"靡了无数读者，抓住了大人和孩子两伙人的心。没有移花接木，也没有理论推动，却赢得了怒放的生命，这说明了什么呢？出版社也许期待它的持续码洋，普通老百姓也许欣赏作家罗琳的福布斯排行榜超越英国女皇，跨文化的民俗学者呢？是不是应该拷问，存在《哈利波特》演绎的魔法思维这类人类共享民俗思维吗？而民俗学必须跨文化的目标，正是对本土民俗思维要精研，对人类共享民俗思维也要精研，你们同意吗？

同时！WHO 拍摄的战"疫"视频，以及对关注贫困国家之呼吁，《纽约时报》记者谈中国战"疫"经验之清楚，遥感卫星显示人类收手打扰生态而环境优美的图像，以及对"时间窗口"的理论思考，也都在发生，这些都不是魔法，而是现实。

跨文化每日谈

刘修远

记得《大唐西域记》卷一开篇有龙马的故事，说的是大龙池中有龙，易形后与马生下龙驹，而第一代的龙驹暴戾难驯，第二代方能驯化骑乘。仔细想想，这和西方《美女与野兽》那样巫婆施加巫术把俊俏王子变成野兽的思路，还是不一样的。《美女与野兽》是巫婆借助超自然神秘力量对王子施加影响。这在《哈利波特》也有体现，如第四部假穆迪教授曾念咒语把马尔福变成雪貂。《哈利波特》也有想药巫术，如其中出现过一种迷情剂，用来让服用者对一个人产生痴情。我也完整地追过《哈利波特》小说和电影，它不仅吸引孩子，还吸引无数成年读者，我认为其原因在于，这个系列作品实现了两个故事、两种意义结构的互补和叠加。

第一系列是拯救世界的故事，即一个在邪恶势力的袭击面前丧失了宁静祥和的社会，如何经过善/恶搏斗、黑暗/光明的角逐、英雄的坎坷历险，而重获和平的故事。

第二系列是自我成长，哈利波特在糟糕的环境中成长，上学时有奇幻的经历，在与伏地魔交手的惊险斗争中，逐渐展现出勇气、忠诚、牺牲与爱的品质，从而获得生命的意义和完满。在现实社会平淡无奇的他，却在异世界成为救世主，原因就在于他身上承担的爱与勇气。黑暗势力的代表伏地魔追求巫师血统的纯正与永生，魔法既成为标识巫师进步的可见尺度，又成为巫师的恐惧来源——制造巫师世界集体心理恐怖的来源正是各种神秘的黑魔法，但最终战而胜之的不是更高超的魔法，而是人性本身——哈利波特和同一阵线的所有人的勇气、忠诚、信念与牺牲。小说和电影在阅读/观看体验中的快感，既来自对美好品质的确认，也有过程中繁华炫目的视听奇观。通过整个故事，魔法成为巫师可以掌控的技巧，而驾驭这些技能的是人的美好品质。

谢开来

我这有 20 年前人民文学出版社的 4 册中译本，但我没有把《哈利波特》的整个系列买完。看到凤凰社以后觉得有些看不动了。董老师今天难得聊到《哈利波特》与民俗学，这跟我最近在写的书稿相关，我今天多谈一谈。2000 年人民文学出版《哈利波特》系列，背后还有一段西方奇幻文学背景和一段中国奇幻文学的接收史。哈利波特的作者罗琳，跟我前段时间多次提到的托尔金和刘易斯是英国人。19 世纪的民族主义思潮和民俗学运动混合在一起，催生英国传统文学的变革，包括亚瑟王传说的整理和重写。到托尔金这里，采用英国仙境传说写通俗小说，成为一种固有的大众文学生产方式。刘易斯在这方面是他的同伴。奇幻文学在英国萌生，在美国得到了产业化的发展。在英国这边，罗琳，还有同时代的菲利普·普尔曼，都是当代最好的奇幻文学作家。他们的文学理念虽各有不同，但利用民间信仰要素进行创作的思路是相似的。

《哈利波特》进中国不久，就有学者从神话主义的角度关注它。再继续往下走，神话就不太灵了。因为当代大众文化的生产和民间信仰几乎脱钩，用神话主义可以对这类产品做浅层理解，但做不了深层解析。

董老师刚才提到瓦尔克，其实去爱沙尼亚那年给我重大启发。瓦尔克的课叫 Demonology，我当时简直不知道怎么翻。他带我去芬兰开会，我第一次发现民俗学者原来把"超自然"也纳入学术概念进行研究。这个概念在当时就击中了我，因为它既现代，又跨文化，是可以用来做中西比较的统领性概念。奇幻文学研究也把"超自然"作为核心概念，如说著名的托多罗夫就这么干。我现在做的工作，既是在超自然概念和叙事学工具下重新分析奇幻文学。在分析这类文学的同时，不可避免地也说到魔法故事。

罗　珊

《哈利波特》在全球的风靡从不同角度可以有很多解释，从小说创作的角度来说，福斯特在《小说面面观》中提出了观照小说创作的七个方面，包括故事、人物、情节、幻想、预言、模式与节奏。小说的基本层面就是讲故事的层面，罗琳在讲故事的技巧、塑造的人物、情节的设计等方面无疑是优秀的，这是决定她的小说全球流行的基础。但作为跨文化传播的经典案例，就不能仅仅简单从小说创作的角度来考察。要讨论《哈利波特》演绎的魔法思维是否存在人类共享性，首先还应当看《哈利波特》所代表的西方文化观念在此之前在全球的传播和接受程度。此外，影视改编的成功，也为小说的流行进一步推波助澜。文学作品的阅读需要想象力，影视作品的观看则带来沉浸感。影视的具象化表达和对魔法场景的奇观展现，也使人更容易接受魔法世界的描绘。

2020 年 4 月 12 日，星期日

主题词：团结在家

导读语：（370）王蒙纪实 2020 年的春天

（371）外交部发言人网红民间

（372）中国驻日大使中日守望相助

（373）海外华人社区几乎零感染个案

（374）美国已创下新冠疫情历史新高

（375）中美两国关系变化的个人观察

（376）钱江华盛顿日记议美国人戴口罩

（377）北京大学万只口罩"菲"行故事

专题聚焦

60. 团结在家

董晓萍

今天寄去的资料中有一份日记，作者钱江，上海人，知青下乡到内蒙古，恢复高考后考入内蒙古师范大学。曾出版《乒乓外交》一书，是第一部利用新闻资料写中国乒乓球成为国球的政治史著作。曾任《人民日报》海外版主编。现旅居华盛顿。他不会写某日记，但他总会对大事有反应。

20 世纪 80 年代中期，钱江出版《乒乓外交》之后，经史培军教授介绍，来北京师范大学拜见钟先生，准备为钟老写传记，我们就这样认识了。20 余年后，我请他到人民大会堂忆往，也是因为他与钟老的这段交往。他曾多次来过钟府，谈话中间经常会有电话打进来找他，他有时讲上

海话，有时用英语回答，要看对方是谁。很小的事，但他的多语言能力给我们师徒都留下了十分特别的印象。

今天给大家选发的另一份资料是作家王蒙的纪实之作。钟先生与王蒙也有忘年之交。20世纪60年前王蒙发表《组织部来了个年轻人》，才华横溢，又一落千丈。中国改革开放后，第一个在美国《纽约时报》为王蒙此作发表书评的是欧达伟教授。王蒙远去新疆前，钟老为他作《金缕曲》送行，不久钟老本人也被错划为右派。80年代王蒙访美，据说第一晚就应邀住在欧达伟家。90年代初，钟老、王蒙、欧达伟和我曾一起在王蒙家相聚，致谢王蒙推荐欧达伟到钟门访学，研究中国民众思想，今天的主题叫"团结在家"。这个世界没有团结，就没有超越自我的成就。因疫情而牵手，是生存层面上的团结；因诚信创新而赢得尊重，是人文层面上的团结。下面我把王蒙的《组织部来了个年轻人》也寄给你们。

跨文化每日谈

刘修远

《组织部来了个年轻人》揭露了当时存在的官僚主义作风、抢功推责和官腔流行等问题，也写了一个干劲十足的青年人面对这些问题时的迷茫。这些问题不一定只存在于当时，如果不警醒，也可能存在于任何时代、任何地点。尤其是在今天防疫的重要时刻，这篇小说更加引人深思。文中有句话，"人要在斗争中使自己变正确，而不能等到正确了才去做斗争"，如果用到今天的情景，是不是可以说，"人要在发声中使自己变正确，而不能等到正确了才去发出声音"，因为不管是普通民众、医生还是科学家，谁也不敢说自己掌握了"正确"，也不该有人握有解释"正确"的唯一权力。这次应对疫情，很多医生和科学家及时"吹哨"，文化人士记录疫情在身边的点滴，或警醒舆论，或记录生活侧写，都为我们了解疫情的全貌做出了贡献。这些言论中也许有一些不那么全面、准确，但他们不是百科全书，不可能面面俱到，事物总是不断变化，人们对疫情的认识也是逐步深入的，科学研究不会一步到位解决所有问题，疫情书写也不是全景相机，文字带来的是更多样更深入的思考。

谢开来

《组织部来了个年轻人》是王蒙的名作，里面有很多场景，即便到今天也令人感同身受。小说多次讲到发现问题，讲到与恶现象做斗争，对照今天的疫情来看实也发人深省。更可贵的是，这篇小说中不像某些日记那样以为揭露了就算高明，小说在骨子里浸透着正能量。转过头去看，王蒙今天的战疫描写，这股催人的能量还在生发。

董老师跟我谈到几个问题，我试着回应一二。首先，我很同意要以概念带领潮流的思路，也同意概念和关键的人要凑到一起，艺术和理论才能走到一块儿。其次，我基本同意您对"魔法"的看法，即"魔法"可以作为核心概念使用。但在这方面我也有自己的观点。尤其是当我把幻想故事和奇幻文学放到一起的时候，仅用"魔法"会有两个方面的障碍。第一，"魔法"的概念在许多人的脑海里是西方化的，如果谈中国的相关文化现象，可能还要找出别的概念与之相匹配；还需要有第三个概念作为桥梁将这两个对比概念搭起来。第二，"魔法"的概念在大众文化中被演绎和变形得太厉害，加上翻译的失真，在中文环境中就感觉不太确切。

吕红峰

王蒙的小说实事求是，他也是这么做的，《组织部来了个年轻人》反映了那个年代真实存在，却是在主流媒体上不常见的东西，改革开放后我们依靠实事求是逐渐富起来，到现在强起来，敢对西方国家说"不"了。反过来，西方很多人倒是忘记了科学传统和求真精神，对中国的抗疫成果戴着有色眼镜，这不能不令人遗憾，我们也应从这种现象中得到警示，不能再犯同样的错误。

高 磊

王蒙先生在《光明日报》发表的文章中说到，在疫情中深深钟情"免疫力"一词。近期，国际著名期刊上也发表了中国科学家从免疫学角度，介绍新冠肺炎的免疫病理特点，以及对临床治疗和相关药物研发的启示，同时介绍了中国经验，特别提到了中药的临床疗效。抗击疫情是科学问题，也是社会问题，个人和社会都需要免疫力。疫情带来的影响是复杂多变的，包括对国际关系的影响。今天的多篇文章都提及中美关系这个话题。我只谈在工作中的一点认识，那就是我们在科研工作中更应该提升自主创新能力，加强基础研究，特别是要解决"从 0 到 1"原创性成果的问题，鼓励科研人员从事科研仪器设备自主研发与设计工作，让我们的经费投入从"购置"向"研发"倾斜，不过这不是一蹴而就的。

罗　珊

今天分享的材料中有钱江先生写的疫情日记。钱江先生是资深记者，他的日记读来又更添一份纪实感，文中有生活，也有对时局的观照。经历了国内疫情高发阶段的我们，如今又随着他的记录，感受了异国他乡疫情高发期人们的生活和心理状态，有共鸣、有担忧、也有感慨，更深刻体会到了什么是"环球同此凉热"。而作为信奉共同体的我们，在达到理想的共同体认同之前，不知还有多长的路要走。

徐令缘

春暖花开的季节里，全国人民共同喜迎湖北各地，尤其是武汉的陆续解封，这为全球抗击疫情的整体形势注入一针强心剂。该省该市，在寒风中悲壮屹立，由于万众一心的团结，在灾难中重获新生，也证明了人类团结的力量可以创造奇迹。

今天我们再谈团结，我想团结还有一层意思，就是年轻人的社会责任感，这是我国年青的一代普遍需要反思的一个重要问题。强烈的家庭观念，致密的经济纽带，独生子女的政策，以孝为先的文化传统，都在加强原生家庭形式的组织内聚力，时常表现为父母对孩子的过度保护、青年人的精神"晚熟"，及其与外部社会的割裂。许多年轻学生，过度沉浸在自己的学习、生活和娱乐的小圈子内，而对社会问题缺乏观照。想要在一定程度内改善这种局面，社会的引导、学校的教育、学生的认识与反思能力，三者缺一不可。民俗学专业在这一问题上对学生有着天然的培养优势，钟先生一生为了人民的大师精神言传身教，是我们这些民俗学研究生的宝贵经历与人生财富。在今天的阅读资料中，北京大学外国语学院的同学们，心系海外同胞学子，通过大使馆等外交部门，对菲律宾展开友好援助。这是当代高校学子践行社会责任之举，也引发了我们的思考，团结不是空喊的口号。

司　悦

　　钱江关于华盛顿疫情的纪事提到，他动笔的起因，是对旅美华裔作家张兰的纽约日记的遗憾中断的接续，老师之前分享过张兰的日记，这让我们了解西部日记如何正能量地衔接现在通过网络，各国人民即使各自在家隔离，也能团结在一起，这样的团结不会因为个体生命的离去而实质性的中断。虽不能人人在疫情前线切实地抗击病毒，但这种精神团结会给人们带来心灵的慰藉和力量。抗击疫情需要这种精神的团结，同时也需要各国放下偏见，团结起来共抗病毒。

2020 年 4 月 13 日，星期一

主题词： 团结抗疫

导读语：（378）中国驻美大使答欧亚集团总裁问
　　　　　（379）欧佩克历史性达成原油减产协议
　　　　　（380）法国艺术史中的复活节人物绘画
　　　　　（381）新西兰居家战疫情华人教授随笔
　　　　　（382）意大利著名男高音抗"疫"独唱

专题聚焦

61. 波切利的歌声与复活节

董晓萍

　　今年疫情全球大流行未能在西方最重要的传统节日复活节前结束，于是我们收到意大利著名男高音歌唱家安德烈·波切利（Andrea Bocelli）4月12日复活节当天在米兰大教堂为抗疫演唱《奇异恩典》等视频。要了解这场演唱的意义，就要了解复活节。

　　复活节（Easter）是西方基督教和天主教国家的盛大节日，其重要性甚至超过圣诞节。欧洲国家经历两次世界大战的重大战争创伤，又经历现代化和全球化对传统信仰的杀伤，宗教信仰已经发生了很大变化，但复活节却不老不死，一次又一次地"春风吹又生"。现在它已不仅仅是历史遗产节日，而且是依靠历史文明、国家记忆和集体民俗累积而生的恢复性节日。福柯和鲍曼称为"大众宗教"现象。你到西方国家，你观察西方文化，你就要观察圣诞节和复活节，两节的放假，是西方国家的法定假期，相较复活节更重要，学校单位一律关门，放假回家做传

统活动。

自 20 世纪 90 年代起至 2018 年，我因为学习和工作的原因，多次在西方国家过复活节。传说耶稣为救世而死，第三天复活，因而设立此节。西方史学家根据《圣经》和以色列逾越节的日期，推算出在春分日（3 月 21 日）之后的月满后的第一个星期天，就是《圣经》中讲的耶稣复活日，为复活节。由于每年的春分日都不固定，所以每年复活节的具体日期也是不确定的，大致是在 3 月 22 日至 4 月 25 日。下面是 2018 年我在爱沙尼亚收集的耶稣与复活节的传说。

上帝的儿子耶稣降生在马槽里。他 30 岁的时候，挑选了 12 个学生，出去传道。传道 3 年半，他们医病、传道、赶鬼，为各种各样的人提供帮助，给人们讲天国的道理。一直到上帝安排的时间到了，耶稣基督被门徒犹大出卖。耶稣被捉拿、审问，被罗马士兵钉死在十字架上。他临死前预言三日后必复活，果然第三日耶稣复活了！按《圣经》的解释，耶稣基督是道成肉身的圣子，虽然他也像犯人一样被钉死在十字架上，但是他的死并不是因为他有罪，而是要按上帝的计划替世人赎罪。他的复活预示他完成了上帝安排的"任务"，为世人成功地赎罪，并战胜了死亡。后世的基督教徒相信，只要向耶稣诚心忏悔，就可以得到上帝的宽恕。复活节是人类重生和希望的象征。波切利的疫中歌唱和是重生与希望的音乐表达。

复活节的主要活动有圣歌、圣餐与圣酒、濯足、彩蛋、彩兔、巡游。

圣歌、圣餐与圣酒。波切利演唱圣歌是很多欧美国家复活节重要的活动。法国复活节的当天，按传统方式，信徒们去教堂做礼拜、听圣歌、领圣餐。圣餐是一小块面包，上面蘸着几滴红葡萄酒，象征耶稣的身体和鲜血，这就是圣酒。人们以这种宗教活动表示对耶稣的纪念和矢志不渝的信仰。波切利演唱《奇异恩典》也是他的信仰，以及他对人类的爱、希望和治愈疾病的信心。美国复活节中午吃圣餐。美国朋友雷海伦告诉我，她去另一个美国人家吃早午餐（brunch）。女主人是中学教师塞西尔（Cécile），男主人是英美文学教授胡迪（Rudde），我们很熟。我知道"他们"这种早午餐不是随便吃的，只有在重大节日才吃。她还说："明天是我的生日，我和乌尔皮亚娜与另一位在 4 月 2 日出生的朋友共进午餐。凯蒂和吕嘉行请我和几位朋友一起吃晚餐。这几年的春天很冷，这些庆祝活动温暖了我们的灵魂！十天前，我和乌尔皮亚娜一起去乡下，在那里给 David 过生日①，我会录一段视频给你看。"② 这是两年前的事，David 现已过世，我在这段复活节视频里最后一次见到他。

濯足。《圣经》说，耶稣和他的门徒在复活节的前一天共进"最后的晚餐"，这一天就被称作"濯足节"（Maundy Thursday）。英王室曾经每年举办"王室濯足节"（Royal Maundy），还向当地百姓和穷人们散发象征濯足节礼物的"救济金"（Maundy Money）。塞尔维亚至今保留濯足的习俗。离复活节还有 40 天的时候，塞尔维亚已有人开始斋戒，一直持续到复活节当天。周四打扫卫生，当晚有濯足仪式，周五正式斋戒。塞尔维亚复活节也是家庭节日，圣餐有鱼、土豆、焗豆、蔬菜和甜食。塞尔维亚南部和东部地区保留着饮圣酒的传统仪式。午饭前，主人在碗中倒上葡萄酒，加入荨麻叶、天竺葵、山茱萸和复活节蛋糕碎末，叫"komka"，饮毕，人们轮流跳过家门口台阶上的斧头，每人会尽力跳远，把恶魔和坏运气从自己家中赶走，然后站在门口说出自己的愿望。德国复活节家人团聚，品尝各种传统食品。估计这次疫情严重的塞尔维亚和法国都不会放弃这部传统习俗。

彩蛋。各国都有。我在网上搜集了复活节彩蛋的故事：

据说，耶稣的女追随者玛丽·麦得琳（Mary Magdalene）出席的晚宴上，她捧着一只鸡蛋说："耶稣复活了。"席上的人不相信她，人们说："如果耶稣真的复活了，你手上的鸡蛋就会变成红色。"说完，玛丽张开手掌，鸡蛋变成了红色，所以复活节的传统习俗是把鸡蛋染成红色。

在基督教出现之前，有一些国家，如埃及，他把鸡蛋染色，用来祭奠神明，或者来庆祝春分。在美索不达米亚地区，早期基督教徒就把鸡蛋染成红色，纪念耶稣基督的鲜血。天主教徒在复活节的时候也会把鸡蛋涂成红色，当作礼物送给朋友。

法国复活节也称"主复活节"，节日前夕，糖果商店的橱窗里摆满了各式用巧克力制作的糖蛋、糖鱼和系着丝带的五颜六色的彩钟。相传，在

---

① 此指 R. David Arkush，即欧达伟教授。
② 引自 2018 年 4 月 2 日雷海伦写给我的电子邮件。

复活节前的圣日（星期四至星期六），所有教堂里的钟都将飞往罗马接受祝福。当它们返回时便把带回来的各种礼物撒向人间，孩子们吃的糖果便是由它们带回来的。法国朋友告诉我，法国人把巧克力装在铃铛里。在节日里以彩蛋作为礼物互相赠送，无论大人还是孩子都以能够得到一枚精美的彩蛋而感到幸运和欢喜。彩蛋不仅是耶稣复活的象征，也是"开化""诞生""春天"等众多美好事物的象征。在法国，制作彩蛋还成为一种艺术。人们有的是在真蛋壳上涂色作画，有的是在用金属、陶瓷、塑料、玻璃、木头等为原料的蛋坯上绘色饰彩、精雕细刻，甚至还要嵌金饰玉。在农村，在复活节前，神父的侍童会唱着耶稣受难曲挨家挨户地募集鸡蛋，用以制作复活节彩蛋。法国朋友说："老一代法国人有藏巧克力的传统，当作彩蛋礼物。""今年家里就买了很多巧克力，二姨和三姨都来了。""现在彩蛋还是有的，在鸡蛋上画彩纹或花，不一定是特别的红鸡蛋。"①

美国也有彩蛋习俗。我在美国还赶上玩彩蛋的游戏。海伦在家里的花园里藏了很多彩蛋和巧克力，让邻居家的小孩子来找，找到归己，算是颁赏。小孩们找到彩蛋大呼小叫，高兴极了。近年问她是否还做彩蛋，她回信说塞西尔家做了彩蛋，她还寄来了照片，照片上鸡蛋都是红色的，外面包了红的、蓝的、黄的、绿的彩纸，上面都写了祝福亲友复活节快乐的话，其中一个写了"海伦复活节快乐"！（Happy Easter to Helene）我查网上资料说，美国政府每年复活节后的周一，都在白宫总统府举行"滚蛋"比赛，美国儿童可以在白宫的南草坪上滚蛋，这个活动已有一百多年的历史，现在还在进行。据说最早"滚蛋"比赛在国会山的草坪上举行，后来转移到白宫，成为一项亲民活动。

英国的复活节彩蛋是真鸡蛋做成的。在煮熟的鸡蛋上画着色彩鲜艳各种各样的图案。随着社会的发展，现在推出的巧克力彩蛋也大受欢迎。英国复活节还有一个古老而传统的"滚蛋"游戏，参加者每个人选一枚自己的彩蛋，把彩蛋从山头滚下，以彩蛋滚到山底没有摔裂为胜。

爱沙尼亚的彩蛋装饰着特殊的爱沙尼亚条纹，我去客座教授之家听印度学者玛格丽特讲座，桌上就摆了一碗彩蛋，我问美国同事皮特和另一位塞浦路斯教授是什么，他俩说是巧克力，可惜两位欧美教授跟当地民俗隔

---

① 本文中有关彩蛋和兔子的信息由法国张蜜蜜于 2018 年 4 月 1 日至 11 日提供。

膜太远。

兔子。在复活节到来之前，在塔尔图市中心百货商店和超市里，能看到很多可爱的毛绒兔子邦妮（Easter Bunny）。为了满足人们的需求，这些制作精良、价格不菲的毛绒兔子降价抛售，成为政府亲民之举。兔子是复活节的另一个象征。英国传说复活节的彩蛋与兔子有关。我在当地收集到一个复活节与兔子的故事：

> 相传哥哥巴力得知妹妹亚斯塔路生于一枚天鹅蛋中，就去灌木中寻找，找到了，抱在怀里，孵化出了一只兔子。兔子长大后，变成一个美女。在巴力危难之际，兔子救了巴力一命。英语单词 Easter 的词源就是亚斯塔路。

法国也有兔子的故事，兔子是背巧克力的动物。德国也有兔子的故事，兔子象征新的生命和兴旺发达。在日耳曼人和斯拉夫人的语言中，"复活节"一词来自一个古代的春季女神"ēostre"。女神救了一只被冻伤的小鸟，将小鸟变成一只兔子，即复活节的兔子。

巡游。复活节巡游在我去过的欧美国家几乎都有，大部分国家的巡游都如同巴西的狂欢节。英国复活节期间很多白色百合花被用于装点教堂，这是这一季节的象征。在伦敦街头，还有许多花车游行。牛津举办复活节游园会，出售各种各样的器皿，还有各种游戏和比赛，比庙会还热闹。我曾写过一篇散文《牛津的洋庙会》，真是有感而发。我在美国也赶上复活节花车化装游行，还照了不少相片。可惜当时对复活节了解不多，也没有电脑，也不会上网查资料。

美国的老熟人塞西尔和她的丈夫胡迪复活节一早就去了教堂。胡迪教授在爱荷华大学教外国文学，瑞士人，家里还保留着第二次世界大战时男子参军用的军用自行车，非常结实，有 60 多斤。夫妇俩从欧洲来，保持了欧洲的复活节习俗，他们的做法未必代表其他美国人，雷海伦说她就不去教堂①。如今在法国，人们一般是把复活节当作假日去对待的，还有不少人携亲带友去郊外踏青聚餐，享受春光。德国巴伐利亚地区在复活节举行火炬赛跑，庆祝耶稣的再生。北莱茵上威斯特法伦州的复活节过去有滚

---

① 2018 年 4 月 3 日雷海伦电子邮件。

火轮的习俗，六个巨型木轮被火点燃后滚下山谷，像六个火球自天而降，照亮山谷，象征着给人类带来新生。

2018 年我在爱沙尼亚塔尔图大学工作，参加了复活节的全程巡游活动。巡游比较简朴，以教堂巡游和唱歌为主。教堂巡游就是把当地所有重要基督教教堂都走一遍，在每个教堂里都重温耶稣基督的故事，参观教堂建筑和文物遗址，信徒联络感情，弥补全球化失去的信仰和忠诚。爱沙尼亚人信奉路德新教，路德新教是这个国家的国教，但由于曾被多国侵占的历史原因，塔尔图的教堂损坏严重，与国人虔诚的信仰反差很大。我跟随巡游队伍走完全程，留下一些印象。

一是穷。我去过美国教堂、法国教堂、英国教堂、俄罗斯教堂、德国教堂和比利时教堂，相比之下，塔尔图教堂是最穷的。即使是最华丽的教堂也都展现在表皮上，里面空空如也。有他教堂就是社区公房，在中国就是老年活动室。任何教堂都没有壁画，没有石雕，没有历代主教留下的文物，没有悬置的管风琴，这样的教堂会失去很多功能。在法国，大到巴黎圣母院，小到社区小教堂，都有古代壁画和圣像，都是价值连城的遗产，法国本地人都能讲出教堂里的壁画故事，教堂就是让他们长大的历史学校和艺术博物馆。俄罗斯的莫斯科克里姆林宫教堂的大公灵柩铺金镶银，已经留传了好几个世纪，既是财富，也是史诗。塔尔图的教堂已全无祖先的装饰，但教堂的外表是庄严的，人们的态度是严肃的，沿途的歌声是低沉而有力的，这说明信仰与穷富没有关系。

二是 20 世纪对宗教的破坏最大。谁是教堂的"杀手"？首先是战争。20 世纪的两次世界大战轰毁了很多高耸的建筑。其次是意识形态，爱沙尼亚曾归并苏联，苏联政权打击基督教，塔尔图的教堂未能幸免。但这些历史建筑的一度消失却成了信众的伤心文化。

三是宗教与民俗的结合。在爱沙尼亚，《圣经》、教堂建筑和民歌是他们最看重的东西。当代爱沙尼亚要国家凝聚力，就要《圣经》，要教堂，要民歌。

今年的疫情把所有西方国家挡在复活节之外，我们只能听见波切利在独自歌唱。现在我们能明白为什么一定要歌唱？为了信仰，为了复活节，为了战胜疫情，重获新生。波切利一共唱了五首圣歌，包括《圣母颂》《圣母玛利亚》《天使面包》《庄严弥撒》和《奇异恩典》，等于把上面提到的复活节经典仪式活动都唱了一遍。我要告诉大家，在复活节的圣歌中，还有一首"天鹅处女型"的歌曲，是圣洁的小鸟变成兔子的复活节故事，歌词里唱到"我来到你的面前，永远活在你的爱中"。我们也许可以想象，波切利在米兰大教堂演唱，西方人禁足在家，然而他们也能借助高科技的微波，来到波切利的身旁，与波切利一道，唱响各国、各社区、各宅户，亿万人的圣歌汇成宏大的史诗，伴随神话中的圣钟一起飞翔，飞离疫情，飞向复原后的新生活。

我们从东方来，关于复活节，没有西方人那种洋溢身心的欢乐，也没有西方人把圣歌呈送耶稣祈求万物更新的信仰。不过我还是要承认我的态度是相当认真的。尊重他者文化的无穷耐心是让我克服所有陌生心理和疲倦感的防护服，可惜我今年只能在北京家里听远方波切利的演唱了，疫情是怎样一只魔掌，把人人都按在座椅上？

跨文化每日谈

刘修远

提到疫情中的复活节，我想起周日早上我做早餐，看见一个波兰邻居用鸡蛋、面粉和一些香料制作一种面糊，他说这是他家乡的传统食物，复活节的时候全家早上要吃这种面饼，然后去教堂。现在由于疫情，他无法回到家乡，各种仪式自然也不复存在，只有食物还能实现节日在这一天"缺席的在场"。各种节日传统与表演被迫转移到网络与视频中，供人们远程收看，但这毕竟不同于一部可以反复回看的电影或电视剧，因为在当下人们无比渴求团结与归属感。无论是歌星们的线上云义演，还是空旷教堂里回响的圣歌，其意义都在于将屏幕前的我们重新拉回到"观众"席上，在想象中团结。可能很多人以往在参观教堂、寺庙或风景名胜时都会对大量游人有些许反感，希望在那一刻自己可以独享风景。然而现在没人会再幻想一个独自站在教堂或者独自面对风景的时刻，因为波切利回荡的歌声正提醒所有人，浮华社会如此脆弱，人文团结非常重要。人们总是需要在节日这天做点什么，来证明自己的人文归属，电子产品、5G 网络和人工智能再发达，人们还远远没到可以抛弃仪式和节日的时候，甚至就连传播视频的媒介——网络、频道和产品——还在提示人类有多依赖传统。

视频与网络给节日仪式制造了巨大的反差，科技越先进，越彰显出团结的作用，因为现在人们被剥夺了团结"在场"的权利。

病毒在今天如何"共通"，又何以成为"他者"？这是一个值得深思的问题。肆意穿越国界和大洲的病毒固然不讲政治、不分国籍，但某种人为差异又把病毒"地方化""在地化"了。与其说病毒被他者化，不如说病毒在某些阐释中被"自我化"——我们需要什么样的病毒，我们又需要经由（控制）病毒去往何处？在外交辞令上病毒被一些国家用来当作攻击中国的证据；在各种模型中病毒成为通向一个名叫"恢复正常"的模糊终点需要克服的障碍；在数据统计中病毒把世界各国编写进数字组成的排行榜；在社交网络中病毒成为狂欢、嘲讽与成见的催化剂；在个人写作里，病毒可以面目狰狞，也可以成为田园牧歌。病毒给很多人提供了临时的庇护所，也把很多人从庇护所中赶走，有人失业，有人离乡，还有人离开这个世界。这种对比更尖锐地体现在，一向重视个人隐私的欧洲国家都开始讨论开发类似"健康码"的软件，而这又和这些国家"宽松的"隔离方式如此矛盾。也许当我们继续讨论病毒的他者化时，我们应该首先界定好，是什么样的病毒，他者化为何物，那种世界是我们想要的。

吕红峰

在新冠病毒全球肆虐的当下，各行各业的人都在用自己的方式为抗疫贡献力量，生活需要艺术，在今年这个特殊的复活节里，艺术对西方人的作用似乎更大，波切利的歌声抚慰了他们的伤痛，并传递了坚持到胜利的勇气。石油输出国组织能达成协议，体现了国家间团结的力量。崔天凯大使的访谈答词精妙绝伦，外交也是门艺术，崔大使的对答充分阐释了这一点，我们可以从中学到很多东西。

罗　珊

今天的材料中有两篇深度阅读的文章，一是崔大使与欧亚集团总裁的问答，二是新西兰华人教授对病毒与人类社会关系的思考，两者的身份和所持有的视角不同，但讨论的内容都涉及了面对病毒这一人类危机，我们可以将其纳入文化社会交往框架中继续讨论。崔大使重申了关于构建人类命运共同体的观点，希望以平等、合作、开放、共赢的方式，将全球关系推向更为和平稳定的方向。新西兰华人教授伍晓明以儒家思想探讨人类和平的可能性，将病毒作为一种另类的他者，在此前提下，思考病毒与人类的关系、病毒带来的人类群体之间的关系。他认为，儒家"四海之内皆兄弟"的思想与"人类命运共同体"在本质上是相通的，这也意味着我们的政治精英和文化精英在世界关系的思考上方向是一致的，这是我们面对共同危机的讨论框架。

但同时也需要看到，对于我们提出的观点，并非完全得到热切的响应，相反结合昨天的材料能够看到，这些观点的遇冷在于实际操作层面方法和策略上的阻碍。多元、平等、文化包容看起来是全球化下世界公民的共识，但在具体推进的做法上，受到来自文化、意识形态、社会治理模式等多方面差异导致的阻碍，对此应在大力倡导多元格局的框架内被更为积极地讨论和解决。思想层面的呼吁和倡导，与实践层面的操作同样重要。目前我国为疫情做出的努力、对世界各国给予的支持和帮助有目共睹，我们在积极完成我们的责任和使命。虽然短时间来看国家间对话的形势不会出现很大程度上的扭转，但我们的希望和做法始终在朝好的方向努力，希望疫情尽快过去，疫情带来的重大影响在最大限度上得到控制。

李　岩

中外艺术家用自己的专业，为中国、为世界加油打气。意大利盲人歌唱家安德烈·波切利，看起来比记忆中苍老、瘦削，但是声音依然穿透云霄。一场疫情，让米兰停摆了，空空如也的街道，空空如也的广场，空空如也的教堂。应米兰市政府和米兰大教堂之邀请，波切利在米兰的标志性建筑开了一场名为"music for hope"的演唱会。这场特别的演唱会没有观众，只有歌唱家和管风琴师，通过网络向世界直播。国有界限，但音乐没有界限，它是人类传递爱共同的语言。昨天也是一个特殊的日子，是基督教的复活节。正如波切利所说，相信生命的胜利，相信共同祈祷的力量。无论是否信教，此刻伸出我们的双手，拥抱这个受伤的世界，共同期待新生（renaissance）的到来。这份真挚的感情，是跨越语言、跨越宗教、跨越文化的。

2020 年 4 月 17 日，星期五

主题词：战地玫瑰

专题聚焦

62. 摇摆的"边界"

董晓萍

近日给大家选发的阅读资料中有"战地玫瑰"和"生命至上"的主题，论题包括梅兰芳说戏、全球化去留、援鄂医护影像、农村画、全球战"疫"海报……看似杂说，也藏着一个问题，即在全球疫情扰乱人类正常生活秩序的同时，学术界以往界定的学科"边界"和概念的"边界"在模糊化，跨界现象在逆生长。

如果召开一个教学研讨会，我们怎么挑选它的讨论的对象？我就选梅兰芳为《游园惊梦》说戏为对象，因为是传统经典文本，百分之百的老戏骨，没有一分一寸的外行话。梅先生把汤显祖的剧本唯圣唯美地全面发

掘，再造一个京剧极品版。梅先生对京剧"边界"的坚守无人质疑，他的京剧艺术人生就是京剧"边界"的化身。其他选发的文件，都是疫情期间网上最新推送的资料，与梅先生的时代相隔半个多世纪。我们再看，这些文件的"边界"便都已摇摆不定。各种专业作品都在界内界外穿梭，即跨越"边界"。

全球化下的所有作品都有被"化"关联。除非是刻意小众的实验室或先锋剧场，网君网民中已没有孑然一身的叙事者，也无人把守住清一色的"边界"。当然现在选用的作品不都是疫情期间的产物，但也由于疫情，把打乱"边界"的可能性无限放大了。

《（403）如果你评全球化》，论文中的"全球""世界""各国"之间的"边界"并不清楚，作者实际上是在用政治学、社会学和经济学的多学科理论讨论全球化的问题，如果读者一定要从作者的专业出身去找论文使用的概念的"边界"，反而暴露出读者的幼稚。

《（405）如果你当摄影家》的"边界"，正是被当事人自己给模糊掉的。他是《人民日报》记者，承担了为全国全军奔赴武汉的医护工作者拍照的任务，42000余张。他只要找个无菌室，面对一个医生或护士，按一下快门，妥存记录，就算完成任务。但他没这么做。亲眼看见医护人员搏击病毒拯救生命的现场，让他走出了一张照片的"边界"。他决定由摄影者与被摄影者合作完成三种文件：一张照片、一句疫情结束时最想说的话（录音）、一个手机拍下患者接受医生治疗的镜头。现在我们就来数数这位摄影家跨了几个"边界"：（1）只拍人像，摄影学就够了；（2）再拍一个故事，等于让口述史、防护服、口罩勒痕和脸部手部的创可贴一起说话，这时的防疫学、民俗学和身体人类学就都来了；（3）再配拍一张手机照，镜头中的患者，面对被护目镜和口罩遮挡严实的医护人员始终都不知道"你是谁"，此文件就是病毒学、临床医学和医学人类学的共同研究对象。这种摄影形式，存入国家记忆库，就又增加了防疫史学的资料。现在请问，最后总共要跨几界？至少8个。

《（410）如果你画农村画》，作者是一群美术学院的师生，受过中西绘画的专业训练。他们只因一个执念，相互结为同道，走出了书斋，走进了中国改革中的乡村。此举让人想起雷振邦作曲的电影《五朵金花》。"大跃进"年代，一个画家，背个画夹，与音乐家一起，乘坐吱呀吱呀的马车，去云南苍山洱海找风景写生。这是艺术专业的纯功课。现在这批人不是这样。他们把画夹子背到了城镇化后留下的空巢农村，在山东寿光蔬菜基地，选了一个老人孩子留守的东头村，住了一个月，为村庄作画，这就涉及农村社会学了。他们在村舍土墙绘画百幅，有吉庆年画，有门神画，有老人手工编织的写实画，有西方印象派的涂抹画，还有老少村民与村画合影的画中画。这种作品岂能为艺术学的"边界"所专擅？简直是要把民俗学、工艺学、装饰学、美术学和思政学都招来了。没有大兴土木，没有园林装修，没有学院派的疆界，却一举改变了东头村的知名度，老少留守村民也成了网红。

《（411）如果让你选先生》的叙事对象都与中国20世纪初的五四运动有关，制片人首选的"先生"共10位。然而，从中国百年教育史来看，专业人士未必满意，因为十分之九是民国教授，历史的厚度不够，专业的分布也不够。如果从跨文化的角度看呢？还可以，"先生"中十分之七是留学人员，可以称为跨文化教授。

《（446）如果让你做海报》，这批作品由乌克兰文化部推出。作者是作家、画家、期刊封面设计家和广告人。他们创造了一系列战"疫"海报。这些海报采用了西方宗教的经典形象，已在神学、宗教学、艺术学、中世纪文学和欧洲启蒙主义文学各方扎根。他们再注入全世界最高级别的领导抗击新冠病毒组织WHO的理念，把经科学事实验证的防疫措施，化为鲜明的色彩符号与工具性符号，分别放到每一幅圣像中，让圣主、圣母、圣灵和圣雄都变成"戴口罩""勤洗手"和保持"社交距离"的神偶，巧妙地将宗教的救世理念转为公共卫生健康的医学理念，又向现代科学靠拢了一步。止于此，我们不要忘记，他们在为欧洲当下告急的疫情情势做海报，这些海报不仅要走出教堂，还要贴到公共广场、社区、海滩和超市中去，让沉迷于个人自由化而不肯戴口罩和减少出游的西方民众，听从政府的指挥，快快回家防疫，于是作者就把宗教的圣与俗、洁与不洁的概念，通过海报的渠道，"快递"到民间。谁来担此大任？谁是自天而降的史诗英雄的最佳人选？我们看，一位作者选中了法国近代总统拿破仑。该作者改造了法国艺术家达维特的名画《跨越阿尔卑斯山圣伯纳隧道的拿破仑》，画上的英俊战将拿破仑骑白马、披红袍，高唱《罗曼·罗兰》之歌，变身"快递小哥"，策马流星地送来防疫塘报。如果你是西方人，你看了这份海报也能怦然心动。如果你不是西方人，你看了这份海报也能拍案叫绝。而这种感动所有人的力量，正在于作者把宗教故事、民族史诗、民间传说带入经典艺术。无独有偶，就在前不久，复活节期间，法国总统马克龙下令，巴黎圣母院在火灾封闭后，首次敲响钟声，纪念所有在新冠疫情期间离世的人们。马克龙还表示，他承诺五年内修复巴黎圣母院的计划，必定实现。当世界上所有人听见这浴火重生的悠远钟声，当世界上所有人目睹巴黎圣母院凤凰涅槃重回现代社会，当消灭疫情变成人类共同的胜利，我们中间又有能忘记这些海报和这个钟声呢？不能，因为它跨越了所有"边界"而成为爱的永恒。

疫情之禁足，网络之便捷，似乎在鼓励和摇动了学术与艺术的"边界"。翻箱倒柜的好论文，即兴创作的好作品，纷纷涌现。它们让宅居的闲人拾荒，也让书斋的苦行者丰收。萧乾曾在描写欧洲第二次世界大战的散文中写过法国战壕里种玫瑰的浪漫①，我则想用"战地玫瑰"赞美跨界者。任何边界都是人为的，但是在战争、自然灾害、流行病暴发这样极其危险的时刻，总会有一批勇士站出来摇动"边界"。他们是记者、画家、戏曲艺术家、作家和学者，他们给受难的世界带来玫瑰的浪漫和生命的礼赞。

跨文化每日谈

谢开来

"跨界"和"斜杠青年"是近年来的热词，备受追捧和鼓励。近年来，由于互联网和信息技术革命带来的知识爆炸，使很多原本专业的教学资源门槛降低了。现在坐在家里，开着视频，就能学音乐、学手艺、学知识，不用像过去那样拜师傅、当学徒，才能窥到奥妙。大家的爱好和热情能够被互联网带来的丰富的信息资源所充实，原来条块分割的知识获取和能力显示框架被打破了。但跨界也是个老现象，过去我们管它有时叫中西兼通，有时叫文武双全，有时叫三教一家。历史上知识地不断更替交杂，思想边界地不断变化，跨界看起来仿佛是永恒的。在这种永恒之中，还能看见推动人类知识进步的两个重要力量，即专业的力量和情志的力量。跨

---

① 萧乾：《矛盾交响曲》，收入萧乾《西欧战场特写选》，新华出版社 1986 年版，第 45 页。

界与专业，看似矛盾，实则统一，因必有立足点与边界线，跨界才说得通。只有充分专业，理解了边界两边各自的规律，跨界才能真正瞄准价值，产生价值。否则也只能是盲头苍蝇般地乱撞。跨界也需要情志，需要大胸怀和大勇气，去打破自己的舒适区和旧传统。面向自己，面向社会与面向未来，就能产生这种胸怀和勇气，而这三种面向的契合也是幸福之源。人类每到危机时刻，跨界现象都会频繁发生，不仅因为旧的观念和边界会面临解体，也有无情的现实需要逼迫着人们产生力量。

司　悦

今天远选发的资料中有百位艺术家创作的农村画让人感到震撼，如果不说这是中国蔬菜之乡东头村，只看资料中的照片，人们会以为这是某个前卫的艺术街区。这是一个"艺术改变农村"的项目，它将现代涂鸦与传统乡村相结合，结合每一个村的特点，因地制宜就地取材，将现代艺术完美融入乡村之中，又不显突兀。另一份资料提到，晏阳初早期开展平民教育运动提出了"生计、文艺、卫生和公民四大教育"。"艺术改变农村"项目也是将文艺带到了乡村，这一项目是对早期学者乡村建设运动的继承和延续。艺术家们说"陪伴一个村庄的老人和孩子，这就是这件事的意义"，其实这一项目完成后的意义远超过了陪伴，这些艺术作品带动了村里旅游业的发展，同时也带动了村里蔬菜瓜果的销售，切实地造福了村民们的生活。这些艺术家的到来，这些艺术作品的留存，是对村里孩子们的美学启蒙。脱贫攻坚，美丽乡村，不仅仅是乡村环境和乡村经济的改善，同样乡村精神生活的丰富也不可忽视。这些艺术家实现了艺术与乡村文化的跨文化对话与融合，应为他们点赞。

李华芳

今日的副标题颇具思辨性，如果你评样板戏，如果你是梅兰芳，如果你当摄影家……梅兰芳先生讲曲文与身段的材料让人感叹"绝知此事要躬行"的重要意义，他不仅是伟大的戏剧表演艺术家，也是了不起的戏剧研究者，他对唱词的意义、韵律、语境与表演者的身段、表情、部位等的论述既源于实践经验也具有理论高度，他从戏剧艺术的文本研究入手，既注重曲文与身段的对话，也注重表演者与观众的对话，让读者明白戏剧舞台上的一颦一笑、一个眼神一个转身都是学问，表演者通身的气派可能是源于天赋异禀，但更多的是天道酬勤、笃学勤思的结果。回到老师的问题上，如果我是戏剧表演者，我也要努力学习这种从实践中来、到实践中去的研究方法。兼具实践与思辨，贯通书斋与田野。

徐令缘

张伦教授《答〈南方周末〉记者问》一文，就疫情在全球范围内产生影响的重大问题谈了自己的观点。张伦教授作为一名在中国文化背景中成长，又在法国人文社会科学学界接受系统学术训练，是具有"跨文化"特点的学者。我们可以看出，他的学术话语受到法国学界的重大影响，但又对中国本土文化有着很强的回溯性。他的人生经历使得他本人内部就能构成一种"对话"。我结合张伦教授所讲，与本群这段时间在老师指导下进行的相关讨论，可以看到一些共享关键词变得十分突出，比如"口罩"，比如"全球经济"，比如"社会责任"，比如"角色与格局"，等等。也许东西方文化中的不同，使得大家很难接受用对方的方式生活，但这并不是真正的阻碍；真正的阻碍在于，如果双方不能构建起一套交流话语、一套共享概念，那么一切的讨论都失去了边界，一切的理解与尊重也就无从谈起。如此我们更加看到概念系统的重要性，并希望全球的学者能够共同努力，走出这条跨文化之路。

刘修远

深入战争采访的女记者被誉为"战地玫瑰"，指在惨无人道而高风险的战争中绽放的生命之花。今天老师选编的内容就是在新型安全挑战下的思想之花。既有张伦教授对全球化和现代性的反思，也有对学术大师的缅怀与纪念，还有对日常生活的记录。这些资源都提醒着被疫情改变生活的我们，关心世界，保持学习。

李亚妮

张伦教授从跨学科的角度谈论新冠病毒蔓延对全球的影响，给了我们很多启发。新冠疫情的影响，包括对国家的影响、对社会的影响、对家庭的影响，以及对个体的影响。现在日常发生的一切，都会以各种形式嵌入集体记忆和个体记忆中。但其嵌入的内容又不完全与事件的"真相"或所谓客观的事实完全一致，其记忆的形式，会有我们今天材料中的展现艺术和民间文献等多种形式，如新闻、摄影、绘画、戏剧、日记等方式，即如哈布瓦赫对集体记忆的界定，"集体记忆不是一个既定的概念，而是一个社会建构的过程"。个体的记忆则是在这种集体记忆中，根据个人的思想、经历所选择或重新组合，个体记忆也会影响个体对以后生活的决策或取舍。如这次疫情期间的囤积物资的个体行为，囤粮食者更多为有过饥荒记忆的一代人，这不涉及人性的本质，只是历史与生活在个体身上的叠加映象。那么，新冠病毒疫情对当代人会留下什么样的集体记忆和个体记忆？对不同地区的民众的历史记忆会有什么样的不同？从国际机构到各个国家、地区、社区和个人，都在建构着这种历史记忆。从跨文化的角度，我们会看到疫情带来的文明的具象化和全球化的具象化，这些都有助于我们开展更为深入的研究。

2020 年 4 月 18 日，星期六

主题词： 区域差异

导读语： （412）中国经济加速恢复

（413）世卫组织回应履职

（414）蓬佩奥心虚就甩锅

（415）欧洲防控有意放松

（416）法国病人嗅觉变差

（417）意华人社区零感染

（418）疫情争议最大 8 点

（419）中国经验内涵分析

（420）哈利波特童星人生

专题聚焦

63. 谁的危机谁的成长

董晓萍

本群研究生都是"80 后"和"90 后"，与《哈利波特》童星人生中的男女主人公年龄相仿，一般情况下都被视为"学会成长"的一代。但是，因为有了《哈利波特》，你们和他们有了天壤之别。这种差别应该讨论。今天本群的总体讨论题是"区域差别"，"区域"的概念远比年龄组的概念要大，全球战"疫"的世界覆盖也远比《哈利波特》一部小说的含义要大，但天大的事也要从个体做起，再小的个体也要系连大千，事情往往就是这样。这次疫情危机教训人类的东西很多，倘若托翁、巴翁在世都是宏大叙事，不过基本道理无外乎此，用最简汉语概括就是"危"与"机"的关系。

　　第一，魔法小说与魔法舞台。《哈利波特》是魔法小说，表演小说的是人。在小说与人之间，摆放了魔法舞台。小说是成名之作没有争议。魔法舞台却有争议，它左右人的命运，它给人机会也给人失败。人类学研究魔法舞台的概念是"危险"，要摆脱危险就要拒绝"陷阱"。民俗学和社会学研究魔法舞台的概念是"危机"，要摆脱危机就要有"蜕变"的力量。"蜕变"的过程是极其痛苦的，丹尼尔和艾玛还是儿童却通过了考验。特别是艾玛，她9岁就有"笃定自信的语气和别人没有过的眼神"，让作者罗琳看好她，让导演组敢于把角色托付给她。当然，渡过"危"就是"机"。

　　第二，名气与孤独。天才青少年最怕被看成不是正常人，他们智力超群，或者在个别地方超优秀，但由于心智水平尚不成熟，他们还格外渴望过正常人的生活，用以满足不成熟阶段的各种需求。但他们一旦出了名，就当不成普通人了。他们被名声包围，得不到友谊，而且处处行动不自由。艾玛"和同学们度假狂欢，高兴得又唱又跳，头发乱了，衣服没了造型。一个紧急电话打过来，提醒她赶紧收拾容妆，避免被人拍下来，发到推特上，造成不良影响。打电话的正是制片人"。童星在人生路上没有朋友，独对空山寂寞没有胆量，对表演失败没有准备。世俗社会将他们的角色利益榨干，也将他们的日常情感脆弱化。名气与孤独两者将天才青少年撕裂。人类学、民俗学和社会学都研究"撕裂"的概念和现象，还建立了治疗"撕裂"的办法，设定了"社交距离"。艾玛为什么比丹尼尔的撕裂少一些？因为她有个"重视子女教育"的爸爸。她只有9岁的时候，爸爸劝她退出童星海选，告诉她万一落选会受打击，她受不了。大家不要误以为爸爸在教女儿怯懦，其实是给她设计了人生第一个"社交距离"。但艾玛接下来用独自成功破除了这个"社交距离"，她就成长了。原来她是在几乎落选的时候，一个人找到罗琳和导演组，她保证她就是最合适的人选。

　　艾玛长大后，自己又给自己设了一个社交距离，就是从英国跑到美国去上大学。她要避开熟悉她的英国观众，当普通人。美国布朗大学尊重她的社交距离，给她提供了自由生活的空间。"她去大学餐厅吃饭，没有人盯着她，没有人找她签名、合影，学生们都在低头安静用餐。她洗澡出来，披着浴巾走进走廊，没有人偷窥，没有人偷偷拍照，再发到脸书上去"。她就是普通人，她要的就是这种普通生活，设若没有社交距离，她要的最普通的东西就成了白日做梦。大家会反过来用"社交距离"去分析她的心理状态，我们接下来就会明白，为什么两年后她又回到英国牛津大学去读书，而后她又选择在美国布朗拿学位，因为就在这时，她又多次获奖，所以她又渴望普通人的生活，而"布朗给她充分的自由、纯洁的友谊、彬彬有礼的气度、高尚的人性和克制的理智"。她庆幸自己选择布朗大学选对了。

丹尼尔怎样解决这个问题？靠他的父母。他的父母以成人化的方式，引导童年化的他，让他能清楚地看到成人化方式与童年方式之间的差别，即"亲密距离"与"社会距离"之间的异同。其实艾玛的演技提升也依靠成人化引导，一位著名演员在底下教会她表演，给她成人化的技术，也给过她亲密的温暖。

第三，合作与自立。两少年被誉为"全世界最佳组合"，合作 10 年没有分开，这不简单。还有，少有的自立和少有的自律，都成就了他们。艾玛常年在电影棚中和野外场地独自看书。她超强的学习能力，抵挡了过多拍片带来的冲击。她当仁不让地成为一路学霸。

第四，美化与丑化。《哈利波特》童星两少年的形象各美其美，但这还不够，他们还要顺应片场票房价值的要求，被"美化"到超出实际的地步。他们在外界压力下要自我改变何其难哉，但他们做到了。丹尼尔舍去英俊而裸改形象，艾玛舍去卷曲长发而剪成短发，两人都采用了"丑化"自己的方法，告别了世人的固化概念。大家别忘了，他们饰演魔法故事的时候，反复在美与丑的装扮中变幻，并无人惊讶，这是因为观众与演员都在魔法思维里，习惯了魔法也习惯了彼此。他们一旦走出魔法，反而不能接受彼此。但两童星要发展，就必须将魔法世界与现实世界区分开。难怪丹尼尔"七丑八怪"却心下畅快，艾玛剪去秀发却"特别愉快"。当代民俗学已经把魔法思维、故事世界、生活世界三者分开，详见瓦尔克的《信仰故事学》，我应该是免费赠送各位了。国际民俗学变化很快，跟现在国内讲的不一样。未必都学，但不知道肯定不行。

跨文化每日谈

刘修远

我想继续谈谈《哈利波特》。有点巧合的现象是，主角三人组戏外的发展轨迹和各自的角色在冥冥中联系着。艾玛在戏外延续了自己的学霸表现，学习、表演和公益全不耽误，2017 年主演《美女与野兽》当年全球票房冠军，去年参演《小妇人》又成为年末各大颁奖礼的常客。丹尼尔扮演的哈利波特是天选之子，虽然资质不像艾玛那么出众，但也备受关注。他最终凭借勇气与信念，打败了伏地魔。戏外的丹尼尔似乎继承了哈利波特的勇气，为了突破人们对自己的既定印象，他不惜尝试各种边缘角色，甚至扮演过尸体。他还没有得到重量级奖项的认可，但在青年演员里已是演技派了。《哈利波特》给我最深的印象就在于，在这样一部多少有点"快餐"的系列中，无论是小孩还是成年人，都多少能找到自己生活中的对应，尽管后几部对成人世界的表现仍然显得单薄。可其他类似的系列快餐电影——《变形金刚》《007》《暮光之城》等，都是在发挥系列本身的长处，在系列自身的领域发展。

《哈利波特》从第三部开始，不再满足于一个儿童世界的冒险，成人世界的背叛、诋毁、谎言，乃至从第四部开始出现的死亡等，这些都是罗琳扩展架构的方式。罗琳试图讲一个有真实生活影子的故事，于是普通的、平凡的、敢于牺牲的、胆怯逃窜的、浑浑噩噩的种种形象和成人世界的关系被填充进来，这让观众暂时忘了它的爆米花电影的本质，抱着欣赏精彩特效的人们，惊奇地发现它不是单纯的魔咒满天飞、神兽满地跑，而具有一定的故事深度、人物深度和立场。甚至于新的外传系列《神奇动物在哪里》，把背景放到第二次世界大战前，用正反博弈影射第二次世界大战前的国际政治。它魔幻，却又真实，这像极了今天的世界：那些只有电影里才有的桥段真实地发生了。

人们复习《卡桑德拉大桥》《传染病》《流感》等瘟疫电影，并发现很多情节与现实高度相似。我们习惯于在体验两小时的紧张刺激后，走出影厅，嘲笑剧中人物的愚蠢和情节的漏洞，然而当这一天真的来临时，许多政府的作为，比剧中的"邪恶愚蠢"政府还要糟糕。究竟是电影早已"先知"般"预言"未来？还是我们自身的倦怠与麻木放纵了这一切？是否因为我们耽于享乐、麻木地随着生活的惯性主动"娱乐至死"，从而让甩锅、感染与数字在感官刺激中"灰飞烟灭"呢？

谢开来

今年第一季度 GDP 数据带来的冲击，不可谓不大。尽管是特殊时期，但这也是数十年来中国 GDP 首次出现负增长。看材料说，增长的大趋势没有变，但落到具体事物上，我们的担忧是明显的。我所居住的小区，不少饮食店受到了重创，关门大吉的情况不在少数。我们社科院的研究所，所关照的文化产业领域，如演艺行业、旅游行业，乃至游戏游艺设备生产行业，也遭受了比较大的挫折。极度依赖新年市场的广东白字戏剧团，几乎要损失掉全年三分之一的收入。政府正在出台支持政策，我们正在计划去相关行业协会收集材料和数据，争取提出有效的政策建议，为经济加速恢复助力。

疫情期间，我们看了很多抗疫文艺。现在的景区经济有困难，我也跟朋友讨论，可不可以让景区在这段时间加紧做内容，既可以网络传播，也能起到推广作用。日本的某些地方文化和内容产业的互动挺密切。但仔细想想，又觉得不可能。因为景区经营与内容生产，现在在国内还是两个行业。从创作上有道理可讲，文艺创作能够支持地方文化和景区文化展示，但在实际操作上，又涉及经营权、价值链和生产习惯的问题，估计一下子转不过弯来，还需要有一段慢工夫。最近这段时间，我常常感到产业对社会与人的影响力之强，这是过去在民俗学训练中很少注意到的。应该说，产业框架不全是坏事，像艾玛和丹尼尔这样，能够在产业洪流中把握自身、茁壮成长的例子也存在。

罗　珊

今天的主题是区域差异，人们总说病毒不分高低贵贱一样感染，但事实上，病毒侵袭之地仍有区域差异。对经济实力、医疗水平相对较高的大国而言，差异主要体现在政治和社会文化层面；对经济相对落后地区而言，则是生死存亡的问题。

今天对最后一则材料关于《哈利波特》男女主角的人生介绍读了很有感触。两位童星与我同龄，在人生道路上，他们都实现了一定的自我价值。丹尼尔曾因成长过程中外形的变化，在电影续作中饱受争议。在《哈利波特》系列电影结束后，他选择褪去光芒，蓄起胡须，在话剧舞台和商业性较弱的影片中，专心打磨演技，其转型的努力得到了观众的肯定。艾玛在影片外仍延续了聪明、机智、努力的形象，积极参与社会公众话题讨论，曾到联合国发表演讲，也曾发起伦敦地铁藏书活动，推广非洲裔美国女作家的自传，为妇女权益发声。去年上映的新电影《小妇人》，正是她关注的女性成长题材。丹尼尔和艾玛因为《哈利波特》年少成名，但都没有迷失自己。他们有坚定的目标，一直在认真地实践，这是特别值得我们学习的地方。

司　悦

面对新冠病毒全球大流行，各国采取不同的防疫机制来对抗这一病毒，背后也有各国体制、经济、文化和环境等方面的差异。在不同地区，新冠肺炎的临床表现也有差异，一则材料中提到，"在欧洲，许多新冠患者都会突然出现味觉缺失症和嗅觉丧失症，而在中国或亚洲患者中这些症状却不是十分明显或普遍"。我们也看到，在这些差异中的交流和对话，差异的双方都在做出调整，欧洲从原先的"要时尚，不要口罩"，到多国出台"口罩令"就是变化。还有一则材料说，欧洲多国逐步放宽防控措施，但仍建议或强制民众佩戴口罩。面对差异，应寻求对话，取长补短。

再谈《哈利波特》，两位童星是我们的同龄人，他们的成长受到全世界的关注，有掌声，也有争议。他们在成长中经受的压力，要比我们这些普通在读研究生大得多。让人佩服的是，这些压力没有成为他们的负担，而是化为成长的动力，正如老师所说，他们"坚持实现社会精英理想，完成了由成名童星向成功精英的艰难痛苦而顽强不屈的转变"。

高　磊

疫情中合作的目的，是分享经验、共享信息、互相支持、携手抗疫，这既包括科学方面的，也包括社会治理方面的。而某些西方国家的谩骂指责，是无益于解决实际问题的。10集纪录片《先生》我曾看过一部分。先生们都是在学术、教育、管理、社会活动等领域的大师，他们在特殊时代，秉持教育强国的理念，并为之奋斗一生。教育脱离不开社会，教育培养人才的目的也是服务社会，促进社会进步。南开大学校长张伯苓先生提出"知中国，服务中国"，这也成为南开系列学校的办学理念，这与当今国家提出的"扎根中国、办世界一流大学"的想法是相通的。人文社会科学的研究更加需要建立在了解国情的基础上，跨文化也是同样，了解本国国情才能对话。董老师让我们多看一流学者的研究成果，这是本专业坚持一流的途径。

2020 年 4 月 19 日，星期日

主题词：深度区域

导读语：（421）中国军人壮别无语

（422）印度目前疫情堪忧

（423）非洲目前疫情堪忧

（424）美国总统找替罪羊

（425）纽约州长感叹中国

（426）中国骨头中国脾气

（427）中美关系一种认识

（428）中国高校开学之问

（429）中国学科建设之难

（430）中国 C 刊标准之疑

（431）中国应聘外专之争

（432）中国网教上马之急

（433）英国网教体验之说

专题聚焦

64. 有谱没谱的"区域"

董晓萍

2020 年的全球疫情像山火一样持续蔓延，烧掉了一个春天，烧掉了 70 年的 GDP。目前的中外头等大事就是团结战"疫"，恢复正常社会生活秩序。这是一个再简单不过的道理，却遭到某西方霸权大国的屡屡诘难，还引发了连环接扣的系列问题，揭开了全球化进程中本已捂不住的盖

子：政治、经济、金融、外交、医疗、文化各领域矛盾丛生，网上书上热议纷纷。近日发给大家的资料中的主题语"区域"，正是针对这类资料设置的讨论点。为什么是"区域"？这是一个近二十年的老问题，不过疫情以来更为突出。

我说老问题，就要说到传统意义上的"区域"概念。它指国家地区的实体地点和确认的空间属性，如我们说亚太区域，说中国，都有地理区位和国家属性的概念，绝非网名或域名，想换一个就换一个。昨天CCTV国际新闻报道，我国海南省成立了南海区、西沙区，这些也都是我国版图内的实体地点，针对它们的任何外来巡洋游弋、虎视眈眈的行为，都被视为侵犯我领土主权的行为，必被严正警告，乃至驱逐。

但是，随着全球化的深入，新的"区域"概念出现了。此指在国际贸易领域内出现了大量虚拟地点，虚拟地点与实体地点在一起工作，构成了时虚时实的新"区域"。逐步发展而来的洲际经济、政治体系性的"区域"，像欧共体、欧盟、申根国家等，都把这类新"区域"越发夯实。

比方说，疫情以来，各国封疆防疫，很多跨国企业的设在海外的生产加工点无法工作，这些地点就成了饥饿冒泡的虚拟地点，久而久之就成了风险地点，如温州制鞋业就处于这种"区域"之中。在疫情之前，温州人完成生产订单后，通过固定运输路线，把鞋子批发出去，国际品牌所在目地国家的实体地点负责收货，温州厂家与目地国的品牌主权国家就构成了一个"区域"。该"区域"不在地图上而是在合同书上。合同在，"区域"就在；合同不在，"区域"就消失。在新"区域"的概念中，温州之于品牌主权国家，完全不具有国家属性关系而只具有地理区位；而品牌主权国之于温州，完全不具有任何领土属性而只具有旗舰企业的商业结构属性，以及产品制造与消费网的空间分布属性，在全球化不断深化的进程中，跨国国际企业的发展标志，就是看这些商业属性和空间分布属性的规模。法国的路易威登箱包、意大利的米兰时尚用品、西班牙的巴塞罗那时装，都是挂着欧美名牌的标签在中国、印度、越南、印度尼西亚，以及非洲的突尼斯等发展中国家生产加工，为此欧美国家与发展中国家组成了一个个新"区域"。没有全球化，就没有这些新"区域"。它们都是经济类的"区域"。此外，还有绿色生态保护、蓝鲸保护、动物保护、气候保护、警事保护、军事保护和政治保护等"区域"。在世界范围内形成等级叠加的新"区域"。新"区域"组织发挥了日益重要的作用。传统的"区域"功能渐行渐远，新"区域"的功能正在加强，于是这个世界你中有我，我中有你，所以特朗普单方私自撤销一个合同就惊鸿一片。

新"区域"已走向世界深层。政治、经济、文化、艺术是这个深层之上的各层。我们怎样予以观察和研究？我们在前面谈过概念法，但这还不够，现在再谈要素法①，这就是在研究对象上加要素，然后对新"区域"作综合分析。我们再来看疫情文件，以世卫组织的表述与行动为例说明。世卫组织怎样界定疫情严重国家？在非洲，要统计国家名称、确诊人数、死亡人数，这些都是公共医疗卫生专业统计的系数，但不能到此为止，还要增加一个要素，即贫困导致的非洲医疗体系薄弱，缺医少药，无法抵御疫情的现实问题，WHO 把这些要素加在一起，就决定支援非洲，给防护用品、医疗设备、救治药品，派医疗队。在美国，根据其国体体制，统计各洲名称、确诊人数、死亡人数，由美国约翰·霍普金斯大学承担，但这还不够，还要评估美国政府拖延防疫的国策影响、向别国无端转嫁责任的政治影响、拒绝向世卫组织缴纳会费的破坏性影响，WHO 把这些要素加在一起，就决定对美国特朗普政府予以反击。在中国，要统计确诊人数、死亡人数等，同时还要肯定中国政府创造的早检测、戴口罩、少聚会、隔离、封城、方舱医院，以及在疫情得到控制后恢复经济生产的举措，WHO 把这些要素加在一起，就向世界推广中国经验，并且态度很坚决。

当今全球形势复杂，网络微信说什么的都有。我们要找到"区域"概念的变化，观察新"区域"的变量要素，然后找到思路，开展独立思考。

跨文化每日谈

刘修远

近两天的主题都涉及"区域"，聚焦"区域"，并对其重新定义，将

---

① 关于要素法的讨论参见王一川《跨文化学的要素》，《跨文化对话》2020 年第 42 辑，商务印书馆 2020 年版。

突出全球化背景下"具体"与"总体"之间的矛盾冲突。结合人类学多点民族志的研究方法来看，世界体系不再是研究的外部背景——通过描述多点之间的流动和联系，"区域"的延展与多点的系连，从其内部展现了社会生活在制度和结构上的变迁，是如何内在于世界体系和全球化的图景。萨森提出的"全球城市"的理论认为，全球经济的地域分布与构成产生了空间分散而组织一体的经济活动，从而赋予主要城市以新的角色，即集聚程度极高的全球型城市（如纽约、伦敦），这是从经济角度讨论城市空间的延展。项飚对印度信息技术劳工的研究，则指出咨询代理公司在多地之间的联系和组织人员流动，是如何形成职业网络，从而使印度 IT 劳工流动更加全球化而多向度：劳工和雇主都会根据自身情况更加灵活地趋利避害，在国际场景"无工可务"的时候，转向当地的劳工行业务工，以减少损失。这样，一个职业工种既全球化，也"民族化"了。"猎身"因而使流动的劳动力和流动的资本匹配，从而被整合进全球化经济之中。"区域"在这里连接了跨国的劳工流动通道，又成为 IT 劳工这个职业在全球经济结构变迁的展演舞台。

　　就当下而言，疫情在不同区域扩散的时间与速度，反映了全球公共卫生的焦点变化与侧重。美国、意大利、英国等发达国家的确诊和死亡人数都是很高的，然而世卫组织的焦虑重心，却在南亚和非洲等医疗欠发达地区——尽管那里的数字可能远少于美国。更高、更吓人的数字，一方面说明疫情的严重，另一方面也反映了医疗资源在区域间的巨大差异——美国的检测手段不断更新，德国充足的重症病床数量和呼吸机数量被反复言说，与之相对应的是，非洲多国因为检测能力有限而呈现出巨大的未知，尽管我们都抱有一个模糊的共同印象：非洲多国欠缺必备医疗资源，而这一印象同样抽象化了区域内部的复杂性：什么是"非洲"？如何应对各国之间的差异？这也许是援助非洲所要面对的一个重要问题。

吕红峰

　　印度和非洲的疫情令人担忧，他们大部分地区都是贫困地区，对传染病的抵抗力脆弱。印度人口密度还高，又有相当数量的贫民窟，电影《我不是药神》里有一句话："这世界上只有一种病，那就是穷病。"这话虽然过于绝对，但也戳到了人们的痛点。由此看来，我国近几年实施的消灭贫困人口、精准扶贫的计划，真是英明伟大、泽被世人的，也是在补齐

40 多年来经济高速发展产生的贫富差距的短板。效率和公平历来是一对矛盾，不能因为一方面不足，就否定另一方面，我国人口基数大，教育、就业、医疗、科研等不管哪方面，都需要时间来赶上人口需求，这需要每个建设者共同的努力。提出问题是好的，但抱怨是不可取的。

罗　珊

世界疫情的发展让我们仍不能放松，全球大流行疾病的防控关键不在发达国家的控制力度，而取决于欠发达地区的防控情况。要想控制住流行病的暴发，应将目光更多地放在自身能力不足的国家和地区。目前国际交往中所言"区域"，大多由地缘、文化划分，北美、欧盟、亚太是以地缘论的区域划分，亨廷顿的文明冲突论是文化划分区域的代表。而实际上，由于人类文化的多样性，分类方式可以有很多种。跨文化对话要在不同文化之间架起桥梁，增进彼此理解而非单向输出；承认相异性而非同化或覆盖。

徐令缘

正如老师所言，随着全球化进程的推进，传统意义上作为地理概念的"区域"正在逐渐扩展其外延，形成一种超越时空、虚实交错的资源整合方式，这种新格局的形成也在塑造着人们的各种社会行为。区域性也曾是经典民俗学展开学术思考的重要视角，在传统社会中，由地理区域所结成的社群和社会关系，能够凝结成稳定的文化结构，为经典民俗学的发生与发展提供土壤。随着全球化进程的深入，将世界推入"跨文化"语境，区域概念边界的扩展，预示着以地域性作为重要视角的民俗学，也要在全球化世界中，实现新的跨文化学术视角转向。在疫情期间，为了共同抗击疫情而居家展开教学活动的教育系统，结成了"云上课堂"等新的功能性区域，反而成了一次新型教学空间建设的机会难得的探索性尝试。作为教学地理空间的学校，与虚拟区域的云上课堂，两者如何对视？我们保持思考。

2020 年 4 月 21 日，星期二

主题词： 抗疫教育

导读语： （447）习主席视察秦岭生态农业

（448）世卫组织演唱会同一世界

（449）谭德塞论病毒非政治工具

（450）美国政客病毒政治工具论

（451）G7 特朗普遭 6 国集体反对

（452）中国驻埃及使馆对外工作

（453）中国驻柬医疗队对外工作

（454）国务院发布北京高风险区

（455）北京朝阳区划为高风险区

（456）法学者孔特论疫情与自由

（457）英学者战疫与英版《杜甫》

（458）现代邹韬奋献身出版事业

（459）土博士与洋博士优劣比较

（460）我跟钟老学习中国民俗学

专题聚焦

65. 高密度与小问题

董晓萍

　　本群中的微信文件，近三月来，贴近疫情走势，高密度地选发和推送，我本人也有在这个过程中开展研究生现场教学的想法。有收获吗？肯定有，这里先谈三点。

　　一是理论与实际。以本群里常谈的民俗学理论和我选发的高密度微信文件为例来谈。大家把它们对比一下都能发现，理论与实际的差距是很大的。这也正是我想让大家看到的。理论是书，实际是事实。怎样把理论与实际相结合？把理论应用到位，把事实讲明白？这是我们在研究生教学中要解决的问题。这里有学习能力等很多因素，同时也与社会阅历大有关系。特别是学文科的人，没有社会阅历就像缺一条腿，只能靠另一条腿走路。有了社会阅历，就能两条腿走路，而另一条支撑腿就是个人经历。有了理论，还能通过个人经历，把道理给说明白，这时候你才真明白了。你明白了，才能把理论融化在事实中，给别人也讲明白，可能还讲得很生动。在校生没有社会阅历，只能读书听课，能找到另一条支撑腿吗？不能，但可以先找"假肢"替代，"假肢"就是读书笔记和学年作业。这次我跟你们一起写微信，我就想给你们做个样子看看，怎样才能把理论埋在事实的讨论中不露痕迹，其实这也是用理论处理大量动态事实得到的多样可能性的结果。这不是抛一个观点、举一个例子那么简单，也不是随意使用资料，再草草安个观点那么不严谨。

　　我也会有意引用个人学术经历，做两条腿走路的示范，说明我成在哪里，败在哪里。一般在读研究生也会讲道理，但由于缺少社会阅历，讲不了个人经历，就容易空洞、飘浮。对比一下，毕业研究生和留学生，他们走出校门，进入社会，看到学校与社会是两码事，但还是要带着理论的眼光去处理社会事实，尝尽酸甜苦辣，于是就有了社会阅历。他们再看书本上的问题，就要成熟得多，讲话也丰富得多。大家可以回忆，高磊讲他毕业后到南开大学工作的个人经历，谢开来讲他毕业后的广东省社会科学院工作的经历，刘修远讲他进入荷兰莱顿大学和比利时鲁汶大学攻读研究生的经历，都是真诚地分享。古人云"纸上谈兵"，就是用古人的思维，指出理论（纸）与事实（兵，用兵）的差别。现代社会的研究生在校学习期间也是书纸上谈兵，这点大家要清楚。但我还是提前教给大家使用个人经历法，因为总有跑得快的学生。这次也有同学能试着应用，用得还不错。理论是别人的，个人经历是自己的，两者结合，就能做到"摆事实、讲道理"，你才能获得自己独到的东西。

　　顺便说一句，全球化信息共享以来，国内和国际都提出保护知识产权反对剽窃的法律问题。我怎么考虑？首先是坚决捍卫知识产权法，其次是从大学基础教育做起，告诉学生避免抄袭剽窃究竟应该怎么做。在本专业，钟门门风，学术规范天天说，绷着脸说，改平时作业说，改学位论文说，谢开来回忆道，不可能"放水"是真话。不细谈了。今天讲个人经历法，这条在民俗学和人类学专业都很重要，我在《田野民俗志》中写了，也叫主观法。现在遭遇疫情写作，莫忘使用此法，抵制不良学风。不信你们看，吕红峰写文理科交叉研究的个人经历，文科生怎么抄呢？罗珊写艺术软实力调研的个人经历，李岩怎么抄呢？徐令缘写听苏联歌曲的个人经历，司悦怎么抄呢？李亚妮写在全国妇联工作的个人经历，李华芳怎么抄呢？石鸿雁写《战国策》和李岩写《伊索寓言》，两人之间怎么抄呢？就是把大家都变成"同桌的你"也无法抄袭。徐令缘还说过"不屑于抄"，有志气。我告诉大家，用个人经历法写作，于人生之路也是不二法门。这是中药（钟、季二老著作无一例抄袭），也是西药（美国《科学》和英国《自然》杂志都对抄袭严厉批评）。

二是资料与问题。这次有意发给大家高密度资料也是一种训练，因为自身边世界变成信息社会后便如此，从此没有"桃花源"，没有"烂柯洞"。但我们培养学术型研究生，研究生要做研究就要记得，在占有资料的前提下，要善于从小问题入手，才能把话说透，讲话有厚度。

疫情期间的微信文件多如牛毛，众说纷纭，云山雾罩，怎么变成我们需要的"阅读资料"，用来为学术服务？这是学者的事，不是手机和网民的事。学者只要能抓住问题，再设焦点和做视角，资料再多又何妨？仍以每日选发的阅读资料举例。

怎么"设焦点"？见每日每条题目编号后的"主题词"，如"团结在家"和"生命至上"。它来自世卫组织和中国政府。世卫组织是全球唯一领导抗击新冠疫情的权威机构，任何其他组织都不能代替。中国政府在这次抗击疫情中所取得的宝贵的中国经验，被世界很多国家所效仿，任何诋毁和甩锅都无济于事。

怎么"做视角"？见每日每条题目"主题词"后面的"导读语"标题，如"习近平在二十国集团领导人特别峰会上的重要讲话""武汉撤退"和"WTO关于恢复经济的六条措施"。这些题目都是整理过的，它们依据原文，但也有我们的选择立场和研究目标。全球抗"疫"是一场人类生命保卫战，加以资料研究，就不能没有"焦点"和"视角"。"焦点"是北斗导航，引导人们在疫情信息的汪洋大海中追寻灯塔，"视角"是游泳圈，为学术游泳者提供安全保障。

三是整理与核查。我们这次同步制作了《跨文化战"疫"中外资源选编手机版》数据库，保存全部提供的中外资源微信原件，对来自网络的共享资源，尊重知识产权，遵守学术规范；对来自中外学者个人提供的微信文件，在向大家提供之前，征求提供者本人的同意。我们做任何学术工作都要保证后台资源的准确性和安全性，所有基础学术资料都要经得起现实核查和历史检验。这次配合数据库，我们做了三个文件。

（一）《跨文化战"疫"中外资源选编手机版索引》

本部分资料，自 2020 年 2 月 10 日至 5 月 2 日，以每日所编发"跨文化战'疫'中外资源选编手机版"资料汇集而成，在这里按实际日期发送时的序号编目分组隔开，一字不动，原文印发。在"延期开学不停课"的手机微信群中，每日每人"接龙"报到之后，都会收到每日的阅读《索引》，以及由索引编号文章压缩而成的微信文件。例如：

> 跨文化战"疫"中外资源选编手机版（1）：青海师范大学手机版《有你》
>
> 跨文化战"疫"中外资源选编手机版（2）：日本松山芭蕾舞团《向中国人民致以最深切的问候》

（二）手机版数据库

本部分使用所引用全部主流媒体、网站和出版书刊编制数据库，根据本书开首"手机版索引"所列全部条目，按各条目的编号，分"手机版题目""网络来源""原文题目""下载日期""网络信息提要"和"原文网址"六部分，逐一列出。该数据库是本书使用网络信息资源和师生对话文本的后台资源库，其数据表要素如下：

> 手机版题目　跨文化战"疫"中外资源选编手机版（6）：美国

外科史，用柳叶刀写文化

网络来源　微信公众平台：同语轩

原文题目　改写人类外科历史的黑人木匠

下载日期　2020 年 2 月 14 日

网络信息提要　这是美国著名约翰·霍普金斯大学医院 20 世纪 40—70 年代发生的白人教授和黑人助手的故事，他们互相信任，密切合作 34 年，攻克了蓝婴症等多个世界医学难题，改写人类心脏外科史。约翰·霍普金斯大学在美国政府和 WHO 都有巨大影响力，在这次美国疫情抗击中发挥了重要作用。

原文网址　https：//mp. weixin. qq. com

（三）主流媒体与网址引用目录

本部分"主流媒体与网址引用目录"，列出本书数据库中的"网络来源"和"下载网址"全部信息的压缩版，读者将它们合起来使用，可以从一个侧面了解和观察，在 2020 年疫情暴发期间，网络资源对国家政府、各国使领馆、中美欧报刊、新旧媒体、远程教育、视频会议、在线电影、戏剧、摄影、音乐、舞蹈、民歌和故事全面覆盖，发挥了始料未及的特殊作用①。例如：

一、中外报刊

人民日报 www. people. com. cn/

环球时报 www. huanqiu. com/

中国日报 cn. chinadaily. com. cn/

光明日报 www. gmw. cn/

文汇报 www. whb. cn/

北京日报 www. bjd. com. cn/

---

①　本数据库由北京师范大学跨文化研究院吕红峰博士制作。研究生同学每日参与使用资料和参加讨论。

66. 荷兰与比利时的导师

刘修远

今天选编的文章有一篇讲土博士和洋博士的学位，还有一篇董老师谈钟老的教学。我在荷兰和比利时都有求学经历，关于中外研究生学位的培养，我想结合个人体会谈谈。我最大的感受是两位论文指导老师都不会非常具体直接地修改论文、指导如何阅读文献或指出"你应该怎样"，而是喜欢让我做比较，比如这几篇文章都讨论同一问题，能不能比较一下各自采用什么方法、如何使用资料，如果让你给论文作者提意见，你会怎么做，诸如此类。课上讨论时也总能遇到外国同学天马行空式的发言。而我至今受益的，是在北京师范大学读研究生一年级的短暂一年里，董老师在"民俗学原理课"程中，手把手指导如何写报告和读书笔记，史老师的社会学课程中指导我们如何切入问题、使用理论，我认为如果有了国内老师这样帮学生打好基础，知道做学术的基本方法，再结合国外老师唤起学生能动性的启发式教学，效果会很好。

在荷兰莱顿大学，我的论文指导老师是魏希德教授（Hilde de Weerdt）。魏希德教授是哈佛大学博士，汉学家包弼德的弟子，主要研究宋代士人群体。她的本科学校很巧是我的硕士第二站鲁汶大学。我的毕业论文是梳理民俗笔记中对南宋杭州城剧场的书写，试图提炼出一些特点。这个题目选得比较仓促，因为在荷兰的硕士生学习时间只有一年，还要上课，如果想在 8 月毕业，就需要在 4 月结课后的两个月内，完成论文并提交。这个题目通过后，随着论文进展，我和魏希德教授面谈过几次，在提交前的论文修改时，通过邮件沟通。对于论文她不会进行逐字逐句的修改，而是在部分段落或章节中提出一些问题，让我自己去思考。她希望我在写论文前先区分好各个概念的异同，比如"勾栏瓦舍"是不是一回事，现在所称的"剧场"和"勾栏瓦舍"之间的关系，不同城市的文献记载之间如何互相参证，跨越时空的书写存在什么联系。概念的区分会影响我如何筛选资料。她还要求我思考如何搭好一个框架，来描述文献中对剧场的描写，如是从社会史的角度，戏剧史的角度，还是民俗学的角度。对于资料的使用，魏希德老师总会指出我的疏漏，她不会直接指出哪种论著更有用，而是让我在几种论著之间思考，并比较它们的研究方法、如何定义对象、如何使用材料和学理背景是什么等问题，从而让我自己得出结论。魏希德老师通常不会严厉批评，但我能从她简洁的措辞中，感到她的直率和犀利。很遗憾因为时间仓促和个人水平有限，这篇论文只得了"通过"。

在比利时鲁汶大学，我的论文指导老师是帕特里克·德夫利赫（Patrick Devlieger）教授，他 20 世纪 90 年代毕业于伊利诺伊大学香槟分校，师从克拉克·卡宁汉姆（Clark Cunningham）教授和托马斯·里雷（Thomas Riley）教授。他主要从事伤残、麻风病和职业病相关的医学人文研究。我的毕业论文是关于瑞士中医医师如何"做"中医。这个题目来源于我和家人的一次偶然通话，我的一个小姑在澳大利亚开中医诊所二十多年，她给我介绍了一个她以前的同学、现任瑞士中医学会秘书长的曹大夫，我在曹大夫的帮助下，在瑞士巴塞尔做了近两个月的田野调查。Devlieger 老师同样是谈话时和风细雨，交流学术则一板一眼，在邮件回复中言简意赅地指出哪些章节没有考虑到的问题，诸如此类。他给我的要求是要把论文完整写完再交给他，他认为这样比每写完一章就交，更有利于从整体上讨论和修改。同时这样做不会破坏连贯性——既为帮助他了解我的思路，也为我自己保持连贯思路。

从他执教的田野作业方法课到我做田野调查，他都要求我做一个独立文档文件夹，要包含照片，每张要标记时间、地点、拍摄人和拍摄原因，最好拍摄时边拍边记；田野速记，他要求我准备便携的速记本和笔；录音与文字整理；田野研究资料集，既包含田野日志，还要包含一系列反思性记录，包括对主体位研究框架，仪器设备的装备，田野交流，知识和研究者身份的反思。这些最后不会作为论文评审依据，但他会检查，因为这些是完成论文的"地基"。我从 2019 年 6 月完成课业考试后开始撰写论文，他要求我在最多 3 个月内写完论文初稿，并且要写 3 万字左右（学校要求硕士论文字数在 1.5 万—2.5 万字），理由是写完后再删减要比重新写容易一些。他给我几个大的要求是，注意呈现并思考田野中的对话；先多做描述，不要急于分析；试图像讲故事那样把论文"讲出来"。

他回复的批改不着重于字句，而是提出提纲挈领的问题。比如，这里你是否暗示某种隐喻，你又准备如何引入这一问题。当我看到这样的批示，我就知道，这里我一定是没有斟酌好概念和词语的使用而制造了歧义。再如，他会在某处提问，这一点很有趣，但我想知道你将使用何种论据。于是我知道这里我只提出了论点而落于空泛。诸如此类。尽管"删减"听起来容易，但对我来说很多地方的删减无异于重写，最后仅是大的重写就有 5 次。

另外，每次德夫利赫老师都会提醒我的一个问题是英语，为此他有一次专门找我，拿一些章节跟我讲遣词造句的问题，我才知道他并非不会逐字逐句地看，只是每次都以问题启发为主。他还和我说，他也不是英语母语人士，时至今日他的英语仍然需要提高。他还鼓励我不要怕写得不好，让我多请写作中心的老师帮忙。后来他还请他的一位博士后学者帮忙给我改论文。

这篇论文经过半年多的写作和修改，最终得了 15 分（满分为 20 分）。我知道对于一个外国学生来说，这个成绩的鼓励意义大于实际意义，答辩时评委也指出，论文的英文表达仍然有较大提升空间。这对我未来的学习是一种激励。

跨文化每日谈

高　磊

各位的发言每次都令我很有收获。这个群的功能已远超"延期开学不停课"，我们每日在群中交流学习、分享心得，从祖国的北方到南方，从首都到各地，从国内到国外，网络把我们联在一起，通过微信传递正能量，携手抗疫。董老师在文章中讲"理论与实际"很深刻，我同时想起在人民大会堂纪念钟敬文先生诞辰 110 周年大会上，董老师的一段发言。董老师讲，"要在中国优秀整体文化中去研究民俗文化，这样才能既接地气，又上天梯"（原文可参见董老师在《西北民族研究》2013 年 8 月发表的文章）。把学问或者工作做到"既接地气，又上天梯"，理论与实际结合，很不容易。

有的人讲理论可以讲得深入深刻，但真正干起事来不太行；有的人干工作埋头苦干，不可自拔，但缺少整体思维和工作框架，有时受累不讨好。我理解，"接地气"就要沉下去，看问题，走进复杂的实际，也要走出来，站在稍高的位置思考实际，抓住重点，想方设法把复杂简化，找到要害解决问题，同时要做好总结，总结经验，记录思想，登上天梯。不过，能总结出理论的人还是少数，甚至极少数。但你有思考，有总结，就有提高，就会比一般同志提高得快些，站位稍高一些，看待问题自然眼界就不一样了。我想，咱们专业的同学还是应该有这个决心和能力的。"跨文化"和"数字化"，两条腿走路，越走越远，越走越宽阔。

《（459）土博士与洋博士优劣比较》一文提出的问题，我感到，"土"和"洋"的划分是相对的。疫情期间，中国结合国情实际，制定了自己的"土办法"，国外根据本国的实际，也有自己的"洋办法"，"土办法"与"洋办法"之间有同也有异，其间有对话和分享，也有误解和不屑。"土"和"洋"的优劣也是相对的，只有符合本国国情实际的办法才是合适的。向世界一流学者、一流导师学习，潜心钻研学问的环境与氛围等"洋博士"的优势，在国内有的学校、学科、专业丝毫不逊色，如咱们专业。就一流学者和导师，如钟先生。这里的"土"，并不意味着不和国际对话，没有国际视野。

南开校史上曾有过一段关于"土"和"洋"的争论，与大家分享。南开创校之初，办学模式以美国为蓝本，教师大多有留洋背景，其中不乏货真价实的"洋博士"，上课所用的教材也以英文居多。周恩来总理回忆自己在南开中学求学的经历，说当时上课基本以英文为主，很少能听到国文。据相关校史研究专家说，当时实验课解剖所用的蚯蚓也有从美国进口。学生们与校长张伯苓有争论，张伯苓深入思考如何扎根中国大地办教育，如何通过教育强国强种，他提出"土货化"的办学方针，办"土货"的南开，强调"以中国历史、中国社会为学术背景，以解决中国问题为教育目标"，知中国，服务中国。不可否认的一个现实，今天在人才招聘和引进的过程中，"土博士"和"洋博士"的待遇区别还是很大。在实际操作过程中，我们还需要深入思考"一流"的标准到底是什么。

谢开来

今天我跟在高磊后面谈谈土和洋的问题。首先我想说，这份材料谈土和洋主要是在理工科领域里谈的，文科未必。里面谈到的问题，当然也是理工科比较普遍的现象，但确实学校之间、专业之间、研究所之间和导师之间都有差别。我虽然属于土博士，但也没少见世界一流的学者和一流的导师，但国内一流高校的专业也不缺乏潜心钻研学问的氛围，一流导师更不允许我论文"注水"。当然，英语不够好也是我的痛，这是需要承认的短板。但我还想说，相比起世界通行的理工科或者说自然科学，土博士和洋博士对国内语境和全球语境的触感，对于本土文化和跨文化的知觉，也是两者之间重要的区别。这种区别在人文学科中保留得更明显些。土博士和洋博士各自对不上国外语境和国内土壤的情况其实不少，对于这种困难的克服，以及各自知觉和触感的延伸，其实还要靠博士毕业后的职业生涯去补足完善。

另外，看到选读资料中谈钟老的治学逻辑，也令我颇有些感触。这既是我们的学科传统，也令我感受到是中国学术传统的特别风气。我最近也在扩充知识结构，就游戏产业重读国内外游戏研究的经典著作，发现两边的风格差距很大。以杨荫深先生在《中国游艺研究》中讨论的游艺，开端就要讲材料，讲对象，讲范围，从外延到内涵。后来的学者，由史及论的似也多些，包括钟志主编《民俗学概论》，也是先说历史和史料，再来讲性质。1938年，荷兰学者赫伊津哈也出版过一本游戏研究，叫《游戏的人》，在他那里，就要先谈内涵和理念。游戏不再局限于某几个范畴之内，而是渗透在人类活动之中，在他看来，战争、诗歌和神话里都有游戏。他当然也用材料，但思想与观点总是走到前面。这样的风格对比，让我想到钟老的"重材料"与"重对象"。身在我们学科内时，会强烈地感到"材料在前"，重视实证研究先有材料再说话。

还有，研究生教育与数据库，是我进入社会以后开始尝试的两件事。在校的时候，在董老师搭起来的理论框架里工作，觉得无甚困难，干就行了。工作以后，我也有过做数据库的想法，但是一无理论架构，二无材料搜集法，三无专业人才，方知数字化真的不易。董老师昨日发的对疫情资料的整理与核查方法，条目与字段的设置，背后都有思想，值得学习和思考。

罗 珊

陆续收到修远和老师的两份文件，从学生和老师的不同立场，谈教育问题，加上今天老师分享的材料，受益匪浅。老师的这篇文章中，对目前每日的材料研讨进行了阶段性总结。我们"延期开学不停课"微信群中的材料分享，经历了一个由简到繁的过程，从最初的微信公众号文章或视频的直接转发，到现在成为每天系统性、有主题、有视角的成熟结构，这其中凝聚了老师多少心血。而我们的讨论也一步步从零散的感受，走向理论与实践结合，努力打开自己对社会的认知，取得进步。老师的文章中在谈到理论与实际的部分，还提到了个人学术经历与研究之间的关联。老师时常在教导我们时，谈到钟先生的教导、美国留学的经历、芬兰学习的经历，这些个人学术史的内容，并非纯粹地听故事，而是在帮助我们理解老师的学术视角、理解学科发展史的侧面。修远昨天的文章中在谈到两位硕士生导师对他的指导时，也都追溯了两位教授的学术经历，以便让大家看清脉络。

今天的材料中，老师首先根据钟先生的治学方法进行了归纳，总结为四点，包括对文献和资料的重视、对对象的重视、对切入点的重视和对表达的重视。这四点说明了，在中国民俗学的研究中，文献资料和研究对象是同样重要的一体两面，而就研究者自身的素养来说，摸清门道，训练表达也是关乎研究是否能出成果的关键。其次，教导我们持续关注时事动态、关注国际形势的变化、关注社会关系的变化、关注官方表态，以及民间表达的变化。民俗学研究与社会研究关系密切，且随着学科分野壁垒的逐渐打破，无论文学、史学研究都更注重社会史的要素，对社会文化的关注是人文社会学科研究必须追踪的要点。从老师分享的材料看，在这方面的关注是很多的，还提醒大家研究不能自说自话，不能束于高阁，要有广泛的涉猎和综合的分析。

徐令缘

几个月来本群构建了独特的"人文抗疫与学术训练"口述史，增加了群内讨论的材料与视角的多样性，也对我们这些从未迈出校园大门的在校生多有启发。虽然我还未有在国外学习的经历，不过结合老师同学们所讲，以及在跨文化平台上向国内外大师学习的经历，让我认识到，身处顶尖平台的研究生培养最重要的，并非"土""洋"之分，而是"内""外"之别："内"指学生自身的积累与修炼，"外"指平台高度与导师对学生的指引与点拨。"内"之修炼，无论身处海内海外，都需要用自己的双脚走出一条扎实之路；"外"之点拨，随着学科特点、东西文化观念与导师个人培养特色的差别，塑造着研究生的"学术性格"。

老师谈到"个人学术经历"的重要性，就我个人来说，在我本科毕业选择学业发展道路之时，我的想法是，我要做以中国民俗文化为基础的研究。鉴于我本科已经错过了最佳的入门时期，需要在研究生阶段从基础学起，那么全世界不会有另一个地方比中国更本土，比引领中国现代民俗学发生的钟敬文先生所在的北京师范大学更适合我学习。时光飞逝，如今已过去7年，我只深感学科之深远、平台之宽广，而我个人的修炼却是如此不足。有的时候我们会感叹于海外留学生所展现出的优秀，但看不到的却是他们在攻克语言和观念双重差异的难关之时，所付出的多倍辛苦，以及他们在国际化竞争环境中，所背负的那种证明自己、证明中国学生学习和思辨能力的责任感，可谓"宝剑锋从磨砺出"。最后，要再次感谢老师搭建微信讨论组这一平台的辛勤付出，这让大家能够在老师的指导下交流思想与学习经历，我们相互对望、走进彼此，这段经历令人难忘。

这两日又传来北京市朝阳区被评定为疫情高风险地区的新闻，在这个全国疫情逐渐走向平稳控制的平台期，这一消息提示着所有人：虽然疫情日趋平稳，但风险还未平息，团结仍要继续，减少非必要的外出，是对自身与身边所有人最好的保护。所谓"非必要的外出"，主要指以休闲娱乐为主要目的的室内聚集性活动，而并非完全剥夺人们购买生活必需品、小规模探视亲人，与在严格流行病学管控下恢复生产和其他类型工作的权利。经济必须恢复，防疫必须紧抓，这是我国目前的整体政策，为此许多基层工作者付出了比平时更多的辛劳，广大民众也让渡出自己的部分时间精力与自由，配合政府工作，这就是团结抗疫的图景。

在大多数情况下，身体健康与生活幸福并非对立，而更类似于一种互为前提的关系。身体健康更偏向于一个相对客观的概念，尤其是现代医学已经为人们提供了一系列量化方式来衡量人们的身体健康水平；而生活幸福则是一个相对主观的概念，在生活必要条件的保障下，它主要关乎我们如何看待生活，如何认识人生、时间、生死等一系列终极问题。对于一名本专业研究生而言，钟先生等一批学术大师在精神世界的建设问题上，已经身体力行地为我们指明了道路，那就是以学术思想滋养灵魂，以学术实践修炼身体，成为一个充实的、理性的、脚踏实地的、有社会责任感的人，这条道路朴实无华，并伴随着辛苦，却会帮助我们在浮华世界中获得内心的安稳与幸福。

司　悦

在今日分享的《高密度与小问题》长文中，老师对两个多月来在微信群中进行的现场教学进行了总结。尽管每天在微信群中接受老师的教育和指导，但看到老师的文章才知道，这背后还有如此大量的工作，同步制作了《跨文化战"疫"中外资源选编手机版》数据库和配套的索引目录。非常感谢董老师的选编与指导，感谢吕老师对数据库的制作和文件格式的改编，为了方便我们手机阅读，老师们又增加了额外的工作量，感谢老师们的无私付出。老师在文章中关于资料与问题，指导我们要"设焦点""做视角"，老师每日在微信群中的分析样本都在一步步教导我们怎样处理理论与实际、资料与问题的关系。老师在指导我的论文时指出了前后"两层皮"的问题，在微信群中的学习对我论文中这一问题的解决有很大的帮助。正如老师所说，我们在校研究生缺少社会阅历和个人经历，在微信群中看到老师和毕业研究生与留学生们的真诚分享，受益匪浅。

李华芳

董老师在两个多月的千字文训练，教导我们如何将理论与事实融合到恰到好处、不漏痕迹；教导我们学会运用主观经历法写出特色、写出规范；教导我们在众多的材料中抓问题、设焦点、做视角，这些高质量的材料与方法论的指导，使我受益匪浅，尤其是对我这样跨专业的学生，这些方法训练帮助我弥补了以往研究方法的不足，并且建构更为有效的思维方式。修远撰写的论文写作与导师指导方法的文章，具有跨文化的视野，以亲身经历为我们介绍了跨学科学习与论文写作经验，让我们对西方高等教育有了更深入的了解。回到今日的材料，一种学科的进步与发展，离不开对其他学科的吸收与借鉴。

今天选发的一份是英国人制作《杜甫》纪录片一文提到了"眼光"这个概念，指出制作《杜甫》这样高质量的节目不仅要有好的资源、充足的资金，更需要有制作者的眼光，英国学者将杜甫看成中国的莎士比亚，这是国际视野、是跨文化的眼光。以"眼光"这个概念为切入点，理解今日材料：一是看待疫情下的世界需要眼光，二是进行专业学习需要学术眼光。另一份是报道习近平总书记视察秦岭生态农业，是以可持续发展的眼光开展脱贫攻坚工作。世界抗"疫"演唱会的资料，凝聚了人心、鼓舞了斗志，为疫情下人类贫瘠的心灵带来艺术滋养，这是"以人为本"的眼光和价值取向。关于世界卫生组织重申病毒是人类头号公敌而不是政治工具的资料，是人类在经历疫情以来，对国际社会众生相的反思，是以思辨的眼光对国际问题做出的正确的判断。同时，进行专业学习和学术研究也需要眼光。关于四个步骤的学习方法的资料，就是老师"授之以渔"的方法论，对我们进行专业学习具有重要非常价值。只有对材料进行深入的研读、找好研究的切入口，集中在一点上深入研究，并且找到清晰的表达方式，才能在构建知识体系和理论框架的基础上，形成学术视野、培养学术眼光。

刘修远

近日美国多个州县爆发游行，大批美国民众上街游行，抗议州县政府的隔离措施威胁个人自由，如果结合法国学者斯蓬维尔的话来对读，似乎尤为耐人寻味。也许对斯蓬维尔来说，福柯显得有些陈词滥调，但后者早已指出，卫生和医学在社会控制层面所履行的职能，早已渗透现代社会的方方面面，无论是污水处理、殡仪馆与医院的空间管理还是检疫、保健和卫生等含义对个体日常生活的管理控制的影响，都是如此。在没有疫情的世界里，医学也无时无刻不在监控着人类的身体。与其说新冠病毒和社交隔离侵犯了人身自由，或者牺牲某个群体，不如说病毒造成的个体健康不确定性，和隔离所限制的确定的集体居家，让人们从睡梦中惊醒：无常和危机本就是与日常生活相伴的，人们一直都在应对种种无常。

除了自杀外，似乎人类从来也无法选择如何去死，没有人可以选择疾病，而往往是疾病找上人。用美国学者阿瑟·克莱曼的话来说，人们能做的是在无常和危机面前选择如何实践自己的道德责任和承诺。固然新冠疫情中去世的大多数人是老年人，但这一病毒给人类带来的是远多于日常生活的无常，从这个角度而言，并不是某个群体为另一个群体牺牲或个人自由被侵犯，而是过于频繁的无常与危机打乱了人们应对日常中的无常时所采取的策略，从而动摇了人们的社会责任感、能动性和道德实践——而这正是人们赖以应对日常危机的基础。慢性病、战争或饥荒，固然正在世界的各个角落制造也许比新冠病毒更严重的危机，但脱离具体情境讨论"日常"与"无常"，只会让生活绝对化。比惨是没有下限的，而人类始终追求的是更好的生活。

李亚妮

这两个多月以来，董老师在百忙之中每日坚持在纷杂的信息中精选适合我们阅读和思考的材料，并手把手带领我们思考如何抽概念、如何找要素、如何设焦点、如何做视角。这些材料涉及中外政治、经济、历史、科学、人文、音乐、美术、戏剧等多个学科，有新闻报道、名人逸事、个人日记、学术讨论、图片摄影等，让我们从多种形式的材料中去分析和思考。今天，董老师的《高密度与小问题》一文将这两个多月对我们的现场教学和指导做了总结，这三个问题（理论与实际、资料与问题、整理与核查）也是我们在做毕业论文和以后的研究与生活中遇到的问题，更是我们难过的坎。与之相呼应的是谢天振教授对自己译介学研究之路的回顾，让我们看到他从一个问题的提出开始，不断探索、长期思考。经过数十年的长期思考，从概念的界定、内涵和外延，到理论的提出，在研究中不断与中外同行学者交流讨论，修订、完善或补充自己的理论和观点，这也是一个有灵魂的、有生命力的研究所必经之道。钟老一生的研究，也是在一个个有趣的问题中探索，最终形成中国民俗学派的学科理论。董老师带领我们师承钟门传统，做好民俗学研究就要熟悉材料、积累材料、分析材料，从材料出发，以实证为基础，不搞玄虚空洞的理论生搬硬套。我们在自己的论文研究中，常常遇到的问题是如何提出有意义的学术问题，如何把事实与现实转换成学术探索和理论假设，这也是我在做博士学位论文中要面对的大问题，常常会陷入材料而简单描述，不能做到剥洋葱式的理论分析，或者只是就材料而谈直观感受，或者是生硬地剥离，理论与实际材料不能很好结合。这两个多月的训练，我们也在老师的同步指导中，体会了如何从材料到概念、到比较、到学术理论，受益匪浅。

今天还有一份资料介绍一位美国大叔在疫情中设立与邻里分享食物和水的货架，还建成一个流动图书馆，这让我们看到了眼中有光、心中有爱的社会力量的传递。

2020 年 4 月 22 日，星期三

主题词：抗疫教育

专题聚焦

67. 抗疫教育

董晓萍

疫情期间信息爆炸，中外新闻、媒体制作和社会舆情纷至沓来，应接不暇。但不管怎样，世卫组织对疫情的防控指挥，都会依据对疫情的科学分析，按照防疫工作的实际步骤，指导各国政府防疫工作，世卫组织总干事谭德塞近日提出"防疫教育"，就是在第二阶段提出的任务。

人类社会与灾害共存，各国各民族都有关于灾难的历史记忆和解除灾难的教育，但古今不同，文化传统不同，也因灾种不同而有不同的教育内

容。站在现代科学的角度看，灾难分三种：自然灾难、战争灾难和生物疾病灾难，其中的生物疾病灾难就是今天世卫组织讲的"疫情"。抗疫教育就是正确认识疫情、科学防治疫病、组织全球各国团结起来，共同消灭疫情，恢复人类社会正常生活秩序。这种教育的基础，是对疾病的生命科学知识、医护救治、科学研究、疫苗发现、根治疫情、社会治理和人类关爱互通的全过程。

我国是农业文明古国，在先秦诸子著作《管子》中就有对水、旱、风、雹、瘟五灾的完整记录和治灾观念，这在世界范围内也几乎是最早的防灾教育文献，即便到了两千五百年后的现代社会，灾种也不出这五样。不过《管子》学说的重点是农业社会管理，所以重点在于社会的治乱、政治的得失和战争的胜负，与当下讨论的公共卫生抗疫有很大差别。

古代防灾教育是人类与自然灾难的勇敢对抗的一部分，目标是针对自然灾害和战争灾害寻找消灭的办法。各种古老的防灾教育都是敬神祈神的教育，人类期待超人类的自然力和宗教力量相助，战胜灾害。例如，在西方社会，崇拜耶稣基督、圣母玛利亚；在中国社会，崇拜三皇五帝、观音弥勒，中西社会还都崇拜史诗英雄。教材是神话传说和史诗，神话意识中也有对抗意识。中国人在常态生活中讲天人合一，在非常态的灾害时期讲敬神与治灾并举，如后羿射日、大禹治水、精卫填海、刑天舞干戚，都是抗争到底。当然，这是天人合一观的另一面。

对抗社会治乱，目的是制止和消灭乱象。西方有"探险""大发现"，侵犯别国资源，中国不是侵略扩张的国家，没有这种教育，也反对这种教育。中国明代也有郑和下西洋的历史，但中国驶向大海的航船都是送给别人财宝，显示古代中华帝国的"GDP"和"天下日中"的荣耀，没有在别国别族攻城略地的贪念。

关于防疫教育，西方有上帝和传教士故事，中国有神医教育、神药教育。但从前没有针对疾病的国家安全教育。新中国成立后有全国卫生教育和增强人民体质、发展体育运动教育。改革开放后有全民健身教育和健康社区等教育。

以往中国以外的其他国家的灾害教育都是处理人类与灾害的关系的教育，缺乏人类整体自我教育。

谭德塞讲的抗疫教育是全人类的公共健康卫生教育，侧重政府、人民与社区三者，这种教育运用现代科学理念，提倡讲科学事实，按照计划步骤实施。抵制和消除国家、民族、种族和地区歧视，反对把疫情政治化，反对出于政治目的制造国家间、民族间和地区间的矛盾，阻挡人类社会和平建设进程。世卫组织的抗疫教育只有一个对立面，即病毒，没有人的对立面，这种教育过去没有。

跨文化每日谈

罗 珊

今天的主题是"抗疫教育"。随着疫情带来的影响常态化，人们的处境已并非处于特殊时间段中，转而成为一种全新的日常。疫情虽然带来影响，但日常生活还需要继续，工作学习也需要继续。复产复工逐渐推进，对学生而言就是日常学习上不能松劲，老师也因此每日督促我们，身体力行地对我们进行抗疫教育。今天老师分享谢天振教授的文章，同样也是以个人学术经历为线索，阐明对译介学的关注和学术渊源。只有厘清脉络，溯清源头，才能打通道路，向明确的目标出发。

刘修远

今天的文章中介绍海归学者的一篇让我有感而发。这篇文章所介绍的归国学者全部是自然科学领域。我国近年来在电子工程、航空航天和生物技术等科学领域取得瞩目成果。那么人文社科界呢？本次疫情暴发，不啻向欧洲人文学界扔了一颗炸弹，许多近年来炙手可热的学者发出的言论让人疑惑。比如，阿甘本，他在疫情于意大利暴发后强调警惕常规法之外"例外状态"被日常化从而让公权力侵犯个人自由。还有齐泽克，他在武汉封城一周后发表文章，在大量让人不知所云的复合长句中，他表达了不应淡化疫情和隔离中国人，但他时而强调有更多危险甚于新冠病毒，时而警惕居家隔离制造的反乌托邦图景，显得奇怪而矛盾。

让人最为困惑的莫过于，从武汉封城和与世卫组织加速交换信息起，到欧洲各国家在3月中旬陆续限制行动，这期间的一个多月，欧洲各国政府除了限制与中国通航外没有做任何实质性准备，以至于——以比利时为例，到今天限制行动已逾一个月，今天仍然24小时新增死亡266例。触目惊心的数字是任何主义或者图景都无法为之背书的。这也是为什么前不久部分法国人发表文章反对"鼓掌",因为提倡为医护人员鼓掌的,和引发去年医护人员因医疗条件糟糕而罢工并受到批评的,是同一拨政客。人文学界应该介入公共生活的讨论,但不是单纯跟在现实后边跑,毕竟现实千变万化。更应该注意的,也许是如何在跨文化的语境下思考。这既是给我国人文社科学者提出的问题,也是与世界对话的必然要求。老师每天用主题词串联天南海北的新闻事件,就是对我的跨文化提示,阅读标题就是视角。从这些视角出发抓住主题词进行以小见大的讨论,久而久之可以锻炼出面对海量信息时的甄别能力和总结能力。这也许是今后学习的方向。

谢开来

今天看了谢天振教授的译介学,也让我颇有感触。我主要想谈两点。

第一,是产品形态。谢教授从头到尾没提产品两个字,但他"译作是文学作品的一种存在形式"却让我特别感到受启发。作品是什么? 其实是文学生产的结果,也可以算作是一种"产品"。这让我产生了一种意识,即谢教授的观点是建立在"翻译是一种文学作品的生产方式"之上的,暗示着产品的社会生产形态及生产群体。他的另一个观点是翻译工作的切分单位,也就是说翻译可以以"作品"来做切分,而不是以词、句子或别的语言单位做切分。这和语言学的做法不太一样。所以,"译作是文学作品的一种存在形式",既面对学术界,也面对社会应用,让我感觉受到文学的社会存在方式的深刻影响。

第二,是文化翻译。谢教授的理论,既适合我们学科,也不适合我们学科。说适合,是中国民俗学曾以文学形式大量译入外国故事,形成学科早期的材料积淀。我们前几天提到过苏联的《宝石花》,当然更重要的还有《格林童话》《鹅妈妈童话》,等等。说不适合,是因为以文学形式译入的作品,不太注重某些民俗词语的文化翻译,以至于学者进入概念研究之后,要花费周折才能厘清原词的内涵。以前瓦尔克来北京师范大学演讲,董老师、徐令缘和我都给他当过翻译,其中就有故事。我记得有个故事里,出现了一个东西叫"the black one"。这个东西是什么,原文里没有讲。我下课去问瓦尔克,他说这个就是魔鬼/撒旦,但是这又是个"taboo",因为你不能直接说出魔鬼的名字,于是在这里就用代称。这就相当于《哈利波特》里用以指代"伏地魔"的"黑魔头"一词,也没有人敢说出伏地魔的名字。但瓦尔克不作这段解释，或者我课后不去问，我可能无法从译文中知道故事中超自然现象的成因到底是谁。另一个例子，是高晶一老师翻译的《爱沙尼亚童话》。编写这本书的两个人，在爱沙尼亚民俗学史上很有地位。但高老师是语言学出身，不熟悉民俗学者结果文本中有些神的名字，没有原文和注释。于是当文学作品看是可以看懂的，但学者研究起来就有困难。

我倒不是说，翻译就该为民俗学、就该为跨文化服务。不全是这样。但是反过来，文化翻译现在还没有固定的作品形式，却是个对跨文化交流不太有利的情况。钟老强调要找到合适的表达方式，那么探索一种适合文化翻译的文学形式，是不是也属于跨文化对话的建设工作呢？

司　悦

谈谈今日讨论的主题"抗疫教育"，在疫情期间虽不能在校上课，但老师每日分享跨文化资源进行线上教学，引导我们关注疫情给世界带来的变化和影响，同时进行专业指导。在今天的一则材料中老师以自己跟随钟老学习的经历教导我们学习民俗学的方法，除了具体方法外，老师也提到"我看老师做学问，除了老实和认真，没有捷径"。老实和认真是做任何事情都适用的方法，成功从来没有捷径，在这次抗疫中也体现着老实和认真的重要性，武汉发生疫情以来举国之力老实认真抗疫，不推诿不甩锅，积极承担抗疫任务，付出了巨大的代价来保护人民的生命健康，创造了传染病史上控制大流行病的速度奇迹。时至今日，国际上还有一些政客无视生命，"当政客无视对生命的尊重和保护，而将其视为冰冷的数字、当作政治工具时，突破的是人类道德底线"。这场战疫中全世界都应该学会对生命的尊重。

2020 年 4 月 30 日，星期四

主题词： 大视野

导读语：（535）全球战疫中国经验总结之四

　　　　　（536）历史文化大视野下慈善事业

　　　　　（537）中国公路专家沙院士的人生

　　　　　（538）留学生为目标国当翻译手记

专题聚焦

68. 隔离生活琐记

（1）疫情期间难忘的人和事

董晓萍

　　中国是世界上灾难较多的国家，国土大，人口多，历史长，地理样貌和气候带复杂，既有科学家论证的各种灾害成因，也有史学家记载的大量灾害史文献。中国还有一句妇孺皆知的谚语"路遥知马力，日久见人心"，出自宋元典故，专指灾难检验人性的道理，而宋元社会距今也有千年以上，这句话经过千百年的流传，现在已能适用于各种语境或广泛的领域，成为一种国情谚语。中国人的这种灾难人事观，也是一种人文观，一句话投射出中国是一个不忘人好处的国家，一个高度重视患难之交的国家。中国人还乐于把灾难中彰显人性、凝聚人心的事情记下来，并形成文化习惯。往大处说，这是不断温习祖先留下来的优秀传统文化；往小处说，是在中国讲究"滴水之恩、涌泉相报"的伦理道德文化，或说好人文化。即便是中国的普通老百姓，也懂得知恩图报，做个好人。

　　在这次疫情期间，我遇到了一些难忘的人和事，先选几件印象最深的

记下来，其他的陆续写，它们都是我长忆的底本，也将用来自我惕厉。

芬兰、芬兰

按原计划我现在应该在芬兰，2月1日起飞，批件、签证和机票都已就绪，停留5个月，完成一项由北欧民俗学者主持的经典民俗学史研究计划。邀请人是国际民俗学会主席、芬兰国家科学院院士、芬兰赫尔辛基大学民俗学系系主任。他们经过几次讨论，决定把中国民俗学史也纳入这个总框架内研究。以往他们的研究范围，除了北欧外，至多到德国和俄罗斯，这次纳入中国是一种积极的姿态。进入芬兰国际民俗学大本营工作是我国几代民俗学者的愿望，我的目标也很明确，就是利用这次机会，收集20世纪上半叶芬兰民俗学出版物中有关中国的研究资料，而据对方的国际同事反馈，在芬兰科学院、芬兰赫尔辛基大学、丹麦哥本哈根大学和挪威奥斯陆大学的民俗学系或民俗学研究所中，多多少少都有关于中国20世纪民俗学运动的英文著述，有的民俗学者还到过中国。这类欧洲民俗学史的信息，中国民俗学者并不了解，他们希望我去查阅和作研究，我也需要前往。但北欧国家民俗学史料主要使用乌戈尔语、瑞典语、荷兰语、德语、俄语和英语与多种方言记录，需要至少懂英文和俄文的专家与我合作，以保证释读原文的准确性。这次对方派出的邀请人精通英语和俄语，提供了最佳工作条件。万事俱备，只等登机。但万万没想到就在这时武汉出事了。

1月上旬武汉疫情暴发的消息传到北京，1月下旬武汉封城，中国政府打响了预警级别最高的武汉保卫战，随之我的头脑中也拉响了警报。武汉这座城市的名字是我人生中的敏感词。少年时代，家族中的长辈调往武汉撰写新四军第五师战史，我跟随前往。我们住在珞珈山下的一幢独楼里，我转入华中师范大学附小读书，在那里结识了武汉的新同学，学习在这座中国著名的"火炉"城市中生活。我还认识了在延安洗星海作曲的《黄河大合唱》中担任主唱的某阿姨，她住在我家隔壁的小楼内，还是天天唱歌。这段经历让我比起没到过武汉的人是不一样的。现在这座城市"病"了，我的神经也会比别人绷得更紧。很快大批医疗队驰援武汉，我则几乎是一分钟的决定，退掉飞机票，留下来与祖国人民一起战斗。

我把这个想法告诉芬兰赫尔辛基大学的同事们，回答说芬兰的飞机还在飞往北京，你可以随时飞来。3月下旬国内疫情的峰值过去，北京师范大学国际处通知自 4 月 1 日起可以重新办理出国手续，我把消息告诉对方，对方马上调整了计划，并发来第二封邀请函。但不久欧洲疫情全面爆发，申根国家关闭边境，芬兰至中国的飞机停飞，这件事就再次拖延下来。美国疫情恶化后，美国政要向中国无理甩锅，北欧与美国关系密切的国家要员也出现了政治摇摆，这种变化是否会影响到学术界，目前尚不得而知，但我心里是清楚的，祖国永远是第一选择。我这种定力埋根很早，始终不会改变。

向北、向北

爱沙尼亚民俗学者瓦尔克是我的老同学，25 年前在芬兰约恩苏大学学习时我们是同班。疫情发生后，他看见欧洲电视台对中国的报道，发来电子邮件说，新闻夸大事实，他才不相信那些对中国的负面说法，我马上回信点赞。他还对爱沙尼亚十分乐观，认为是一片王道乐土，没有病毒，大学正常上课，社会生活平静。机场海关除了检查护照外，没有医学检测，人们自由出入。我对他的大学仍处于我国高校疫情前的状态表示了羡慕之情。但没过多久，他就改变了口气，又来信说，就在上次写信时，他的国家的北部，在一个热爱运动的岛区，爱沙尼亚国家排球队正与意大利排球队举行比赛，意大利的病毒就借这场比赛之机悄悄攻破了爱沙尼亚的"国防"线，向各地散布开来。他感叹双方的球队还在打球，平静的人民还在上街，对突如其来的巨大危险毫不知情。我回信说，这就是新冠病毒的特点，没人认识它，但不要怕，只需万分小心就能挺过。后面又是第三封信，老同学告诉我，爱沙尼亚政府今晨 4 点关闭边境，政府把电话打到每一户公民家里，宣布国家进入紧急状态。政府学习各国有效抗疫经验，下令"封国"。他的大学已经关闭，他开始学习做网络课程。我回信告诉他，请忍耐和适应疫情生活，抓紧专业工作，根据中国经验，疫情一定会被战胜。

开会、开会

我在北京师范大学跨文化研究院主持工作，这座研究院由敦和基金会与北京师范大学共建，由敦和基金会捐助研究经费，支持前沿人文科学研究。疫情暴发三个月来，世卫组织指挥各国政府战"疫"，使公共医疗卫生事业的地位大为提升，与此同时，在某些西方强国的蓄意拉力下，出现了医疗科学与政治权力的对抗，跨文化研究的紧迫性和必要性急剧凸显。但与大量急需资金续脉的中小企业相比，跨文化研究工作的经费资助又成为"富养"的工作，敦和基金会的资助额度需要压缩。

2月、3月、4月，连续多次，敦和基金会主要领导、我国著名慈善理论家陈越光先生，召集跨文化研究院中法专家开国际会议，把所有研究项目和预算科目拆开，一个一个地讨论，然后确定资助方案。

陈越光先生从不简单地讲话。他通知"开会"就是理性的继续。他带我们应减尽减，然后就是应做尽做。法方专家金丝燕教授的名言是"为历史负责，共走蓝天之下。"只要工作需要，不论中法时差如何，她会随时问："开会吗？"

口罩、口罩

口罩，成为这场流行疫情中的多元文明交叉点。谁能想到事情会是这样？但结果就是这样。大道理就不说了，能写一本书。在这里只说个人的感动。疫情期间，我曾与朋友向海外捐赠口罩，但自己就没了口罩，后来又被别人捐赠口罩。

一个朋友想方设法将一大包医用口罩快递给我，120个。它们在北京口罩短缺的时候出现在我家小区门口，在我心中就是1200个的分量。

一位多年前毕业的研究生，托人从外地买了20个KN90口罩寄给我。邮包从广州，到吉林，到辽宁，再到北京，递送了大半个中国，最后来到我的手上。他还有口罩吗？后来得知，当时他和他母亲各留了1个口罩，娘俩共2个。

一名研究生主动打电话问我："老师，您需要口罩吗？一次性的医用口罩，N95口罩，消毒液，我都买了，疫情刚开始的时候在网上买的，那时候好买，现在家里还有富余，我给您送过去吧。"半小时后，一辆深灰色的轿车停在我家小区的门口。以后我才知道，该研究生此举还在国内外运输线上进行了多次，帮了很多人。这名研究生什么时候变得这样决断大事？什么时候学会开车？什么力量支撑其勇敢抗疫？整天埋头书案的我竟完全不知道。

还有的大学教师寄来口罩时说："先用着，不够还有。"

北京不是武汉，大学不是医院，我身边的口罩捐赠者都不是英雄，而是一批无所求的人。这种朋友之间、师生之间危难时刻出手相助看似自然，但在生死疫情面前也很难，中国传统优秀文化养育了很多低调行事又精神高贵的人，这是他们给我的最大教育。

数字、数字

疫情期间我爱人做了一件事，就是从中央电视台 CCTV4 权威播报和从外交系统发布的 App 软件中查询，把我国和有些欧美国家的疫情数字记下来。再往纸上抄。主要查我们工作过或有亲友居住的美国、法国、英国、芬兰、比利时和爱沙尼亚 6 个国家，查"当天新增病例""累积确诊病例""治愈病例""病亡病例" 4 项指标。自疫情发生以来，他每天记，一张纸记满了，再加一张。他还把不同日期的各国数字对照，发现哪个国家的数字报告很严谨，哪个国家的数字对不上，然后分析一番。他戴着高度近视眼镜，写蝇头小字，记到今天，一天不少。我开始时还有兴趣，每天去问他，后面忙得顾不上，也不问了，他还是照样记。对于这场全球战"疫"进展，他比我心中有"数"。他的忧与喜，他的责任感，他对胜利的期盼，也都在这些数字里面。

九妹、九妹

疫情期间赶上中国的三大节：春节、清明节、五一节，按习俗都要与亲人相聚。但我今年均未成行。就在我推辞芬兰计划的当天，也退掉了原定在出国前探望母亲的火车票。母亲已年届 96 岁高龄，对母亲的思念与相守，只有与母亲相见的时刻才能释放。但这场疫情改变了行动的方向，为了遵守政府的规定，不至于造成异地传染的风险，我做出了这个十分痛苦的决定。

在我们兄妹之中，有一个妹妹，以一人之力，承担了照料母亲的全部责任。她与母亲生活在同一个城市，比我们在外地都有便利条件，但这不是绝对的理由，她能够在疫情中独当一面的最大理由是她的品格，她对母亲的孝养总能做到最好。

我非常欣赏这个妹妹，不仅因为她聪明、善良，能干，还因为她有各种特殊的才能我都没有。举几个小例子说，她会裁衣制衣，做出来的衣服，贴上商标，跟买来的新衣服一样。她会织衣，织出来的图案花纹，跟书上画出来的一样。她善烹饪，我们小时候，父母带我们去饭店吃饭，我们吃堂食，她却神不知、鬼不觉地大胆钻进后厨，悄悄站在边上，看师傅怎样做菜。她的烹饪手艺也不是一般二般，我们就说她是"名师出高徒"。她小时候跟随父母亲走"五七"道路，在土屋油灯下，学会了打算盘和记账。练来练去，练到左手打算盘，右手写字同步同快。后来回城后还参加了市级珠算技艺大赛。以她这个本事照顾母亲，也是有板有眼的，一套又一套，什么家政培训都比不上。

有一首歌，歌唱"九妹"，九妹就是最小的妹妹。她不是我最小的妹妹，但从照顾母亲的实际说，她确实是最小的妹妹。歌词里有一句"你好像春天的一幅画"，正好她的名字里就有一个"春"字。

（2）我在比利时疫情隔离期间的生活

刘修远

下周一，也就是 5 月 4 日，是比利时部分解除社交隔离措施的日子。比利时国家安全委员会已经讨论决定，从这一天起，将分多个阶段逐渐让社会部分地恢复运转。对于国内而言，武汉解封也快一个月。在这个节点总结"社交隔离"一个多月的生活，对我来说确实很有意义。我想分四个方面来说，分别是饮食、运动、学习和社会观察。

第一是饮食。和很多疫情期间变身美食博主的人不同，我并没有因此而去尝试各种复杂的菜肴做法。大概从去年下半年写论文开始，我就没有课了，日常安排就是白天去图书馆写论文，晚上运动或者回家调整休息。因此疫情所导致的社交隔离没有给我带来什么改变。只是从在图书馆学习变成在家里。我所考虑的是如何最大限度减少去超市的次数。以前看 F1 赛车，一个经典战术是进休息站加满油，通过减少进站次数换取时间，我所做的就是"多加油，少进站"，一次做很多，之后也能减少每天做饭时间。具体做法是，从超市回来我会花一下午做很多可以冷冻的菜，如咖喱鸡肉、奶油炖菜、番茄肉丸、鸡肉饼和裹好面渣的鱼排。因为用不同调料入味，这些菜拿出来解冻也不失风味口感。还有一些可以冷冻的蔬菜比如白菜叶、西兰花和青豆我也采购了一些，需要时拿出来用开水解冻。生鲜肉蔬按部就班吃完后就开始陆续解冻提前冷冻好的菜。我还做了一些法式烩菜，做好一大锅可以吃几天。考虑到水果不宜保存，我多买了些苹果和橙子，保证日常所需维生素，这样去超市一次，可以维持两周左右。如此既保证菜品轮换，也减少了去超市的次数。我前几天还简单算了一下，因为隔离在家，我的花销比以前大幅下降。仔细想来，聚餐、购物、出游的消费通通消失，超市采购也因为精打细算和采购次数下降而减少了不必要的零食等开销，这个结果真是让我有点哭笑不得，却也让我深刻体会了哪些是可以"断舍离"的。

第二是运动。社交隔离对我最大的影响就是无法去体育馆了。自从来比利时后，我学会了打羽毛球，这项运动也成为我日常解压的好方式。但随着体育馆的关闭，我的日常运动也不复存在了。考虑到宅家日久难免身体机能下降，而比利时政府也允许在不超过两人同行的情况下到户外进行非聚集性活动。我时而去附近的湖边跑步，时而在空地上做做蹲起，后来还找到学院一片无人的空地，不定时地对墙打球。这些活动对我也有好处：以前只把打球当锻炼，不会去做身体机能的锻炼，身体素质一般，水平也就无法提高。现在虽然没有球感练习，但是蹲起、跑步和对墙抽球等活动对腿部力量、耐力和小臂力量都是提升，无形中在弥补之前的短板。虽然解封在即，但学校本学期基本不会重开，体育馆恢复开门只怕最快也要下学期，因而这样的锻炼方式仍然会持续下去，不知道再和小伙伴们站上球场时，我会不会从现在的锻炼中受益而有所进步。

第三是学习。社交隔离带来的最大问题就是无法借书了。虽然图书馆可以帮忙扫描，但也有页数限制，我所能庆幸的是赶在疫情前提交论文、完成答辩并毕业。影响更大的恐怕是诸多理工科学生，他们因为学校关闭而不能做实验，无论对学生还是对老师而言，这都是难以估量的损失。这期间我主要的工作是完成申请国家留学基金委的材料，同时也关注其他可能申请的研究项目。这期间还有一个麻烦是与老师和工作人员的联系只能通过邮件，一来一回，这给沟通增加了很多时间成本，时效性降低，以前去一次办公室就能解决的事现在要花上一个星期。

第四是生活观察。我只说两个事，一个是健康包的发放。由于运输和人力原因，健康包的物资在到达大使馆后是由包括我驻比大使在内的全部大使馆全体工作人员花了一天时间分拣和打包的，具体到鲁汶的发放，又有赖于20多个志愿者的工作。他们或者有车可以帮忙，或者愿意把自己家门口作为集散点，从学联开始统计人数、建立微信群到最后每个人拿到，没有任何纰漏，且全程公开透明，有据可循，我在心里为他们鼓掌。日常生活被打乱了，但中国学生和工作人员没有跟着乱，反而更加有秩序。这让我更加坚定信心，相信生活终会恢复正常，现在需要做的就是耐心等待。

二是关于我附近的一个老人院。有一天我看见一则新闻，说鲁汶的一个老人疗养院已有十个老人去世。我仔细查了这个疗养院，发现就在离我家几百米的地方，以前还经常路过，但从外观上看我以为是个普通的办公楼。有一次我路过那里，有一个坐轮椅的老人拦下我，问我时间，我掏出手机给他看，他随即道谢。在看到新闻的时候，我立刻想到这件事。当死亡来到身边、发生在几百米之外一个我曾无数次走过的地方时，那种人命危浅之感忽然涌上心头，调动起与之有关的全部记忆，把过去的时间和经历交织在当下。那位老人是否出院了，他是否健在呢？可我早已忘了他的样子。《诗经》有一篇《蜉蝣》，其中有一句说"蜉蝣掘阅，麻衣如雪"，刚破土而出的蜉蝣似雪花般洁白，却也短暂，对生命转瞬即逝的慨叹尽付这两句中。生死还在许多我不知道的地方发生着，疫情只是把这些更直接地摆在我面前，让我知道珍惜时光。

（3）因为疫情归去来

罗 珊

这次令人措手不及的疫情带来很多突发状况，面对未知的前景，有人选择按兵不动，有人冒险出行，都遇到了不同境况，我应该属于关注疫情较早的一类人，在口罩脱销之前就已经为全家人准备好了春节期间需要使用的口罩，并买好了消毒用品。即便如此，我也没想到这个春节会失去所有社交活动，此后的日常生活也都要进入疫情状态。1月20日踏上回长沙的飞机时，机场还有许多人没有戴上口罩，也没有开始进行体温监测。和我同一天到达长沙的，还有在美国读博的发小，她为了给家人惊喜，特意飞回来过年，预备停留一段时间，我们早先还相约，要好好聚聚，谁都没想到当晚新闻就播出了钟南山教授通报新冠病毒人传人的消息。自此大家开始了隔离的生活。

此后的每一天情况都在恶化,武汉封城、湖北封省,湖南各地县也开始了区域性封锁,大年初二的晚上还有朋友连夜开车返回长沙,以免第二天一早被困当地。从美国回来的发小初三就在家人的催促下返回美国,在美国宣布暂停中美往返航班之前,赶上了最后一班。当时她还在担心我们在国内的防疫物资是否足够,回到美国后还向国内邮寄了两大包口罩,全然不知两个月后情况倒转,她会因为美国疫情暴发,再次查看回国的机票,甚至纠结是否需要购买防护服。

同样纠结是否购买防护服的还有另一位朋友小姜,3月小姜在没有选择的情况下返回了香港,当时香港的疫情正在上升期。她半年前决定从香港搬回内地工作,因此房子只租到今年3月,没想到赶上疫情,搬家也变得无比困难。3月小姜返回香港,居家隔离14天,政府有免费隔离餐赠送,据更早返港的朋友说是每日一送,有饭有菜有水果有饮品,但到小姜隔离的时候已经缩减成一周送一次半成品和公仔面了,接下来还需要自己加工。不过小区物业很是贴心,会每天上门帮她收走垃圾。

相比之下,我的返京之旅顺利得多,在国家宣布延长春节假期之后,我和母亲仍决定于2月1日回京。现在想起来,这不得不说是一个正确的决定,那时回京还未严控,也还无须向后来封校的学校报备申请,我们也没赶上严格的隔离和检查,但与我们一同回长沙过年的宠物狗却受到了影响。因为疫情的关系,动物防疫部门停止了对小动物检疫的办理许可,我们尽管想尽各种办法,小狗还是无法随行,只能暂时寄放在亲戚家,第一次感受南方的雨季。

在海外回不了家的,还有在联合国难民署工作的小姐妹小婷,凤凰视频的疫中人视频节目连线报道过她的情况。受疫情的影响,难民署减少在伊拉克的非必要性活动,并减少国际员工,她就决定赶在埃尔比勒封城前返回中国,但因为卡塔尔航空对中国旅客的歧视,被拒绝乘机,于是滞留在了伊拉克。她在连线的节目中,不仅表达了向卡塔尔航空公司维权的诉求,同时还谈到了伊拉克人对疫情下的中国人态度的变化。她仍在难民营工作的中亚同事,向她讲述了难民将他们误认为中国人指指点点的经历,但给出的回应既理性又有温度,她说:"每个人都是他所掌握的信息塑造的,难民生活条件差,掌握信息有限,因此才有你的工作,你在解决他们基础生活、维持基本生存的时候,怎么让他们可以更好地去获知信息,更好地受教育。如果一个人没有成长为一个有健全认知的人，一来是他自己的选择，二来是社会给他制造了障碍。"

好在现在国内疫情得到控制，一切回到正轨。3 月 26 日，时隔 54 天，小狗终于回到北京，完成自己一只狗搭乘飞机的成就。在美国读博的发小，终于收到了我们赶在 EMS 禁止向外收寄口罩前的最后 1 天，给她寄出的口罩，历时近 1 个月。目前小姜还没能返回内地，因为入境强制隔离政策还未解除，且时有变动，她选择了再观望一段时间再说，希望五一过后会有好消息；小婷还在埃尔比勒过着居家生活，变着花样给自己下厨，她也还没放弃向卡塔尔航空公司维权。疫情下的生活其实并没有什么不同，仍然是面对困难再解决困难，解决不了就适应它。虽然情况总是发生始料未及的变化，但不过再一次提醒我们，生活原本就是不可控的情况居多，该面对的事始终需要面对，有时不过换个方式而已。不过，终究希望疫情早日结束，成为人类生活的一个小插曲，而不是大段落。

（4）抗疫手纪

徐令缘

自从我攻读博士研究生的学习进度推进到"开题后"这一阶段，在图书馆、咖啡厅，或者在家中阅读，并撰写读书笔记，就成为我除了少量课程以外的最主要工作。由于疫情期间在家自主隔离，家中的书桌成了唯一的学习地点。我平时出门并不多，疫情来临后，不禁让我时常感慨，也许我是在这场疫情当中个人生活受影响最小的群体中的一员。窗外的世界正在产生翻天覆地的变化，我却每天都能照旧看书学习，又让人感到这份平静格外奢侈。手机与电脑的屏幕，成了我展望外部世界的唯一窗口，老师和同学间虽不能见面，但却通过微信群紧密地联系在一起，距离遥远，心却不远。

我的母亲是一位教师，常年教授外国留学生，我也沾光拥有了不少与外籍留学生交流的机会。2020 年年初，一位韩国梨花女子大学的研究生邀请我母亲与全家前往韩国，在感受韩国风土民情的同时，参观韩国汉语教学课堂。因为这个缘分，我结识了这位热情、周到、热爱中国文化，又充满学术热情的韩国女孩，她比我略长几岁，我便叫她小李姐姐。不料没过多久，疫情突然在中国暴发，出于对双方安全与健康的考虑，我们不得已取消了这次行程。当时疫情的中心还在武汉，在取消宾馆预订的过程中，宾馆曾经一度告知，非武汉起飞的旅客不予退订，小李姐姐听后非常生气，觉得是韩国宾馆在欺负中国客人，经过她的多次联系与不懈努力，宾馆最终退订成功，没有造成任何经济损失。当时韩国的口罩也已十分紧张，小李姐姐仍然努力通过各种途径，买到了几包口罩与消毒液，通过国际快递寄给我们。与口罩同时寄来的，还有一个梨花女子大学的吉祥物小熊，是送给我的礼物，鼓励着我在学习研究上奋进。小李姐姐申请了今年秋季在中国攻读博士研究生，我们都期待着能在北京最美的秋季相见。

今年清明节，我们全家去为先人扫墓。今年受到疫情影响，清明祭扫与以往不同。首先需要在北京市政府所提供的微信平台上登记参与祭扫的人员信息，几月几日几点到达，如何出行等信息，都需要细致填写，以便工作人员统计整体人流量，并为未来的流行病学追溯做好预先准备。一方面，互联网平台为信息的登记创造了许多便利，对于年轻人来说，只要动动手指就能轻松完成登记工作，在公墓只需要出示二维码和测量体温就可以快速通过。另一方面，又不禁担忧起那些不能熟练使用手机功能的长辈，如果他们没有年轻人的帮助，是否连清明节纪念自己的亲人都无法完成呢？这是题外话，但在疫情这样的危机面前，我们从不放弃任何一个个体，在日常生活中也要格外关照弱势群体，才能更加凸显社会友爱。为了避开人流，我们全家挑选了一个临近傍晚的时间来到公墓，公墓中人员很少，所有工作人员都穿着像医护人员一般的防护服，严阵以待。这一细节让我们看到政府部门对民众清明祭扫活动的重视，即使是在北京突发卫生公共事件一级响应的状态下，我们的社会仍然保持与自己的文化传统不割裂。安静的公墓，我们的先人就那样平静地睡在这里，每当来到这里，我都会扪心自问：如果那些爱着我们的长辈还在的话，在现在这样的环境中，他们会希望我们过着怎样的生活，做着怎样的学问呢？生命是如此短暂，在疾病面前又是如此脆弱，逝者如斯！我们所拥有的当下就是我们最珍贵的宝藏。

（5） 在京宅家生活手记

李亚妮

2003 年曾在北京经历非典，当时家人做了简要的日记。2020 年新冠疫情刚开始也想记录，但后来因为疫情严重，心情也很沉重，没有静下心来记录。这次借董老师的微信群的要求，作简要的回顾和记录，也算是对自己在这一特殊时期的总结。

2020 年的春节，我们一家三口原计划是回湖北老家过年。家中有两位 80 多岁的老人在盼着团聚。1 月 19 日儿子在北京参加完一个大型活动后，我们开始收拾回家的行李。20 日得知新冠肺炎人传人的情况，我们有点动摇。当时的爆发地点在武汉，这是我们回家的必经之地。接下来的几天，情况更为严重，23 日武汉发布通告，离汉通道关闭。我爱人虽然担心老家的老人，但理智告诉我们，在这种情况下回老家只能是添乱，决定全家留在北京。

后来得知，湖北老家那边执行严格，虽在农村，而且正值过年拜年之际，但村里要求大家不要互相拜年，各自在家为好。两位老人也很遵守规定，隔壁邻居之间也不再走动，只是电话拜年。我想他们虽然无法通过网络微信等浏览到更多的信息，但从电视新闻、地方政府的要求等，也知道事情确实严重。我想对他们来说，在这样的景况下，准备好的过年待客和借此团聚突然暂停，望着家中准备好的食材，心中的寂寞一定是无以言表的。陕西老家明显要求松一些，家庭聚会还有，只不过由以前的室内围坐炕头谝闲传，转移到室外捧着手机聊疫情。其他的民俗活动取消，只保留了我记忆中最有年味的正月十五的放烟花和笼火堆仪式，大人小孩跳跳火堆暖暖身子驱驱寒，最热闹的舞狮子仪式也简单化，只是把狮子武装起来舞了几下，不再各家各户玩耍了。在家族内部，初一晚上家族群里通知每年初二的姑姑们回娘家的大聚会取消，改为微信群拜年抢红包，堂弟原计划正月初八的婚礼（弟弟弟媳当时在外地）取消，叔叔家准备的结婚用的食材开始向各家分发，在家的兄弟在初八当天到新房里唱歌玩耍以示热闹烘房。虽然我没有参与家族内部的讨论，但我想这也是一种仪式的变通方式。

我们留在北京就要准备居家生活物资，并对家中的劳动分工重新分配。为了降低风险，实行一次多买的原则，采购任务都由家中男主力承担。好在北京一切都稳中有序，除了口罩、酒精及防护物资紧缺外，生活物资供应充足，滞留在京的快递员也都很敬业，门口的小菜店、药店一直营业，药店开始设置了隔离栏，买药者需在大门外，不能进入药店内。买感冒药者要登记身份信息，及时追踪。那段时间，每天的日子高度重复，一日三餐，浏览各种疫情信息，给老家人打电话，神游似地看书。我们在北京的小区安静而孤寞，雪后的小区会留下一个个数得清的脚印，午后的阳光带着春的温热，出门躲人去晒太阳或踢球，就是户外活动。

　　从大年初七开始，小区里准备上班的人已开始陆续回来。楼上一家老家在湖北的大人小孩都回来了，以前走得比较近，这次见面只是点了个头就走了。后来的十多天他们在家隔离，一切平安。我们每天在各种新闻媒体的报道中浏览外面的情况，同时也在自己的身边经历着疫情控制的方方面面，从国家的制度到基层的执行，每一个环节，都事无巨细。北京师范大学对所有师生的健康状况每日上报、我孩子的学校对学生健康状况每日上报，特别是孩子的班主任每日统计各种信息，因为当时在春节期间，有些同学已在外地，根据回京时间不同，还需提交 14 天的两次体温测量等数据。我家先生的单位从初七开始，行政人员、包括院里的领导多次打电话询问，确认湖北籍老师和家人是不是离京回了老家，小区居委会的工作人员也曾询问我们是否离京，这些都是临时增加的工作，而且工作量也非常大，据说他们从初三就要求在京的工作人员全员上班或待岗。小区的管理由原来的三个门开放设置为只留一个门，物业与居委会配合，办理出入证、开始测体温，小区的快递集中在门口，那里放置了一张桌子，上面挂着各个快递公司的牌子，快递员把货品在地上依次摆放，取快递的人走到桌前，就会有该公司的人来询问，非常方便。没有设置固定单位的公司或商家如每日优鲜等，都是放在另一张小桌子上，无接触式取货，也没听说有人丢过，我家曾有一袋面放在那里几个小时后取回的。测体温的有一部分是居委会的，也有一部分是志愿者，我是前两天看到小区群里感谢志愿者的仪式活动，才知道曾经招过志愿者（我是 4 月初才加入小区群）。

　　在家庭内部，除了家务分工外，也提倡节约和减少制造垃圾，曾看到武汉作家池莉在接受采访时提到"一个牙签都要掰成两半使用"，很受触动。我们的日常生活无形中制造了太多的垃圾。那天晚上 10 点左右，一个年轻的垃圾清运工在我家楼下运走垃圾时，唱了一句"关关雎鸠，在河之洲"，此后我就开始关注这个群体，他们中有不同年龄的人，也带着各种不同的情绪在脸上。北京5月将实行垃圾分类，可能也会让我们对这个群体给予更多的关注。

从2月18日开始，儿子学校和我爱人的学校正式开学，他们虽然人在家，但一切都按照正式开学的时间和要求来完成，孩子的每日上课与作业，包括课间操和体育锻炼，老师都要求视频提交。老师每日要检查孩子的作业，并订正错误，偶尔还有考试，家长监考，老师们也要及时批改通过电脑提交的试卷，生物老师要面对200多个孩子拍照发来的试卷，并检查孩子的改错状况，语文老师要求家长监督孩子默写，但同时提醒家长"孩子默写不出来千万别对孩子发火"，老师的工作量比平时都大很多。在这期间，我们也与孩子一起讨论各人的角色。我们每人的角色都在不同切换，需要学习不同的技能，同时也给我们提供了换位思考的机会。

这次疫情，也让我更多了理解社会，理解处在社会不同层面的每个人，每个人都需要被看见，他们都有自带的光。

（6）隔离与网络游戏

谢开来

疫情以来，我困居广州，工作、学习和生活都混在一起。我的学术之路，其实是从兴趣爱好开始的，毕业以后进了文化产业所，几乎所有的文化产业产品，包括电竞游戏，都能被我当成研究对象，这样的好处是研究生涯就是放飞自我的生涯，坏处是放飞得太远容易拉不回来。我今天要讲的是我在疫情期间与"游戏"的关系。

疫情暴发以后，在防护物资短缺的时期，买不到口罩就好焦虑，也跟我妈出门做过紧急采购。不过，物资的问题很快解决，大家的压力焦点转移到了居家生活的无聊上。可我是个特别宅的人，平时恨不得天天待在家里，所以我对于隔离生活反而非常适应，比大多数人心态都好。

宅生活也产生了运动不足的问题，我下定决心要做些运动，方法是拿起了任天堂swith游戏机和健身环，在电视机前面举健身环，照着游戏机里的提示来回折腾，满头大汗。这种"宅家"的锻炼方式，跟过去健身场馆的方式类似，但引导你活动的，不是健身教练，而是游戏软件。健身器材也变成了一个呼啦圈大小的设备，只要在家中大厅里有个活动空间，原地跑跑跳跳也能锻炼起来。我爸一直看不惯我打游戏，但是这回看见我锻炼得满头大汗，念叨一句，也就没说啥了。大家都待在家里，这款游戏设备变得特别火，价钱往上噌噌蹿了一大截，还不一定有货。

还发生了一件有意思的事。有个国外的数学老师是 VR 游戏爱好者，直接用自己的 VR 设备开了一种游戏，在游戏里面讲了一堂数学课。有的人本来是进去玩游戏的，结果糊里糊涂听了一堂课。从这次疫情看，网络游戏似乎在悄悄地转变自己的角色。

最近听说北京要建设国际网络游戏之都了，朋友圈里有部分人表示惊讶，因为过去对网络游戏也有负面理解。关于这点，我在深圳市文化局的一个朋友讲得特别好，他说以后网络游戏不会仅仅是娱乐，还会变成社会交往，甚至商业活动也会放到上面去，游戏的未来可大了。从我个人的经历看，网络游戏是锻炼，是交流，是探索，也是成就的道路。游戏世界带给我知识和思考。疫情暴发至今，线上活动吸引了全社会的目光，可是线上互动的未来力量在哪里？这需要进一步的思考与探索。

跨文化每日谈

吕红峰

吉林的疫情直到 4 月底都是波澜不惊，但我知道疾控部门是高度紧绷的。好在吉林人民和全国一样都有着科学头脑和严肃态度，自觉减少聚集。我的几个姑姑家和我们家本来每年都一起吃年夜饭，今年也取消了。我自己不能直接帮上抗疫的什么忙，只是社区医生在登门测量外地返乡人员体温时，我提醒自己一定要和她们说声："谢谢，辛苦了！"我的岁月静好，正是因为有她们负重前行，她们真的不容易！

李华芳

疫情防控期间，我居家隔离的日常生活围绕着学习、工作、生活展开。作为在读的博士研究生，学习始终是我的重中之重。2 月初，在我还对新调整的开题方向有些迷茫的时候，董老师为我进行了一次深入的电话远程教学指导，还给了我许多鼓励。根据老师的指导意见，我每日居家阅读相关书籍、整理材料、撰写读书笔记，积极为开题做准备。

我的另一个学习方式是，参与每日群阅读与群写作，它们作为有效语言输入与语言输出手段，对于我的写作能力、思维能力的培养大有裨益，现已成为我居家生活的一部分。

疫情期间学校延期开学，教师们的授课平台也转战到了云端，利用网络平台直播授课，成了我居家隔离的另一重要体验，从最初的陌生、焦虑，到如今能够熟练运用网络直播授课方法，与学生们一起感受着科学技术带来的学习方式、教学方式，以及师生角色与关系的变化。与我一起居家隔离的还有我的女儿，作为一位母亲，我需要照顾她的饮食起居，监督她的网络学习和体育锻炼情况，用女儿的话说，我是保洁大妈、食堂大师傅、文印社大爷以及随时准备查勤的潜伏者。

高 磊

在菲律宾主修微生物学的山东人刘龙，利用医学背景和语言优势，为中国援助菲律宾医疗专家组当翻译，用文字记录下这段经历，让我看到一位留学生深度参与中菲疫情防控合作中去的实例。疫情期间，南开大学师生发挥专业特长，投身防疫一线志愿服务。抗击疫情翻译志愿者突击队就是这其中的一员，来自外国语学院的学生利用外语专长，出现在天津滨海国际机场，服务外防输入的前线。5月初，南开大学毕业年级学生即将返回校园，为了做好学生返校服务和相关防疫工作，我今天报名了返校接站志愿者，在火车站或飞机场迎接毕业年级学生回"家"，具体工作将由学校统一分配安排。相比志愿，我更觉得这是工作；相比志愿者，我更觉得我该对得起学生叫我一声"老师"。

2020 年 5 月 1 日，星期五

主题词：积极过节
导读语：（539）德国莫扎特 F 大调四重奏
　　　　（540）致敬奋斗过来的中国人民

专题聚焦

69. 积极过节

董晓萍

　　2020 年的五一劳动节到了，全世界人民在前所未有的疫情大暴发中迎来了这个共同的国际节日，这个节过得辛苦、坚忍，但充满了希望。在此，我向本微信群中在中国首都北京和外地的同学，在欧洲留学的同学，以及从北京师范大学研究生毕业后进入各地高校和科研院所不久的同学，致以节日的问候！祝你们积极过节，抓紧过节，节日快乐！

　　本微信群从教育部和北京师范大学下达"延期开学不停课"的布置开始，到北京市政府发布由高风险城市降为低风险城市的通告为止，历时两个半月，现已可划为一个阶段。趁着节日，我做个总结。

　　我与本群中的研究生同学们的认识，最多的有 20 年，最少的也有两年，岁月讲了太多的故事，但哪个故事也都没有这次的故事精彩，所以我要为你们的对话点赞！但是，这就涉及一个问题：全球疫情大流行造成世界范围内战"疫"大形势下，这种宅居隔离的高校小群体的微信对话，有意义吗？我要说"有"。这是因为，此举是在符合世界公共卫生健康医学科学标准的原则下，在非医非民的高等院校范围内，建成南丁格尔所说"保护好自己，才能保护他人"的防疫模型。进入这个模型的人群，都是

知识反应力强、自律性高，生成虚拟网络组织快的高校师生群体。在这次全球疫情与差异文明共生的挑战中，他们结成了个人、国家与世界的虚拟合作契约关系。虚拟的依据就是价值理念，而正是价值社会代表未来社会。

第一个意义，是在后经济全球化时代构建差异文明对话的社会。这次各国各类抗疫虚拟契约，也许是星斗河汉、不胜其数，但中国高校率先通过"延期开学不停课"的方式应对疫情，将大校化小课，小课化微群，师生共同构建超时空虚拟合作契约，完成身处战"疫"不误学习的计划，在差异文明冲撞的巨响中，以微操斛，研习中国传统优秀文化，将爱国主义与国际思维相结合，开展有文化主体性的跨文化思考，这就是一种独有的收获。也许你会问，现代人谁不写微信？那么就再请问，谁会为全球图略和国家宏谋，天天写个人微信，还要连写近80天呢？不会。从高校来说，毕竟其主旨是以领先的科学文化思想和知识培育人才，而不是教授带着学生写微信。但是，这一次，为了维护人类命运共同体的生死理念，会！为了差异文明必须团结的使命担当，会！所以这种微信对话群的功能，就是认同和履行多元文明平等价值观的结果。大家回想一下，这个微信群里的每日接龙、每日阅读和每日写作，哪位哪次，不是自觉遵守这种虚拟契约而写微信的模范！它的意义不在乎规模大小，而在乎它追求的包容差异文明并平等价值的理念，在我们专业叫跨文化①。

第二个意义，是在多元共荣的社会之中强调价值文化建设。全球疫情莫可独善其身，世界对话从无躲楼避风之举。这个微信群所经历的中国战"疫"两阶段都说明了这个问题。事实告诉我们，人类只承认差异文明的价值还不够，还要全面建设价值文化，即对于拥有优秀传统的、有可持续意义的、人类公认有价值并乐于共享的文化要素②，加以发展和建设；对那些价值过时的、负面价值的、危害人类生存和地球生命的观念，坚决"断舍离"。不仅如此，这次疫情还告诉我们，对于价值文化，人类还要具有共情与共盟的眼界和能力，才能让价值文化得其沃壤而生长。中国这次战"疫"的上半场，由医生出战，力排险情，给世界赢得了时间。下

---

① 　[法]金丝燕：《跨文化学的时代背景》，董晓萍：《跨文化学的学科属性与概念》，均见《跨文化对话》第42辑，商务印书馆2020年8月即出。另，资深出版人任明先生对"差异文明"的概念作了强调，对作者有启发，参见任明于2020年4月29日发给作者的微信。

② 　王一川：《跨文化的要素》，《跨文化对话》第42辑，商务印书馆2020年8月即出。

半场由外交部出场，反击独垄霸凌的西方强国。在上、下两个半场的接合部，中国恢复经济生产，建设绿色生态时代，走中国道路，促中国崛起。在党和政府领导这些重大步骤的实施过程中，高校师生大都是静默者，但也是预演未来的模拟者。回想这个微信群的每日接龙、每日阅读和每日写作，哪位哪次，不是思想的淬火、底气的置换、自信的砥砺和实力的蓄能？它的意义不在于产出多少，而在于它追求的价值文化为未来者所接受。

第三个意义，是在价值文化中强调未来意识。中国很多"80后"和"90后"们，曾为没有经历过《1942》的受苦受难强说愁，或者曾为没有经历反右、"文化大革命"的打击而抱憾。但就是这次目睹全球战"疫"的百日经历，难道还不足矣让他们看到任重道远的使命担当吗？连日来过眼入耳的生与死、白与黑、医学与政治、善良与残酷、军舰与白宫、诚信与谣言、全心向好与山雨欲来、无不在立体演绎着疾病与魂灵的双重撕扯，让莘莘学子"举头望明月，低头思故乡"，扪心自思，如何重新选好这一代人的"定位"。此定位不再是以前人或前代为标准的彼定位，也不是以单边观念界定政治霸权的利益定位，而是追求可持续人类社会与人文精神的未来定位①。

回味本微信群用过和读过的大量中外微信文件，掩卷长思疫后时代，不免与一首宋词同叹。我们不妨从现代立场去化用辛弃疾的《登京口北固亭有怀》："何处望神州？满眼风光北固楼。千古兴亡多少事？悠悠。不尽长江滚滚流。年少万兜鍪，坐断东南战未休。天下英雄谁敌手？曹刘。生子当如孙仲谋。"我个人认为，封城三月殊足叹，最惜英才万兜鍪。中国为这场特大疫情付出超重的代价，应该有酬报，酬报之一就是高校师生对这段经历的记忆。具体到本微信群而言，再也没有第二个本群的群体了，因为群中的研究生要毕业，留学生要前行，教师与研究人员要复课归位，这个微信群也会关闭。它第一次产生，也会停留在第一次的生命里。但微信群可以关闭，微信群的记忆能否复生？我看能。

我很喜欢一首歌，是20世纪80年代北京师范大学中文系学生李晓明编创的电视剧《渴望》的插曲，雷蕾作曲，易茗作词，歌名《每一次》。我把它抄在下面，送给大家：

---

① 陈越光：《在历史文化的大视野中展开慈善研究》，《跨文化对话》第43辑，商务印书馆2020年12月即出。

茫茫人海，终身寻找，一息尚存，就别说找不到。希望还在，明天会好，历尽悲欢，也别说经过了。

每一个发现，都出乎意料。每一个足迹，都令人骄傲。每一次微笑，都是新感觉。每一次流泪，也都是头一遭。

最后一个问题，对于高校师生来说，在解除隔离、重返常态校园生活后，如何做好心理准备，迎接新的转型？我认为，工作疫情隔离期间的微信虚拟合作，终将变成从校门跨入社会大舞台的实践，那时每个人都要在个体、国家与世界的关系中，历练成为人类差异文明实践的一分子。而人类只要记取经济全球化的利弊得失，学会包容多元，积极进行价值社会建设，重点是保护生态环境，创建绿色文明，人类就有希望遏制各种难以遏制的巨大风险，并拿到胜算①。

跨文化每日谈

吕红峰

感谢董老师近 80 天来不辞劳苦地精心选编和悉心指导！17 年前，我在北京师范大学经历过 SARS，但那时从未像今日这样感觉"贴近"疫情，这种贴近，不是身体上的接近，而是精神世界的共鸣。互联网的飞速发展无疑是促成这种情形的客观条件，但互联网和全球化一样都是双刃剑，信息轰炸、铺天盖地，就好像读书读得很杂，却不知道看了什么、什么有用。这个微信群真正起到了不停课的作用，首先有董老师为大家抽丝剥茧、引领方向，不致使我们迷失在信息洪流中，其次学友们思维碰撞、百花齐放，打开了思维，深入了交流。我们都不是医务人员，也没到抗疫

---

① 著名经济学家李晓西教授在这个问题上与本人看法相近，当然李晓西教授还有完整的理论体系，见于李晓西新著《绿色文明》，本处引自该著的"内容简介"部分，原文为："作者分析了地球面临的难以遏制的巨大风险……强调了人类文明发展史进入新阶段的经济与文化基础，发出了包容多元文明和共建绿色文明的强烈呼吁。"打印稿，第 1 页。该著将于近期出版。谨此向李晓西教授的慷慨支持致谢！

一线，开始时可能觉得自己处于"战场"后方，但随着病毒扩散，这场战争已经没有前后方之分。尤其是防疫这种系统工程还与社会管理、公共宣传、国际合作等领域联系密切，更使得"战疫情"与我们每人息息相关，而我们学习的跨文化知识正是指导我们思想的重要工具，本微信群就是我们实践知识的平台，让我们不仅能"秀才不出门，便知天下事"，还能"以笔为刀枪"，与祖国同呼吸、共命运。今天感动我的还有中国好教师刘秀祥，他背着母亲上大学又毅然回到乡村教学的扶贫先扶智，他的榜样精神也必将照亮更多人前行的路。我想说的是，对于刘秀祥这样的千千万万中国好人，国家和全社会应该给予他们更多的支持和关注，把这份大爱散播得更远、更广。

刘修远

我从没想过，能以这样的方式和国内的师友相聚在一起，共同学习和成长。很多文章和观点都让我耳目一新，重新思考自己所学，每次发言我会仔细斟酌，草率的回复既是对自己不负责任，也辜负了老师选编资源、带领学习的教导。今天的主题是多点应对，内容既有与当下紧密相关的疫情更新和外交争锋，也有回溯诗人杜甫和上古祭祀的文化资源，这些丰富鲜活的资料在当下共同发挥着作用，治愈疾病、对抗病毒需要前沿的生物医疗技术，恢复信心、充实精神世界则需要向古人求索。对疫情也许很多人都无法做什么实质性的贡献，但是如能做到关怀家人、心忧天下，也非易事。不同的领域和情况需要发挥各个学科的特点，在合适的地方进行跨学科、跨文化的合作与交流。对于整个疫情期间的学习和交流，我想借546 这篇杜甫纪录片推荐文的东风，引一句杜诗总结并自勉："文章千古事，得失寸心知。"

罗 珊

回顾从 2 月 15 日到现在大家一同走过的近 80 天，我们的国家，尤其是湖北的人民经历了深重的痛苦，付出了巨大代价，而我们成为这一历史旋涡中的见证者。每日跟随老师建构的框架，从来自各种渠道的信息中获取关于世界的认识，并尝试以学术的眼光讨论正在发生的一切。如今我们写下的随想、讨论的观点、老师给出的方向性意见，在多年后回看，或许更有感慨。这也正是当下记录的力量。同时，作为研究生，我们在近 80

天不间断地写作和讨论中，收获了思维的训练、写作的训练、交流沟通的训练，老师以微信群聊的方式，让大家在轻松又不失严谨的氛围中各抒己见，畅所欲言，不能不说是一种创举，也开启了教学的新视野。最后，劳动节是劳动者的节日，积极过节也是让大家铭记劳动赋予我们的成长与收获。作为学生，我们暂时未能给社会创造收益，但用笔记录下这段时日的点滴收获并分享交流予大家，是我们力所能及的一点贡献。

徐令缘

适逢五一佳节，又与老师同学们齐聚在我们的微信群中，分享两个半月来的学习体悟，是我们共同庆祝这一属于劳动者节日的最好方式。在这近 80 天的学习旅程中，本群所有成员都是最勤奋的"脑力劳动者"，头脑风暴，观点交织，笔耕不辍。在这全球同呼吸共命运的疫情时刻，也许我们不能成为医护人员，为守护人们的健康筑起白色长城；也许我们不能成为艺术家，用优美的演奏和歌声在舞台中心呼唤爱；但是我们有一支笔，它记录着我们的学习思考与心路历程，跟随着世界疫情局势与全球思想前沿波澜起伏。汪德迈先生开创性地借用先贤孟子之言，用"劳心者"与"劳力者"这两个概念来描述中国传统社会的制度与结构特点，其巧妙之处在于，无论是"劳心者"或是"劳力者"，他们都是广义的劳动者，只是基于土地分配制度而形成的不同社会分工。尤其是在其发生阶段，"劳力者"并非"劳心者"的"奴隶"，而是二者司管社会生活的不同方面。汪先生借用西方二元分法的经典思维方式，寻找适用于中国本土语境的解释路径，为我们展示了多元思维方式的真正含义：即使是在结构中被视作二元的双方，也并非只有"对立"一种互动关系，它们也可以是"对话"的，是我中有你，你中有我，是一种阴阳太极。我们不再奉"寻找简约的内部模型"为唯一逻辑，而是在过去诸多思想经验的基础上，真正拥抱复杂性，唯此方法才能达成理解与尊重。这是跨文化学所教给我们的，也是诸位师友在本群讨论中反复言说的，让我深感受教。

在这段旅程中，老师与我们分享阅读材料共计 540 篇，我个人在这次集中学习的过程中，撰写随笔共计 4.6 万余字，对我本人的思维与性格都是一次令人难忘的磨炼，这段回忆值得一直珍藏。

高　磊

我虽已回到工作岗位开展日常工作，但老师和各位对我的支持和鼓励仍在继续。通过与大家的交流，我重新思考了"高校与学生""教师与学生""干部与师生""机关与学院"之间的关系。我也更加深刻认识到学校、导师培养一位学生，特别是培养研究生是多么的不容易，需要投入的资源远不可用金钱、物质衡量。研究生毕业终究要走向社会，不论今后从事教育教学、科学研究，还是管理服务工作，都要珍惜这段在学校学习的过程。学校教给我们的不仅有知识、能力，还有精神和情怀。疫情以来，带给我们思考的是家国情怀、大我小我情怀、奉献精神和跨文化意识。

李华芳

董老师在《积极过节》一文中，以精准的陈述、缜密的逻辑为我们揭示了小微信背后的大能量。"在全球化时代构建多元共享社会，在多元共享中强调价值文化，在价值文化中强调未来意识……"在疫情防控居家隔离的艰难时期，让人感动和钦佩的，是董老师始终能一以贯之地带领学生们关注国内外动态、汲取跨文化养分，给予了我们很多优质上乘的、抚慰心灵的跨文化精神食粮，使人类命运共同体下的全球战"疫"与我们每个人紧紧相连。就像老师在文中的另一处提到的那样，非常时期，"大校化小课，小课化微群"，微信群对话好像很稀松平常，但是，基于多元文化共荣理念和虚拟契约精神的特殊历史时期的对话却又如此地与众不同、意义非凡，虽萤火微光，亦可汇聚成星河。这一段特殊时期和特殊时期下我们的故事终将令人难忘。

四　手机版数据库

本部分提供本书数据库截屏，该数据库贮存所引用跨文化战"疫"中外资源选编文件，包括中外网站、新媒体和书刊，并将这部分资源分为六部分转为数字数据入库，分别是："手机版题目""网络来源""原文题目""下载日期""网络信息提要""原文网址"，附《主流媒体与网站引用目录》，以利查询与核对，也可以在有条件的情况下进一步利用。在确保资料系统正确之外，本书的主体部分，如手机版索引和每日对话录，也是本数据库的主体部分。没有进入本书的"每日接龙报告"，也收入数据库，作为基础资料，留作历史回忆。

（一）数据库封面

跨文化战"疫"中外资源选编手机版数据库封面截屏①

---

　　① 《跨文化战"疫"中外资源选编手机版数据库》的编制分工：理改方案：董晓萍，数据录入：北京师范大学跨文化研究院研究员吕红峰，封面装帧设计：北京师范大学跨文化研究院高级工程师赖彦斌。

（二）数据表要素（样本）

手机版题目　跨文化战"疫"中外资源选编手机版（1）：青海师范大学手机版《有你》

网络来源　青海师范大学官方微信公众平台

原文题目　《有你》——青海师范大学师生倾情创作的抗疫 MV 正式上线！

下载日期　2020 年 2 月 12 日

网络信息提要　在武汉即将封城，全国疫情形势严峻，中央决定派出军地各省医疗队支援武汉的时刻，青海师范大学全体师生倾情创作了一曲《有你》，献给奋斗在疫情防控阻击战一线的白衣天使

原文网址　https：//mp.weixin.qq.com

手机版题目　跨文化战"疫"中外资源选编手机版（2）：日本松山芭蕾舞团《向中国人民致以最深切的问候》

网络来源　《环球时报》官方微信公众平台

原文题目　日本松山芭蕾舞团向中国人民致以最深切的问候

下载日期　2020 年 2 月 13 日

网络信息提要　日本松山芭蕾舞团 2 月 12 日在接受《环球时报》记者独家采访时称，希望以这样一种方式对中国人民在抗击新冠肺炎疫情中的不懈努力和辛劳付出，表达发自内心的尊敬和赞美。

原文网址　https：//mp.weixin.qq.com

手机版题目　跨文化战"疫"中外资源选编手机版（6）：美国外科史，用柳叶刀写文化

网络来源　微信公众平台：同语轩

原文题目　改写人类外科历史的黑人木匠

下载日期　2020 年 2 月 14 日

网络信息提要　美国著名约翰·霍普金斯大学医院 20 世纪 40—70 年代发生的白人教授和黑人助手的故事，他们互相信

任，密切合作 34 年，攻克了蓝婴症等多个世界医学难题，改写人类心脏外科史。约翰·霍普金斯大学在美国政府和 WHO 都有巨大影响力，在这次美国疫情抗击中发挥了重要作用。

原文网址　https：//mp. weixin. qq. com

手机版题目　跨文化战"疫"中外资源选编手机版（10）：中国 5G，傅莹发言

网络来源　《环球时报》官方微信公众平台

原文题目　傅莹当场站起来反驳佩洛西，现场响起掌声

下载日期　2020 年 2 月 16 日

网络信息提要　美国众议院议长佩洛西在慕尼黑安全会议的首日活动中讲话提出各国在建设 5G 网络时应放弃中国华为，中国人大外事委员会副主任委员傅莹当场予以反驳，赢得各国代表热烈掌声。

原文网址　https：//mp. weixin. qq. com

手机版题目　跨文化战"疫"中外资源选编手机版（11）：比利时音乐家，写给武汉的钢琴曲

网络来源　《人民日报》国际微信公众平台

原文题目　比利时钢琴家为武汉写歌：站在黄鹤楼上

下载日期　2020 年 2 月 17 日

网络信息提要　比利时音乐家为支持武汉战"疫"，吸收湖北编钟元素，创作钢琴曲。

原文网址　https：//mp. weixin. qq. com

（三）每日接龙报告（截屏样本）

#接龙
2020.2.18 每日上报

1. 罗珊：在北京家中，身体状况良好。

2. 李华芳：在北京家中，身体状况良好。

3. 李岩：在山西家中，身体状况良好。

4. 李亚妮：在北京家中，身体状况良好。

5. 司悦：在山东家中，身体状况良好。

6. 高磊：在天津家中，身体状况良好。

7. 徐令缘：在北京家中，身体状况良好。

8. 石鸿雁：在北京家中，身体状况良好。

9. 吕红峰：在吉林家中，身体状况良好。

10. 天文爱好者：兰报平安。

11. 谢开来：在广州家中，身体状况良好。

12. 刘修远：在鲁汶家中，身体状况良好。

五 对谈资料来源媒体与网站目录^①

本部分《对谈资料来源媒体与网站目录》，列出本书对谈资料来源的全部媒体和网站的名称与网址。这些内容是《第四章 手机版数据库》中的"网络来源"和"下载网址"的压缩版，读者将它们合起来使用，可以从一个侧面了解和观察，在 2020 年疫情暴发期间，网络资源对国家政府、各国使领馆、中美欧报刊、新旧媒体、远程教育、视频会议、在线电影、戏剧、摄影、音乐、舞蹈、民歌和故事全面覆盖，发挥了始料未及的特殊作用。

（一）中外报刊

人民日报 www. people. com. cn/

环球时报 www. huanqiu. com/

中国日报 cn. chinadaily. com. cn/

光明日报 www. gmw. cn/

文汇报 www. whb. cn/

北京日报 www. bjd. com. cn/

欧洲时报 www. oushinet. com/

北美留学生日报 www. collegedaily. cn/

新民晚报 www. xinmin. cn/

新京报 www. bjnews. com. cn/

南方都市报 www. oeeee. com/

经济观察报 www. eeo. com. cn/

钱江晚报 www. thehour. cn/

杭州日报 www. hbjt. com. cn/

---

① 本章网址查询与核对：北京师范大学跨文化研究院研究员吕红峰。

宁波晚报 https：//xr. nbwbw. com/
中国经营报 www. cb. com. cn/
都市快报 www. dskb. cn/

（二）中外网站与微信公众号

新华社 xinhuanet. com
央广网 www. cnr. cn
央视网 cctv. com
中国共产党新闻网 www. cpcnews. cn
中国新闻网 www. chinanews. com
中国政府网 www. gov. cn
人民日报国际微信公众号 https：//mp. weixin. qq. com
国家互联网信息办公室 www. cac. gov. cn
中国国际广播电台 www. cri. cn
中国国际电视台 www. cgtn. com
中国评论通讯社 www. crntt. com
中国经济网 www. ce. cn
中国军网 www. 81. cn
北京新闻广播 gdj. beijing. gov. cn
海外网 www. haiwainet. cn

中国驻美大使馆 china-embassy. org
中国驻法大使馆 www. amb-chine. fr
法国驻华大使馆 cn. ambafrance. org
法国中文电视 www. fracntv. com
法兰西 360 www. falanxi360. com
欧洲三人网 3ren. fr
剑桥中国中心 www. cambridgechinacentre. org
哈佛大学公共卫生学院 www. hsph. harvard. edu
莫斯科音乐学院 www. mosconsv. ru

百度 www. baidu. com

新浪网 www. sina. com. cn

新浪微博 weibo. com

腾讯网 www. qq. com

搜狐网 www. sohu. com

澎湃新闻 www. thepaper. cn

凤凰网 www. ifeng. com

观察者网 www. guancha. cn

今日头条 www. toutiao. com

21 世纪经济报道 www. 21jingji. com

快资讯 www. 360kuai. com

律新社 www. lvxinweb. cn

微信公众平台 mp. weixin. qq. com

西瓜视频 www. ixigua. com

梨视频 www. pearvideo. com

抖音 www. douyin. com

北京师范大学 www. bnu. edu. cn

北京师范大学跨文化研究院网站 http：//www. bnudfsl. cn

北京师范大学跨文化对话网站 http：//www. pkujccs. cn

青海师范大学 www. qhnu. edu. cn

中国科学院网 www. cas. cn

北京大学人文社会科学研究院 www. ihss. old. pku. edu. cn

北京大学外国语学院 sfl. pku. edu. cn

北京实验学校 www. hdlxzx. bjedu. cn

深圳国际公益学院 www. cgpi. org. cn

上海翻译家协会 www. sta. org. cn

国家大剧院 www. chncpa. org

武汉市文化和旅游局 www. wlj. wuhan. gov. cn

（三）杂志与出版社

中国新闻周刊 www. inewsweek. cn

世界华人周刊 www. sjhrzk. com/

前线 www. bjqx. org. cn/

瞭望周刊 www. lw. xinhuanet. com/

三联生活周刊 www. lifeweek. com. cn/

中外管理杂志 www. zwgl. com. cn/

管理学季刊 www. bus. sysu. edu. cn/Journals

北京大学学报 www. journal. pku. edu. cn

清华大学学报 www. qhxb. lib. tsinghua. edu. cn/

北京师范大学学报 www. wkxb. bnu. edu. cn/

浙江大学学报 www. zjujournals. com/

文史知识 www. zhbc. com. cn

群言 www. mmzy. org. cn

乒乓世界 www. csol. sports. cn/yls/magzine/jing/pingpang

艺术与设计 www. artdesign. org. cn/

商务印书馆 www. cp. com. cn/

北京大学出版社 www. pup. cn/

上海大学出版社 www. press. shu. edu. cn/

六 微信群师生简介

本部分列出微信群 12 人的学术简历。他们之间师生共处多年,在疫情暴发特殊时期与国家同呼吸,与人类共命运,同时坚持学习和工作,其中有教师 2 人,博硕研究生 10 人,分别在北京、天津、吉林、广州、山东、山西和比利时,通过微信平台保持联系。群体结构的特点是,有留学经历的 4 人,占 33%,有短期出国经历的 5 人,占 42%,总体说,经历中外学习或生活的师生 9 人,占 75%。留学生、在校研究生和研究生毕业不久参加工作者的比例是 4∶8∶2。按照本书的目标,在跨文化视野下,从国际、国内高校和社会舆情角度,讨论疫情期间流行的新闻、论文和文学等资料。

一、研究生导师

董晓萍,北京师范大学教授,文学博士,博士生导师。北京师范大学跨文化研究院院长。曾在欧美多所高校留学、合作研究和工作。出版著作《跨文化民间文艺学》《跨文化民俗学》《钟敬文与中国民俗派》《中国民俗文化软实力发展战略专论》等多种。疫情期间在北京家中工作。

二、微信群主

罗珊,北京师范大学博士研究生。留学日本樱美林大学和法国阿尔多瓦大学。参与撰写并出版合著《文化如风》《中国文化软实力发展战略综论》《文献与口头》。疫情期间在北京家中学习。

三、数据库编制

吕红峰,北京师范大学理学学士和硕士,法学博士。北京师范大学跨文化研究院研究员。参与撰写并出版合著《数字钟敬文工作站》《北京民间水治》。疫情期间在吉林家中工作。

四、对话研究生

刘修远，北京师范大学文学学士。荷兰莱顿大学文学硕士，比利时鲁汶大学理学硕士，比利时鲁汶大学博士研究生。曾在德国海德堡大学交换学习。疫情期间在比利时家中学习。

谢开来，北京师范大学法学博士。留学爱沙尼亚塔尔图大学。国际学术访问芬兰、立陶宛。广东省社会科学院文化产业研究所助理研究员。疫情期间在广州工作。

高磊，北京师范大学法学硕士。南开大学实验室设备处助理研究员。参与撰写并出版合著《文献与口头》。获南开大学 2016—2018 年度教学实验室管理成果奖二等奖（排序第一）。疫情期间在天津家中工作。

徐令缘，北京师范大学在读博士研究生。短期旅行日本、美国。参与撰写并出版合著《文献与口头》。疫情期间在北京家中学习。

李华芳，北京师范大学在读博士研究生。北京工业大学副教授。短期旅行法国、德国、比利时、日本、韩国、泰国。出版编著《大学英语新四级斯玛特通关攻略》、译著《Z 创新：赢得卓越创造力的曲线创意法》（第二译者）。疫情期间在北京家中工作和学习。

李亚妮，北京师范大学在读博士研究生。短期旅行美国、俄罗斯、瑞士。疫情期间在北京家中学习。

司悦，北京师范大学在读硕士研究生。波兰华沙中央商学院暑期学校学习。短期旅行德国、捷克。参与撰写并出版合著《文献与口头》。疫情期间在山东家中学习。

石鸿雁，北京师范大学在读硕士研究生。短期旅行美国。疫情期间在北京姐姐家中学习。

李　岩，北京师范大学在读硕士研究生。疫情期间在山西家中学习。

后　记

本书在 2020 年新冠疫情暴发国内高校师生居家隔离期间完成，首次使用以手机微信文件为主的网络公共资源，开展教学管理、专业科研与疫情期间教学的三合一工作。从事情的结果看，这件事的收获是多方面的。

值此大学放寒假期间遭遇疫情，工作中常见的同事、生活中往来的亲朋好友，平生第一次都从眼前"消失"了。人人都在宅居隔离，不曾见面，于是手机和电子邮件便成了常态联络渠道。本书中的部分网络资源便是通过这个渠道获得的。值此本书出版之际，首先要向我所在单位的同事们致谢！我们曾在手机里投票，全票通过开展这项手机平台活动，接下来就是相互之间无条件的支持：李正荣教授提供了俄语资料和部分英文微信，史玲玲老师担任本所研究生的辅导员，每天把我选编的微信文件转发给所里的全体研究生。赖彦斌负责传达院里信息，吕红峰负责远程网课技术支持，大家身隔心不隔，并肩作战。

我要向学术前辈和多学科学者郑重道谢，特别是王宁先生、程正民先生、陈越光先生、史培军、王静爱、王一川、金丝燕、王邦维、李素茹、樊哲、金舒年、李克琴、刘梦颖、都振岫和张文英，他们都曾在疫情期间给予各种方式的指导和帮助。

疫情暴发之初，一些西方同行从外媒得知信息后，第一时间发来电子邮件问候，有的还为中国加油，为武汉加油，这个情分也令人难以忘记。感谢冉刻（Michel Zink）、瓦尔克（Ülo Valk）、傅罗格（Frog）、西班牙（Michel Espagne）、巴得胜（Bart Dessein）、尤里·别林斯基（Yury Berezkin）和内田庆市诸教授。

感谢王一川教授在百忙中为本书作《序》。王一川教授是我的学长，导师钟敬文先生在世时就经常夸奖他。他有纯正善良的为人心地、狮子搏兔般的理论能力，超越常人的学术才华和持续创新的著作成就，这些突出的品质一直都在激励着我。三十多年来，无论他在北京大学还是在北京师范大学，我们都是谈话最多的朋友之一。这次全球新冠疫情大流行中的原生问题和次生社会问题纷至沓来，我们也经常交换意见。本书的书名也是向他请益所得，他的《序言》是对我的引领。

感谢北京师范大学民俗典籍文字研究中心与北京师范大学跨文化研究院敦和学术基金为本书提供出版资助。

感谢中国社会科学出版社任明主任的长期支持。

古人说："患难见真情"，古人还说"知恩图报"，这些古训在今天也要遵循，再次感谢从各个角度给予帮助的所有人！

董晓萍

2020 年 5 月 2 日